加藤俊平 著

双脚輪状文の伝播と古代氏族

同成社

目　　次

第1章　スイジガイと双脚輪状文 …………………………………………………… 1

第1節　スイジガイ製利器より生まれたスイジガイ釧　1
第2節　スイジガイの腹面構図より案出された双脚輪状文　7
第3節　スイジガイ・双脚輪状文の呪術的効能　10
第4節　本書の論証方法　14

第2章　双脚輪状文研究の過程 ………………………………………………………… 17

第1節　双脚輪状文研究の足跡　17
第2節　個別研究の問題点と課題　27

第3章　壁画双脚輪状文の実態と特徴 ………………………………………………… 33

第1節　双脚輪状文考察上の前提事項　34
第2節　壁画双脚輪状文　48

第4章　西日本型双脚輪状文形埴輪 …………………………………………………… 63

第1節　西日本型双脚輪状文形埴輪の概要　64
第2節　双脚輪状文形埴輪の観察　66
第3節　呪術的観点を加味した埴輪の特徴　74

第5章　東日本型双脚輪状文形埴輪の特質 …………………………………………… 81

第1節　西日本型の派生型としての東日本型　81
第2節　東日本型双脚輪状文形埴輪にみる諸形態　83
第3節　東日本型双脚輪状文形埴輪の分布とその背景　93

第6章　神谷作101号墳の双脚輪状文形埴輪 ………………………………………… 101

第1節　出土埴輪片の観察　101
第2節　文様の復元　104
第3節　文様の特徴　109

第 4 節　神谷作 101 号墳例成立の背景　116

第 7 章　双脚輪状文の伝播の背景 …………………………………………………… 121

　　　第 1 節　双脚輪状文の伝播に影響を及ぼした社会的背景と自然環境　121
　　　第 2 節　豪族間の多角的交流──火君、紀氏、上毛野氏──　133
　　　第 3 節　各豪族の地域基盤　142
　　　第 4 節　磐井の乱　149

第 8 章　多氏の東国への移住 …………………………………………………………… 157

　　　第 1 節　考古資料からみた中北部九州と東国との類似性　158
　　　第 2 節　葬制における肥後と東国との類似　167
　　　第 3 節　文献・神社・地名にみる肥国と東国　168
　　　第 4 節　多氏の東国への移住　171

第 9 章　東国の多氏 ……………………………………………………………………… 177

　　　第 1 節　東国と九州の「サク」地名と火君多氏　178
　　　第 2 節　多氏同族の分布状況と各地域拠点の概要　182
　　　第 3 節　多氏の分布上の特徴とその性格　190
　　　第 4 節　古代氏族の広域展開とスイジガイ釧および双脚輪状文　191

第 10 章　双脚輪状文考察にもとづく知見事項 ……………………………………… 197

　　　第 1 節　本書に通底する 3 つの事項　197
　　　第 2 節　双脚輪状文の検討から見えてきたもの　198

付表　東国の「サク」地名一覧　201

引用・参考文献　211

あとがき　229

双脚輪状文の伝播と古代氏族

第1章　スイジガイと双脚輪状文

　スイジガイは殻部に長く突き出た6本の管状突起をもった、独特な形状を呈する貝である。先島諸島・沖縄諸島・奄美諸島といった南西諸島に産出し、縄文時代中期・後期（併行期）から現代にいたるまで広範囲で利用された。

　その利用形態ないし基本的役割については、考古学と民俗学の両面から研究の蓄積がある。スイジガイは利器としての利用が古くからあったといわれ（上原 1981）、また前期古墳の副葬品である貝釧としての利用が知られている。さらに装飾古墳の壁画に描かれる双脚輪状文の祖型としても位置づけられることがあり、貝の形状や突起の鈎に、魔除けや辟邪としての役割があった可能性も指摘されてきた（三島 1977、辰巳 1992）。

　この検討にあたってまず重視したいのは、先史時代の人びとがスイジガイの腹背面のどちらを正面観にみたて、上下をどうみたかである。この点については同じくソデボラ科であるゴホウラ貝を模造した鍬形石が参考になる。この腕輪形石製品の正面観は疑いようもなく腹面側でありかつ殻頂部を下に置くことが基本である。必然的に水管溝側が上となる（北條 1994）。民俗学的には、スイジガイを魔除けの呪物として軒に吊るす場合、貝殻の腹面を外に向け、水管溝を上にして吊るすものだといわれていることも傍証だといえるかもしれない（野本 1989）。

　このような正面観や上下の問題にこだわるのは、双脚輪状文との比較点検を実施する際にきわめて重要な事柄であるからにほかならない。こうした理由から、ここではスイジガイの腹面を正面とし、殻頂部を下におく表記法とする。

　以上のような基礎認識にたち、本章ではスイジガイ製利器と釧との系譜関係についての検討を行う。また、その結果をもとにスイジガイを祖形とする双脚輪状文の創造について言及する。そのうえで、本書における考察の基本となる、スイジガイや双脚輪状文のもつ呪的効能について、確認し整理する。本書ではこの呪的側面である精神的支柱が基底となって論考がなされることとなる。

第1節　スイジガイ製利器より生まれたスイジガイ釧

1. スイジガイ製利器

　スイジガイ製利器とは、スイジガイの管状突起の先端部分に付刃加工をし、利器として使用され

た考古資料である。南西諸島の 1,200 km を超える広範な地域において利用された器物として知られている。出現年代は縄文時代併行期だと推定されているが、利用期間はその後古墳時代併行期以降にまで及ぶ。スイジガイよりも効率のよい素材があるにも関わらず、このように長期間にわたり広範囲で利用されたことは、殻体部分の穴あけの問題などと合わせ、実用的な側面からの要請があったとみるよりは、信仰的側面からの受容を強く示唆するものであろう。以下、出土遺跡の分布と年代、製品の特徴、管状突起への加工などについて略述する。

（1）出土遺跡分布と年代

　スイジガイ製利器の出土遺跡は鹿児島県南部より奄美諸島、沖縄諸島、先島諸島に至る広い範囲にわたって見られる。図1にはその分布と、遺跡ごとの大まかな帰属年代を示した。図より明らかなように、スイジガイ製利器としての利用期間は、縄文時代中期（併行期）から弥生時代併行期、古墳時代併行期に至るものであり、きわめて長期的に利用され、しかも基本形態が変化しないで受け継がれていったことは、特筆される事項である。

　出土遺跡はきわめて広範囲にわたるが、年代的にみると時代ごとにグループ分けされる傾向がある。出土個体数は1から3個体の遺跡がほとんどであるが、数カ所で5から14個体と多いところがある。単に近隣地域のみに限定した消費でない可能性を示唆する。

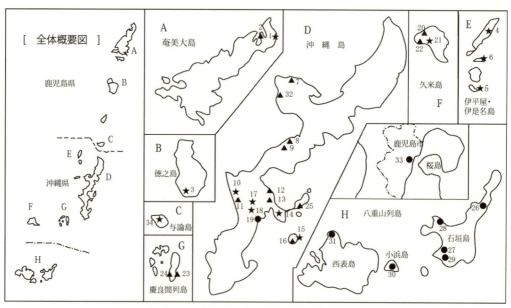

●古墳時代併行期　▲弥生時代併行期　★縄文時代中・後期（併行期）

1　宇宿貝塚　2　サウチ遺跡　3　面縄第二貝塚　4　久里原第二貝塚　5　屋那覇貝塚　6　具志川遺跡　7　西長浜原貝塚
8　伊武部貝塚　9　熱田第二貝塚　10　木綿原貝塚　11　野国貝塚　12　宇堅貝塚　13　地荒原貝塚　14　平安名貝塚
15　キガ浜貝塚　16　津堅貝塚　17　室川貝塚　18　仲宗根貝塚　19　渡口洞穴貝塚　20　北原貝塚　21　大原第一貝塚
22　大原第二貝塚　23　阿波連浦貝塚　24　船越原貝塚　25　東ハンタ原貝塚　26　船越貝塚　27　名蔵貝塚
28　ザンドウ原貝塚　29　新竿若貝塚　30　トマル貝塚　31　原貝塚　32　兼久原貝塚　33　大龍遺跡　34　長浜貝塚

図1　出土遺跡分布図

（2）製品の特徴

　まずスイジガイ殻体部分の穿孔は、胴体部分の背面部や腹面部、側面部に見られる。その意図については第1に採肉のためのものとも考えられる。しかし、なかには孔の縁辺を整形したものもある。単に貝の身を取り出して、その殻を利器に使用するためであったのなら、このような縁辺の整形は不要である。スイジガイ製利器からスイジガイ釧への展開については後述するが、スイジガイ製利器における穿孔および整形の問題は、このこととの関連も考えられる。

　次に利器の形状と使用形態であるが、付刃加工の形状には鑿状（平刃状）・丸刃状（円刃状）・錐状（尖頭状）の3種類がある。これら各種がどのような握り方や使用のされ方であったのかについては、これといった決め手がなく統一した結論に至っていない。現在までに提唱された説は、1つには木工用として、2つには漁労用の魚貝具として使われたものといわれている[(1)]（木下 1996a、上原 1981、三島 1977ほか）。

（3）管状突起の加工

　では具体的な加工状況はどうなのか。上原静は、スイジガイ製利器の形態・用途・分布・時期などについて詳細に点検し、その考察結果を述べており（上原 1981）、ここではそれをふまえて、以下、概観しておく。

　形態については、付刃突起と他の管状突起の保存状況、刃部の形態、刃縁と胴体部との位置関係、胴体部の穿孔、さらにスイジガイ製利器の体系について論及している。また、遺跡の分布状況や出土品の年代、利用方法についても検討されている。これら業績を参照しながら、ここではスイジガイ製利器の重要な部分である付刃突起に焦点を当て、管状突起の加工状況を説明してゆく。

　上原静のデータを利用して管状突起の利用状況をまとめたのが図2である。なお、管状突起の番号は本論でのスイジガイの正面観により、上原静の論考において使用された突起番号とは異なる。

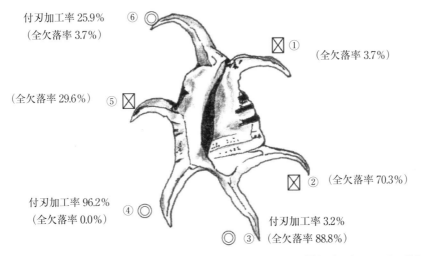

図2　管状突起部の利用形態と付刃加工率・全欠落率図

スイジガイ製利器の付刃突起部位・付刃加工率・付刃加工されない部位・管状突起の全欠落率がわかる。6カ所ある管状突起のうち利器として利用される部位には明確な法則性が認められるので、この点について略述する。スイジガイの6個ある管状突起のうち付刃加工対象部位は、図2に示した④⑥③の管状突起部分である。全調査個体のなかでの付刃率の割合は96.2%が④，25.9%が⑥、3.2%が③である。管状突起部分が全欠落している割合は③が88.8%、②が70.3%、⑤が29.6%である（上原 1981：13頁）。

2. スイジガイ釧

（1）スイジガイ釧の概要

　ここでは、本州における古墳時代前期のスイジガイ釧について資料の特徴を概観してみたい。
　スイジガイ釧は、腕にはめることができるように、スイジガイの殻体に腹面から背面にかけて大きな楕円形の孔を穿ち、管状突起を加工し貝釧としたものである。遺物は静岡県磐田市所在の松林山古墳・山梨県甲府市所在の甲斐銚子塚古墳・長野県須坂市所在の八丁鎧塚古墳より出土の3例・6個体のみが知られている。時期は4世紀中葉から5世紀前葉までである。
　松林山古墳出土のスイジガイ釧は他の2古墳のものより管状突起部が長く、甲斐銚子塚古墳と八丁鎧塚古墳のものはすべて管状突起部が短く、根本から欠損している部位もある。これらを年代的に整理してみると、4世紀中葉の松林山古墳のスイジガイ釧は管状突起部が長い型式である。4世紀後葉の甲斐銚子塚古墳のスイジガイ釧は管状突起が短く先端が三角形の形状を呈している。5世紀前葉の八丁鎧塚古墳例は管状突起部がみじかく、先端が四角な形状である。また表面への施文についてみれば、松林山古墳例は全面を研磨したうえで2本1組の細線文様が施されており、八丁鎧塚古墳例は列点文が施され螺塔部を欠落している。

（2）スイジガイ製利器より生まれたスイジガイ釧

　利器から貝釧への転換の背景としては、次の①から④が考えられる。①第3節「スイジガイ・双脚輪状文の呪的効能」で述べるとおり、利器のもつ呪的面での継承がなされた。②形態の類似化は刃部を持つ利器の形を踏襲することにより、スイジガイのもつ呪性をより強力にする目的をもってなされた。③貝釧が遺体に装着されない方法で使われたことは、同じく第3節の「双脚輪状文の成立過程」部分で述べる木綿原遺跡での利器の使用形態とも繋がるものであり、②の意味づけを補強するものである。④スイジガイ釧と親縁性があると考えられる双脚輪状文壁画・埴輪の役割や使用形態とも類似するところがあり、これらが一連の流れであったとみることができる。
　以上のことを基本認識としたうえで、以下では加工部位や頻度にみる親縁性、出土状況と年代の問題、同一遺跡における両者（利器と貝釧）の共伴事例などを論拠として具体的に解説する。利器から貝釧への系譜関係が鮮明に浮かび上がるはずである。

利器の特徴を受けついだ形状と加工部位
　スイジガイ製利器とスイジガイ釧を比較すると、この両者には形状の上できわめて似通った点の

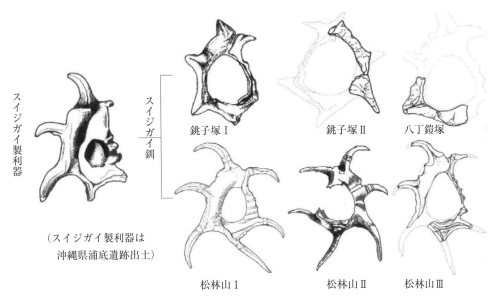

図3 スイジガイ製利器およびスイジガイ釧

多いことがわかる。まず指摘したいのは管状突起部の整形・処理方法の一致である。甲斐銚子塚古墳や八丁鎧塚古墳のスイジガイ釧は管状突起部を全体に切り詰めている。利器として利用される部位の③④⑥（図2参照）を強調し、他の部位は全欠落か半欠落にして、スイジガイ製利器の特徴をそのまま再現するかに見える。いっぽう、松林山古墳のスイジガイ釧は管状突起のうち利器として利用される部位③④⑥について、原型をそのまま残し、その存在を強調している反面、他の管状突起部は少し短めである。利器における付刃加工対象部位とその他部位を差別化して、貝釧に取り入れていると考えられるのではあるまいか（図3参照）。

次に殻体部の孔の共通性である。スイジガイ釧は胴体部に腕輪用の円孔を開けているが、スイジガイ製利器の大多数（全体の86.2％）にも孔があり、貝釧と同じ部分に円形に開けられた孔の比率が全体の53.8％と多く、このほとんどに摩耗があるという（上原 1981：20～21頁）。

さらに上原静は腹面部の孔に紐を通す実験をした結果として、付刃突起は下方に向いた状態をとり最も安定するものであったとしている（水管溝側が上向きで螺塔部が下向きの形をいっている：著者註）（上原 1981：45頁）。前述のとおり民俗学的観点からみると、スイジガイの呪術面から、水管溝側が上向きの腹面は正面観として最重要視されるところである。上原静の指摘はこの意味で大変示唆に富んだものといえよう。また、図2で示したとおり図2の②と③の欠落率が非常に高く、付刃加工部位でない①と⑤は欠落率が少ない。この結果として①④⑤⑥の管状突起が残るかたちとなる。このことは甲斐銚子塚古墳・八丁鎧塚古墳のスイジガイ釧の形と符合するものがある。さらに、①④⑤が残る形状は利器としての使用勝手の面からみて、決して利便性を配慮したものとはいえず、別な意図が伴った可能性を示唆する。

遺跡からの遺物出土状況と年代

同一遺跡でのスイジガイ製利器とスイジガイ貝輪の出土例として、鹿児島県奄美市笠利町宇宿貝

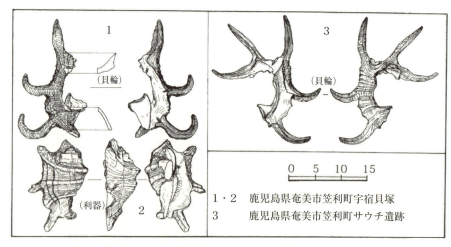

図4　宇宿貝塚・サウチ遺跡のスイジガイ製利器とスイジガイ貝輪

塚からの遺物が注目される。隣接するサウチ遺跡からはスイジガイ貝輪のみ出土している（図4）。宇宿貝塚出土のスイジガイは報告書によると図4-1が貝輪とされ、図4-2は「利器として使用されたのであろうか」（河口 1979：92〜94頁）としている。サウチ遺跡出土のスイジガイ（図4-3）は報告書によると穿孔貝「呪具であろう」（笠利町教育委員会 1978：57〜58頁）としている。

宇宿貝塚出土の貝輪とサウチ遺跡出土の貝輪はともに管状突起をほぼ原形のまま残しており、静岡県松林山古墳出土のものと酷似している。宇宿貝塚の貝輪は体層背面を打ち欠き、背面穿孔部は丁寧に磨かれている（河口 1979：94頁）。このように本州島と沖縄諸島との中間地点で貝輪と利器が同時に出土したことは、本州中部地方出土のスイジガイ釧とを結び付けるうえで、重要な傍証となるものであろう。

笠利町宇宿貝塚は縄文時代中期併行期の遺跡であり、サウチ遺跡は弥生時代前期（併行期）の遺跡である。南島においてスイジガイ製利器は縄文時代中期（併行期）より古墳時代併行期以降まで一貫して同じ形式や理念のもとで取り扱われており、伝統の継承が連綿と受け継がれたといえるのではあるまいか。

鹿児島市大龍遺跡(2)からは、スイジガイ製利器が出土している。5世紀後葉から6世紀初めの成川式の層から出土したもので、これは本州中部3古墳から出土した貝釧より年代的に遅いものといえるが、本州との関連を考える上できわめて重要である。

3. スイジガイ文様埴輪とスイジガイ釧との関連

スイジガイ製利器の利用地域は、出土例から鹿児島県南部を含めた南島地域であったと推定される。いっぽうスイジガイ釧は静岡県・山梨県・長野県などより出土している。さらに、大阪府・岡山県・大分県などからは、スイジガイ文様の線刻埴輪が出土していることから、これらの地域でもスイジガイとのかかわりがあったことは確実である。

スイジガイ文様埴輪は盾形埴輪（金蔵山古墳出土）と円筒埴輪（仲津山古墳・亀塚古墳出土）の

2種類に分類される（図5）。岡山県金蔵山古墳出土の盾形埴輪はスイジガイの腹面を図案化したもので、2個のスイジガイを逆方向に向かい合わせて組んで一組の文様とし、4組を盾面に組み込んでいる（西谷・鎌木1989：80頁）。

円筒埴輪は大阪府仲津山古墳と大分県亀塚古墳

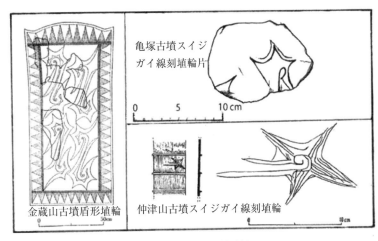

図5　スイジガイ文様埴輪図

出土例に見られる。金蔵山古墳のスイジガイ文様と似た構図である（宇佐・西谷 1959、秦・讃岐 2000：52頁）。これらスイジガイ文様埴輪の構図は、いずれも中央に円形の殻口が表現され、この殻口から直接伸びる水管溝や管状突起が描かれたものであり、腹面側から捉えていることが明らかである。とくに仲津山古墳例は、管状突起を表現した突起部に中央の円形殻口より外側に向かって伸びる溝状線までが描かれており、腹面側の形状をきわめて忠実に描くものである。

また大分県ではスイジガイ文様埴輪とともに双脚輪状文埴輪が出土しており、巴形銅器に似たデザインの双脚輪状文壁画も描かれている。こうした埴輪などの存在は、広域的な広がりの背後に、より大きな受容の枠組みがあった可能性を示唆する。しかも、すべての図柄は腹面を正面として描くもので、モチーフの基本が踏襲されているのであり、スイジガイについての基本認識が共有されていたとみるべきであろう。そうした大和王権側に受容された基本認識の延長線上にスイジガイ釧もおくべきである。

したがって、この図文構成の埴輪などは利器から貝釧に至る流れの中に位置しているといえる。スイジガイの現物は出土していないが、以前、この地域にも身近に存在したことをうかがわせるものであり、スイジガイ製利器出土地域と貝釧出土地域の空白を埋める傍証となる。

第2節　スイジガイの腹面構図より案出された双脚輪状文

双脚輪状文は古墳時代に登場する文様として知られており、装飾古墳の壁画の一部として描かれるものと、形象埴輪として表現されるものとがある。主として6世紀の全期間をとおして現れるが、一部7世紀に入ってからのものもある。あまりにも不可解な形状であり、起源や性格の不明な文様のため解釈は研究者により著しく異なっている。このため定説や主流となる学説はなく、きわめて不安定な存在であり、系譜関係や歴史的意義づけがともに不確定である。

ここでは問題とするスイジガイとの関わりについて直接検討可能な一群を取り上げる。この一群

は多数ある双脚輪状文文様のなかで大半を占めるグループである。さらに前項でも検討したように、埴輪への刻線文はスイジガイを腹面からみた図柄であることが注目される。スイジガイ製品それ自体も腹面を正面観とする可能性が高いことを鑑みると、双脚輪状文の解析においても、上方を双脚部として腹面側を表現した可能性をまず考慮すべきであろう。

1. 釜尾古墳石屋形左袖の双脚輪状文

　スイジガイ文様埴輪やスイジガイ釧へ施された文様や形状と壁画の双脚輪状文（図6）とを比較するならば、次のような共通点を指摘することができる。まず第1点は、双脚の強調である。第2点は、双脚部と突起部とによって輪郭が形成されている点である。これらの共通点は、両者が共通の祖型から発すること、すなわちスイジガイ起源であることを示唆する要素だといえよう。
　そのいっぽう双脚輪状文については、次のような差違やバリエーションを有する。まず双脚部の起点をみると、根元が内孔部から伸びているもの（釜尾古墳・横山古墳例）と連弧状文の外側にとりつくもの（王塚古墳例）とがある。これら2者のうちどちらがスイジガイ文様埴輪の表現に近いかといえば、明らかに前者である。さらに双脚部を含む突起の数が6個となるもの（釜尾の一部・横山）、7個となるもの（釜尾）、8個以上10個までのもの（王塚）との大まかな3者に区分されることがわかる。なおスイジガイの管状突起は6個であり、7個以上の変異は、描写における簡略化や抽象化、あるいは祖型からの遊離の度合いとして各事例を編年的に再整理しうる可能性が高いことを物語っている。
　このうち祖型にもっとも忠実な表現をとる候補といえるのは、釜尾古墳の石屋形左袖に描かれた図柄である。したがって本例は、双脚輪状文のなかでも祖型にもっとも近いという意味において、古相とみなして差し支えない。ここでは、スイジガイからスイジガイ製利器・スイジガイ釧を経由して双脚輪状文へと辿り着く流れを追い、その経緯を検討したい。

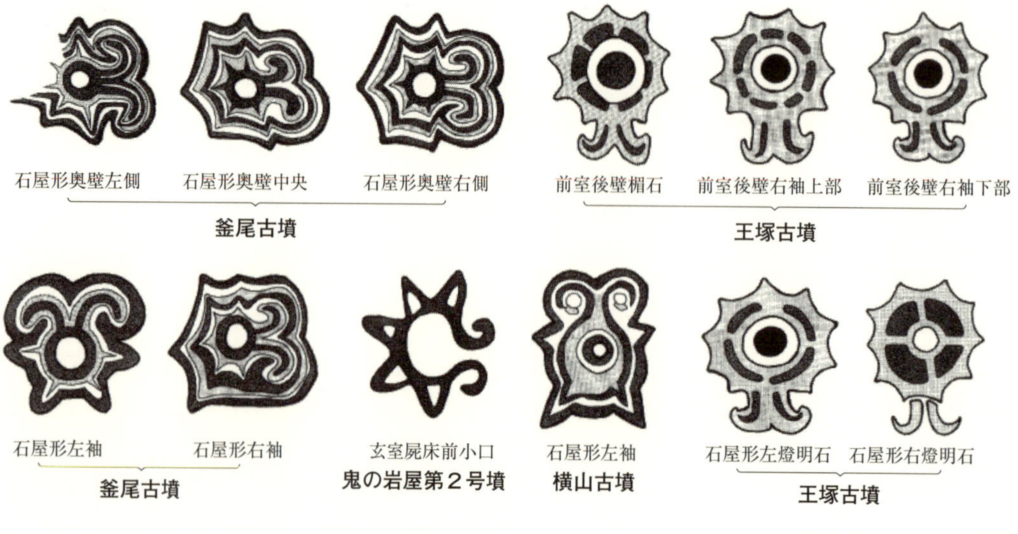

石屋形奥壁左側　　石屋形奥壁中央　　石屋形奥壁右側　　前室後壁楣石　　前室後壁右袖上部　前室後壁右袖下部
　　　　　　　釜尾古墳　　　　　　　　　　　　　　　　　　　　　王塚古墳

　石屋形左袖　　石屋形右袖　　玄室屍床前小口　　石屋形左袖　　石屋形左燈明石　石屋形右燈明石
　　　釜尾古墳　　　　　　鬼の岩屋第2号墳　　横山古墳　　　　　　王塚古墳

図6　壁画双脚輪状文主要文様図

2. スイジガイ腹面を描く双脚輪状文

では両者を実際に比較してみよう。図7はスイジガイ釧（甲斐銚子塚古墳出土）を左に置き、双脚輪状文（釜尾古墳石屋形左袖壁画）を右側に置いたものである。こうして両者を比較検討すると、構図上の基本をなす3カ所の領域ないし表現部位が完全に合致することがわかる。

まず第1点目は、スイジガイと双脚輪状文の外郭線（A帯）が完全な同形性をもつことである。6本の管状突起、水管溝側の強調などは、線刻埴輪に描かれたスイジガイ文様にも認められるところであり、祖型たる貝釧から一貫した原則であることが確認できる。第2点目は円孔（殻口）と、これに繋がる双脚部（外反する管状突起）の稜線を描いた部分（B帯）の一致である。第3点目

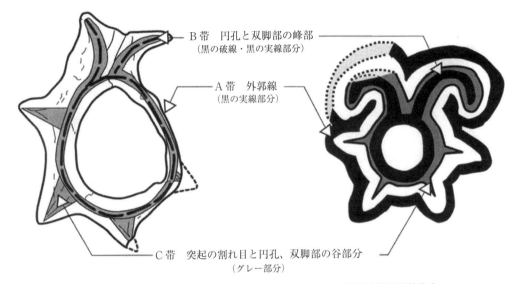

図7　双脚輪状文・貝釧の基本構図比較図

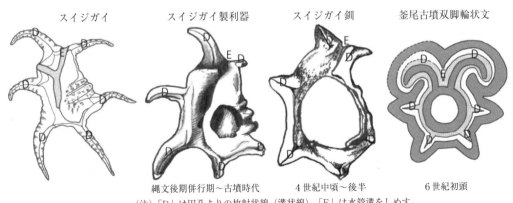

図8　双脚輪状文・スイジガイ関連比較説明図

は、スイジガイの円孔より管状突起の先端に向けて中心を走る溝状線および円孔とそれに接続する双脚部（外反する管状突起）の谷に当たる内郭線を描いた部分（C帯）の一致である。

　また、細部の描写について解説する（図8）。まず中央円孔からの溝状線[(3)]（Dの部分）であるが、双脚輪状文には中心の円孔端より連弧文の各突起に向けて放射状の三角線が描かれている。脚部についても脚部の中央を通り外側へ向かうこの線が添えられている。これらはスイジガイの管状突起を腹面側からみた場合に必然的に目に入る溝状線の表現である。この溝状線は図6で見られるとおり、利器や貝釧にも該当することはいうまでもない。

　次にスイジガイの水管溝（Eの部分）であるが、スイジガイには蕨手状の管状突起部の根元から水管溝が延びる。この部分について双脚輪状文では一体化した描写とし、双脚部を強調する表現としたものと理解することができる。

　さらにスイジガイにおける管状突起と双脚輪状文における連弧状突起の長さの違いについても、補足しておきたい。この違いが、スイジガイと双脚輪状文とを結びつける方向での解釈を阻んできたことは事実である。しかし前項で述べたように、管状突起部を加工し短縮した釧の存在が確認されたことにより、この点の障害は取り去られたと考えるべきである。事実、甲斐銚子塚古墳・八丁鎧塚古墳の貝釧は、釜尾古墳壁画とほぼ同程度の長さである。

　このようにみてくると、双脚輪状文の図文はスイジガイ釧を忠実に写し取ったものであることが了解されよう。これまで、スイジガイが利器から貝釧や双脚輪状文へ変容していく流れのなかで、長い年月にわたり基本的理念や形状を変えることなく、伝統として継承されてきたことについて、論考を重ね検証してきた。結論としてスイジガイのこのような伝統理念を支えたものは、つまるところ次に述べる「鉤の呪的観念」があったからこそのものであると考える。

第3節　スイジガイ・双脚輪状文の呪術的効能

　本節ではスイジガイ・スイジガイ製利器・スイジガイ釧・双脚輪状文の基本的効能である、呪術的側面について、そのポイントとなる事柄を整理していく。

1. スイジガイの呪的利用

　野本寛一によると、沖縄の民俗事例である魔除けのスイジガイは、門口や軒端などに吊るすことにより、邪悪な侵入者を防ぐことを目的としている。本来、スイジガイを魔除けの呪物として軒などに吊る場合、貝殻の腹を外に向けて吊るすものだといわれている。その形状や色調が女陰のそれに通じるところから、突起の呪力と合わせて、外来の病魔・悪霊などを排除する力を発揮すると信じられていたのである（野本1989：47頁）。

　三島格は「スイジガイなどの有鉤群鋭利・異形の鉤状の突起がもつ呪力に、加えるに女性器に似た開口部がもつとされる呪力を、併有していると信ぜられて、民間に使用されているとみること

は、ほぼまちがいないとおもう」（三島 1973：168 頁）と述べている。これらのことからスイジガイは6個の管状突起のもつ鋭利な鉤の効能と双脚基部から殻口にいたる開口部がもつ効能によって外部から侵入してくる悪霊を防ぐとともに、危険な外界にさまよいでてしまいかねない霊を鉤で引きとめる効果があるとされているのである。

　静岡県松林山古墳や山梨県銚子塚古墳からはスイジガイ釧が出土している。松林山古墳と銚子塚古墳の両古墳ともに、竪穴式石室の北東（丑寅）部分の壁面に接してスイジガイ釧が2〜3個体ほど置かれていた。後藤守一は「この實用品らしくない貝製品を以て鬼門除けにもちひたのであろうとするのは笑うべき考察であろうか」（後藤 1939：27 頁）と述べており、スイジガイ釧を辟邪のための呪具ではないかと考えている。4世紀後葉の岡山県金蔵山古墳や奈良県保津岩田古墳からはスイジガイを図案化し線刻した盾形埴輪が、5世紀前葉の大分県亀塚古墳からは線刻スイジガイ文様のはいった円筒埴輪が出土している。祭祀遺跡である鹿児島県大龍遺跡の5世紀後葉から6世紀初めに相当する成川式の層から突起の先端をノミ状に加工したとみられるスイジガイが出土している。

　このように沖縄・奄美に棲息するスイジガイは、沖縄から中部日本にいたる広範な地域で魔除けのための呪術的効果を目的として有史以前から使用されてきた。そのうえで、スイジガイの双脚部を上にして腹面を表面とみなす、スイジガイの呪術的伝統が双脚輪状文へと引き継がれていったのである。スイジガイの呪術的効能は腹面にあるが、図9により具体的部位の説明をするとともに、その効能の源泉について整理してゆくことにする。

　管状突起は鉤状の突起で貝殻が筒状になったものである。6個あり、筒状の合わせ目は線状となった溝状線である。図9の上部にある管状突起は中心から外反するかたちになっており双脚部である。中央部は殻口で外に向かって開いた口であり、ここから身にあたる軟体部が外に出る。

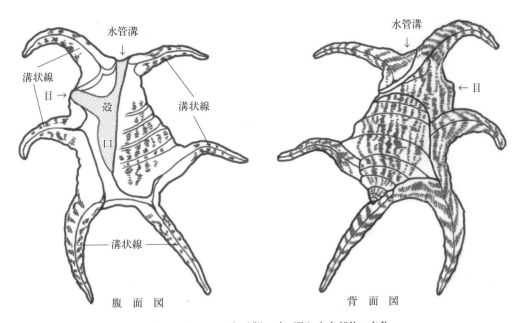

図9　スイジガイの表（背）・裏（腹）と各部位の名称

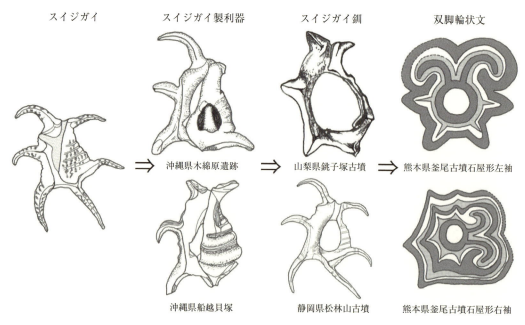

図10 スイジガイから双脚輪状文にいたる系譜図

　双脚部の根元から殻口にむかって溝状の水管溝があり、入水管がはいる。殻口から左外側には目の出入口がある。水管溝と目の管は殻口から外郭にのびている。

　野本寛一が述べるように、双脚基部の水管溝から殻口にいたる周囲の形状は女性器と似た形状や色調となっているため、スイジガイの呪術的効能の源泉の１つとなっている。双脚部の外反する鋭利な鉤の効果と相まって相乗効果をもたらしている。沖縄・奄美において辟邪の呪物としてスイジガイの腹面を表に向け、双脚部を上にして吊るしているのはこのためである。

　このようなスイジガイの呪術的伝統を受けついで創りだされた呪物が、図10に示すスイジガイ製利器やスイジガイ釧である。その後、スイジガイ釧は辟邪のための文様である双脚輪状文となり、壁画や埴輪のモチーフとして使用されることとなる。

2. 双脚輪状文の成立過程

（1）スイジガイから双脚輪状文にいたる系譜

　双脚輪状文はスイジガイ、スイジガイ製利器、スイジガイ釧をへて創りだされたものである。木綿原遺跡では埋葬遺構や人骨から離れた北側に３個、南側に２個のスイジガイ製利器がおかれていた。このなかには伊波式土器片の内壁を外に向け、その前にスイジガイ製利器がおいてあり、魔除けのためにスイジガイを吊るす民俗事例を想起させるものであった（読谷村教育委員会 1978）。このことからスイジガイ製利器が実用の利器としてだけではなく呪術的意味においても使用されていたと考えられる。

　前述のとおりスイジガイ釧は、スイジガイやスイジガイ製利器の外形や呪術的伝統を受けつい

で、4世紀中頃に創りだされた貝釧である。山梨県銚子塚古墳や静岡県松林山古墳の竪穴式石室の北東（丑寅）側壁面に接しておかれたスイジガイ釧は鬼門の備えとして置かれている。

スイジガイから双脚輪状文にいたる図柄上の変化は、図10にみられるように、スイジガイからスイジガイ製利器、スイジガイ釧へと移りゆくことにより双脚輪状文に近似していくことがわかる。

（2）双脚輪状文の誕生

釜尾古墳の双脚輪状文の直接の祖形となったスイジガイ釧は、甲斐の銚子塚古墳の小長谷直（火君の同族）に、多氏の本拠地である肥後に盤踞する火君から贈られたものと考えられ、火君は、当然、同形のスイジガイ釧を手元に持っていたと思われる。

火君は釜尾古墳において、このスイジガイ釧の図柄をもとにして、文様化することにより、双脚輪状文を創造した。したがって、新たに創りだされた双脚輪状文は、スイジガイの精神的支柱としての伝統を受けついで、古墳の呪術的な守りとしたことは当然である。双脚輪状文はスイジガイの呪的伝統を受けついでスイジガイ釧の腹面構図をもとに創りだされたと考えられる。

このようにして創りだされた双脚輪状文の図柄をみると、スイジガイの呪術的効能の淵源となっている、腹面の双脚部から殻口にいたる双脚部区域と鉤の呪力を発揮する管状突起部分がすべて図文に表現されていることがわかる。図11に示した双脚部、水管溝、その先の円孔や目であり、こ

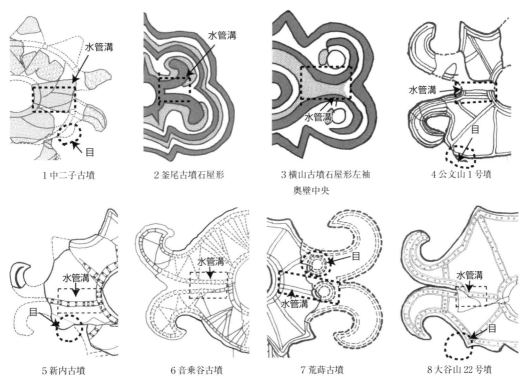

図11　双脚部区域図

こが沖縄において女性器に同定された部分でもある。

3. 双脚輪状文の呪術的効能を象徴する部位

　スイジガイの呪術的効能の淵源は辟邪の効果や防御性の効果である。これをささえる部位の中心は双脚部を中心とする区域（図11）であり、双脚部、水管溝、目、外唇と内唇に囲まれた殻口など多くの有効な部分が集中する。辟邪のためのスイジガイは双脚部を上に腹面を表に向けて吊るす。沖縄の民俗例がまさにそうである。

　壁画双脚輪状文（釜尾古墳・横山古墳）、西日本型双脚輪状文（公文山1号墳・新内古墳・音乗谷古墳・荒蒔古墳・大谷山22号墳）、東日本型双脚輪状文（中二子古墳）それぞれの双脚部を図示したものが図11である。

　これらの文様は図柄の表現方法は異なるが双脚部、水管溝、目、殻口（円孔）という基本的部位は押さえて作図していることがわかる。壁画双脚輪状文では水管溝は殻口から双脚部にいたる峰部分にはさまれた谷部分として描かれている。西日本型双脚輪状文、東日本型双脚輪状文では水管溝を双脚部と殻口の間の1条ないしは2条の線文により表現している。

　目については公文山1号墳、新内古墳、大谷山22号墳、中二子古墳が双脚部の根もとに半円形で表示している。荒蒔古墳では円孔から外郭に向け2本の線刻をしたうえで、目や水管溝が殻外に出る部分を◎の線刻で示している。

　中二子古墳以外の図文の目はスイジガイと同じ位置（双脚部から殻口に向かって右側）についているが、中二子古墳では逆の位置についている。中二子古墳では双脚輪状文図柄の全般にわたり簡略化と装飾化が進んでいる。

　これまで双脚輪状文の呪術的効能の淵源となる双脚部から円孔（殻口）にいたる区域について個々に検討してきた。その基本的事項をまとめると、スイジガイでは腹面構図を前提として、双脚部、水管溝、目、円孔（殻口）が一体となって呪的効能を発揮するということであり、図11に示すとおり西日本型双脚輪状文形埴輪はその部位を忠実に文様化しているといえる。

第4節　本書の論証方法

　本書は、論考の根底に前節で述べた呪術的側面を常に保持しながら、この視点に立って考察を進めていくこととする。本書の目的は、沖縄・奄美と貝交易などで強い結びつきがあった、肥後の中心勢力である火君が、沖縄・奄美のスイジガイの呪術的伝統を受けつぎ、双脚輪状文を創造し、九州から東国に至る間に広めていったこと、その詳細な内容を整理して、さらに、これと関連する事項について取りまとめることである。

　取りまとめの視点は、大きく分けて3つある。1つめは、これまでの双脚輪状文研究の過程を整理した研究史であり、2つめは双脚輪状文本体に関するもの、3つめは双脚輪状文が肥後から各地

域に伝播したことについて、その背景を考察することである。
　2つめの双脚輪状文本体に関する事項については、双脚輪状文が壁画双脚輪状文、西日本型双脚輪状文、東日本型双脚輪状文、福島県南部の神谷作101号墳の双脚輪状文の四つのグループに分かれることから、それぞれのグループごとに取りまとめをする。
　3つめの双脚輪状文が肥後から各地域に伝播したことについては、社会的、自然的背景からもたらされた事柄についてと、氏族的背景によるものがある。前者を「双脚輪状文伝播の背景」として、後者を「多氏の東国への移住」「東国の多氏」として考察することにする。

註
（1）　スイジガイ製利器の用途については特定することがむずかしく、各研究者の結論も推定の域を出ていない。木下尚子は「スイジガイ製利器の激しい破損や刃部研ぎ減りの状況は、サンゴ礁の岩場を対象にした漁労採集作業を思わせる」（木下 1996a：430頁）としている。上原靜は「機能的には突具や突剥具的な機能を具備し魚貝具や木工具等の用途が推定されるが明確な論証が未だなされておらず、今後の調査・研究に課題が残されている」（上原 1981：41頁）と述べている。また三島格は具体的な用途を示さずに、ただ「棒状のものを孔に挿入しての使用かと考えるが、自信はない」（三島 1977：197頁）としている。大龍遺跡調査報告書では「南島においては、ノミ刃状貝器、キリ状貝器などの利器として使用されたものが多い」（上村 1979：57頁）と述べている。

（2）　所在地は鹿児島市大龍町11番44号（大竜遺跡群としては広範囲にわたるため本件に関係する個所のみ表示。年代や内容についても同様とする）。遺跡は相当攪乱されているが、縄文後期（御領式）を主体とする層が中心となっている。遺構は竪穴遺構9基、炉跡1基、甕棺2基、柱穴様のピット数10基など。軽石製品（岩偶、石棒、陰石、垂飾品ほか）やスイジガイが出土し、岩偶には妊娠した女性を表現したものや、凹線で頭部・胴部などを抽象化して表現したものがある。このようなことから上村俊雄は祭祀遺跡としている（上村 1979）。

　　この遺跡からスイジガイ製利器が出土したことは、南島において辟邪の意味で人骨の頭部などに置かれているシャコガイなどの例と同様に、出産などの安全祈願を目的とした呪的な意味や辟邪の意味であったのではなかろうか。

（3）　スイジガイには腹面の大きく開いた殻口（円孔）より6本の鉤状の管状突起が出ている。管状突起は貝殻が筒状になったものであり、筒状部分は腹面側中央部で合わさっている。この合わせ目は、突起先端に向かって線状になったものと、少し開いて殻口部を底辺とした三角形状を呈したものとがある。この線状または三角形状部分については生物学的名称がないため、本書では「溝状線」として表記する。水管溝を上にした形でスイジガイの管状突起を見ると、管溝を中心に左側4本は左回りの形で曲がっており、右側2本は右回りの形で曲がっている。水管溝の両脇の管状突起は双脚のかたちになる。

第2章　双脚輪状文研究の過程

　双脚輪状文の研究は、双脚輪状文形埴輪の出土例や壁画双脚輪状文の所在地が限られた地域に偏在すること[1]、一見すると意味不明な特異な文様であるため取り扱いにくいこと[2]、その事例が非常に少ないことなどから、正面から取り組むことがむずかしく、専門的に論証された事例は非常に少ない。

　これまでの双脚輪状文研究を概観すると、研究の中心は双脚輪状文の起源・祖形についての考察に終始した観があり、加えて双脚輪状文の意味を呪術的なものとして捉える程度であった。しかし、これらのことだけでは双脚輪状文の全容を解明することはできない。双脚輪状文の起源・祖形を考える場合でも、双脚輪状文の文様形式はすべて同一のものではなく各個体により変化が見られる。その個々の事例のなかの1つを観察して、双脚輪状文の起源・祖形を考察しても正しい結論を導き出すことはできない。また、双脚輪状文は古墳時代後期に突如出現したものではなく、縄文・弥生時代以降の歴史的、思想的、呪術的、社会的な背景のもとに成立したものである。

　双脚輪状文は図文の祖形の確定という作業1つをとっても、単に図柄上での観察だけでは真実を導き出すことはできない。縄文・弥生時代以降の歴史的諸要素や各形式の双脚輪状文図柄から共通性を見出すといったことなどを勘案しながら、それぞれの側面から考察する必要がある。

　さらに、双脚輪状文の図柄を含め、この全体像を把握するためには、図文の祖形確定作業以外に双脚輪状文の思想や呪術的な面での背景や淵源、双脚輪状文の地域性、双脚輪状文が誕生した社会的背景、双脚輪状文成立前後の時代的背景、双脚輪状文と関連をもった氏族（豪族）、双脚輪状文の図柄変化、文様の利用形態の把握とその変化、双脚輪状文成立以前のこれに関連した物質文化・精神文化など、幅広い関連領域の整理や考察が必要となってくる。

　本章では、はじめに、双脚輪状文について先学がどのようなことを考え、どのような視点でこれに向き合っていったかについて把握することを目的に、双脚輪状文の研究史をまとめることとし、つぎに、個別研究の内容についての問題点と課題について述べていくことにする。

第1節　双脚輪状文研究の足跡

　双脚輪状文が文献に取り上げられるようになって久しい。この間、双脚輪状文の研究は、遅々として進まない状況であったが、内容面でまったく変化がなかったわけではない。その足跡をたどっ

てみると、双脚輪状文が成瀬久敬・森本一瑞により紹介された江戸時代中期から、近代的考古学の手法で取り上げられた1919・1940年代頃までは、学問的に突き詰めた研究とはいえず、単に双脚輪状文の形状・役割・文様の起源などについて、その場で感じたことや感想を述べる程度のことで終わっている。

その後、熊谷宣夫が『佛教藝術』6（熊谷 1950）で発表した「わが古墳時代における仏教芸術の影響に関する一問題―九州所在装飾古墳の双脚輪状文について―」の論文以来、多くの研究者が次のような視点に立って研究を進めることとなった。

①双脚輪状文の起源・祖形
②文様の意味・目的
③文様の分類
④文様様式の変化にもとづく年代観の整理

特に、1990年以降は双脚輪状文出現の経緯や双脚輪状文出現以前の関連領域との関係など、さらに新しい観点からこれらの問題を検討し研究する傾向がみられ、これに伴う新たな成果もみられるようになった。

そこで、双脚輪状文の研究史は年代別に3つのグループに分け、①1945年以前の研究、②1946年から1980代の研究、③1990年代以降の研究の順に記載することにした。取り上げる先行研究は双脚輪状文について簡単な記述がなされたものを含め、正面から双脚輪状文として取り上げたものでなくても、双脚輪状文に関係する事項を記述したもので、重要と思われるものは極力盛り込むことにする。

1. 1945年以前の研究

（1）肥後国志

肥後国志巻之三[3]（後藤 1971）の飽田郡五町手永釜尾村常福寺跡の条には「天台ノ古跡ト云 此古跡ノ後ロ山傍畑ノ際ニ窟アリ 始ヲ知ラス 岸崩レテ埋レ居リシヲ 明和六年ノ春発見セリ口窄ク内ハ一間半四方計リ 切石ノ壁天井ニテ 向ノ石壁朱ニテ塗リ 桔梗ノ紋アリ 常福寺ノ粮倉ニテヤアランカ 後埋メ置タリト云」（後藤 1971：125頁）とあり、石屋形の奥壁、左右前壁に描かれている5個の双脚輪状文を双脚輪状文と形が似ている花である桔梗をかたどった文様として表現し、紹介している。

（2）京都帝国大学文学部考古学研究報告第3冊

『京都帝国大学文学部考古学研究報告第3冊』（濱田・梅原ほか 1919）は、釜尾古墳の双脚輪状文について、放射状突起と蕨形の突出を有する円と、その外郭を囲む曲線より構成している特殊な文様としている。そのうえで文様の起源について3つの候補をあげる。該当部分を引用すると下記のとおりである。

　　一つめは何等かの生物を模倣せる所謂 Biomorphs に属するものにして、恐らくは一種の動

物を模倣さる Zoomorphic のものに起源を有すと考え得可し。此の星形にして、鉤形の尾あるものは、一見海盤車の如き観あり。又た或る爬虫類若しくは獣類の形像を示せるものが、漸次変化堕落して、遂に斯の如き紋様に成り得べきは、南洋諸島の民族中の装飾にも其の例少なからず。ただ変化の過程を連続的に証明し得べき例證を見ざるを以て、此の説の當否を知る能はざるなり。

　二つめは同じく生物模倣中人類模倣（anthropomorphs）に入る可きものにして、圓形の部分は眼を意味せるものと見られざるにもあらず。斯くの如く人體若しくは人面が變形して、特に眼のみ大きく奇異に保存せらるるの例、亦た各人種の間に少なからず、然ども是れ亦た証明を缺くの臆説に過ぎず。

　三つめは単なる手法説（technic theory）による解釈にして、筑後日ノ岡古墳の石室奥壁の如きは、同心円の付近に蕨形の模様あり。蕨形は当代装飾紋様に好用せられたる一要素にして、埴輪に朱塗せしものもあり。此の蕨形が放射状突起を有する圓の、突起の一部分に移入せるならむとするものなり。（濱田・梅原ほか 1919：11-12 頁）

　以上のように述べたうえで濱田耕作は、その起源の検討をしたいが、資料が乏しいので詳細は後日に譲ることとし、1つめの動物模倣説に関心があるとしている。

（3）京都帝国大学文学部考古学研究報告第 15 冊

『京都帝国大学文学部考古学研究報告第 15 冊』（梅原・小林 1940）の王塚古墳の調査報告では、第 5 石室内の壁画「装飾文様の種類」のなかで「放射状突起ある円形に蕨形を附した双脚輪状文」と述べており、文様の名称に「双脚輪状文」を使用した最初の事例である。さらに、「双脚輪状文は本古墳に使用されたもののうちにも、精粗の差があるが、大体として同心円の外圏に放射状の短線を表はし、その外方に突起帯を続らし、さらに下方に一対の蕨形文を垂下せしめたものである。この文様の意義については本報告書第三冊において論ぜられている処であるが、本古墳における所見としては、これが蕨形文とその用法を一にする点において、これと著しく性質を異にせざる一種の呪術的円文としてみらるることを付記するに止めよう」（梅原・小林 1940：30 頁）とし、呪術的性格をもった文様としている。また、その起源については、第 7 後論の註 20 のなかで、貝あるいは海月などの形から導かれたものかとも想像して見たが、本文で提唱するほどの大胆さをもてないとして、消極的に述べるにとどめている。

2. 1946 年から 1980 年代の研究

（1）熊谷宣夫

熊谷宣夫は「わが古墳時代における仏教芸術の影響に関する一問題—九州所在装飾古墳の双脚輪状文について—」（熊谷 1950）において、福岡県王塚古墳の双脚輪状文の起源などについて論究している。

　九州装飾古墳のなかで最も特異でありかつ重要な双脚輪状文は、高句麗壁画古墳と対比すると蓮

華文に匹敵する位置を占めている。したがって蓮華文の単化した崩形が双脚輪状文である。王塚古墳石室の穹窿構造や天井の朱地黄点は源が高句麗より伝播したものであり、崩形や単化は穹窿構造でもみられるとしている。

　また、双脚輪状文の意味について、前室後壁入口の左右、玄室燈明石に描かれている環文、双脚輪状文、蕨手文はすべて石室構造の正面に位置していることから、その表現にほかの部分より重要なものであることが認められる。これらのことから考えると双脚輪状文の解釈は環文の場合と同様に呪術的象徴としての意味をもっていると述べている。

（２）斎藤忠

　斎藤忠は双脚輪状文について、『装飾古墳の研究』（斎藤1952）において取り上げたのを手始めに、『日本原始美術』（斎藤編1965）、『日本装飾古墳の研究』（斎藤1973）、『日本の美術』（斎藤編1975）、『古墳文化と壁画』（斎藤1997）などでさまざまな観点から考察を加えている。

　文様の起源や祖形については、『装飾古墳の研究』（斎藤1952）の段階では、その中心主体が熊谷説の蓮華文であるとしても、これを一層壮麗化し呪術的雰囲気を醸しだすために、作者の神秘的想像を加味した誇大化された創意的文様と考えられるとするにとどまり、具体的な起源には踏み込んでいない。その後、『日本原始美術』（斎藤編1965）以降では熊本県釜尾古墳や福岡県日ノ岡古墳に見られる円文、外周に突起のある円文、蕨手文が複合されて双脚輪状文が成立したとし、より具体的な祖形について考察するようになった。

　文様の意味については、当初から一貫して直弧文と同じような呪術的意味をもつものであるとし、王塚古墳の燈明台のような特殊な装置の表面に使用されていることがこれを示唆するとしている。『日本装飾古墳の研究』（斎藤1973）などでは文様を分類し、同心円の外周の中に放射線状線をあらわし、その外縁の外側に突起をあらわす王塚古墳形式をＡ類、放射線状のものをあらわさず、二重の外廓を描く釜尾古墳形式をＢ類とするとした。

　樋口隆康の埴輪の翳（さしば）説についても言及しており、蕨手状の突起の形状その他から考えて、はたして翳であったか疑問があるとし、また、翳とすれば、壁画の中に横たわるように描かれているものがあることも不自然であるとしている。

（３）樋口隆康

　樋口隆康は「双脚輪状文とさしは―新出異型埴輪の意味するもの―」（樋口1956）の中で双脚輪状文形埴輪について論じている。香川県まんのう町公文山古墳出土と伝えられる双脚輪状文形埴輪について、熊本県北部町釜尾古墳壁画をあげ、連弧状の輪郭や２つの蕨形様突起が横向きになっている配置までまったく一致し、同じ器物を写したものであることは否定できない。この図案は群馬県下から出土した翳形埴輪の図柄が最も近似しているとして、帝室博物館編「埴輪集成図鑑」図版第5.16の例を示した。この埴輪は柄が下を向いている点はちがうが、中央の円孔や、周縁に付けられた三角文と連弧状輪郭の類似は、この器物の形態上の特色をよく表したものといえる。したがって茶臼山古墳出土例を報告者の論じているごとく翳の形象とすれば、本埴輪は、それと双脚輪

状文を結ぶ確実な絆といえる。九州の古墳壁画には、楯、靫などの形象埴輪と同じ図案があり、双脚輪状文を翳と解することも決して無理な解釈でないばかりでなく、むしろ、従来異様な図案をとかく呪術的とのみ解していた原始文様に対する観点に、新しい角度を示唆するものとして注目されるであろうとしている。

しかし、多くの研究者が指摘するように翳はその図柄が祖形ではなく、もととなる祖形を写したものが翳である。この観点から考えると双脚輪状文の祖形の説明となっていないことは明らかである。

（4）宇佐晋一・西谷正

宇佐晋一と西谷正は「巴形銅器と双脚輪状文の起源について」（宇佐・西谷 1959）のなかで、壁画古墳の双脚輪状文のなかで釜尾古墳の双脚輪状文が王塚古墳壁画のものよりも古く、形式学的にもっとも古い形式のものとし、さらに釜尾古墳のなかでは石屋形左前壁のものがオリジナルのものであるとした。

双脚輪状文と山梨県銚子塚古墳、静岡県松林山古墳出土のスイジガイ釧とを比較してみると、管状突起(4)が6本であることや蕨手状に外反する2本の管状突起の位置が等しいことから、スイジガイ釧を写したと思わせるに十分である。スイジガイの強大な管状突起は老生後に生ずるもので、その発育の程度によっては銚子塚のスイジガイ釧のように、なお突起の短小なものもあることを考えると釜尾古墳の双脚輪状文や公文山の埴輪をスイジガイと関連づけることも形態上の困難さをさほど伴うものでない。公文山の埴輪に施された中心孔からの放射線は、突起の稜線や螺肋をあらわしたと見ることができようと述べている。

（5）小林行雄

小林行雄は『装飾古墳』（小林 1964）の「装飾文様の要素」の項で双脚輪状文の祖形について、次のように述べている。双脚輪状文を単なる幾何学的文様とみるか、器物の図柄とみるか、花紋とみるか、または人物ないし動物の形象とみるかは、人によって解釈が分かれている。仮に器物説をとれば、鏡から紐を垂らした形と見られるが、他に鏡とみるべき図柄があることと抵触してしまう。むしろ翳とみる方が可能であるかもしれない。ただ、装飾古墳の文様は横位にも縦位にも描いている点、他の器物には見ることのできない特色である。器物説にとっては弱点となるであろう、としている。

ただし、自身で深く研究した形跡はなく研究史をもとにコメントをつけた形となっている。

（6）乙益重隆

乙益重隆は「彫刻と彩色壁画・装飾古墳と文様」（乙益 1974）において、熊本県釜尾古墳や福岡県王塚古墳などに描かれている双脚輪状文の図柄が翳を表したものといわれているが、双脚輪状文の意匠そのものを翳にとりいれたとみるべきであるとして、樋口隆康説に疑問を投げかけている。

（7）小田富士雄

　小田富士雄は「図柄文様の種類とその意義」（小田 1974）において、双脚輪状文が翳を図案化したものという樋口隆康説に対して、これが横向き、縦向き、いずれにも描かれている点を根拠に疑問視している。また、図文の意味については、双脚輪状文を含め円文、同心円文、連続三角形文、菱形文など幾何学的図文が翳、太陽、鏡、スイジ貝などの図案化と考え、これが一種の呪力をもったものであるから、呪術的意識を認めることは否定できないとしている。

（8）藤井功・石山勲

　藤井功と石山勲は『装飾古墳』日本の原始美術 10（藤井・石山 1979）の「双脚輪状文」の項で、翳説を否定したうえで樋口隆康が翳形埴輪とした公文山古墳埴輪を双脚輪状文形埴輪としている。そのうえで、双脚輪状文は実物そのものではなく、双脚輪状文形埴輪をモデルとして二次的に転写されたものであり、儀器などの図柄としてではなく、それを象徴する文様として九州に導入され釜尾古墳などに描かれたとしている。

　双脚輪状文の年代観については、双脚輪状文形埴輪と対比し、双脚部がすべて下方についている王塚古墳例がもっともこれに近く、壁画古墳の4例中では最古と考えられ、隈どりされて奇怪さが一段と増幅されている釜尾古墳が、前者よりも後出する。弘化谷・横山両古墳の双脚輪状文は、突起を欠き簡略化した表現とみれば、前2者よりも描法としては新しいと考えられるとしている。

3. 1990年代以降の研究

（1）若松良一（図12参照）

　若松良一は「双脚輪状文と貴人の帽子」（若松 1991）において、いくつかの観点から双脚輪状文を考察している。はじめに、双脚輪状文の祖形については大和朝廷の朝鮮半島への出兵にともなって肥後・紀伊・上毛野の豪族がもたらした蓮華文であるとし、蓮華文は花弁を上方からみた形の蓮華文（蓮華文A）と側面からみた形の側視蓮華文（蓮華文B）があり、この2種類のタイプが複合して双脚輪状文になったものであるとしている。

　双脚輪状文形埴輪は関西型と関東型がある。関西型の双脚輪状文形埴輪は8弁を基本としており、実物を忠実に模倣している。関東型の双脚輪状文形埴輪も8弁が多いが、器材埴輪として和歌山県から伝播したもので、実物の製作手法の表現を欠き、デフォルメも著しい。両者を比較すると関東型の双脚輪状文形埴輪は、周縁部が内湾する連弧状突起ではなく直線的な鋸歯状突起になっている点や中心の円孔が小さいこと、双脚部の形状、突起部の各頂点への円形浮文の多用などの特徴をあげることができる。製作年代がほぼ6世紀後葉に限定できることから、関西型の双脚輪状文形埴輪に遅れて成立したものであり、形態のデフォルメと装飾化が進行していることがうかがわれる。

　壁画古墳の年代観については双脚輪状文の祖形である蓮華文からのデフォルメの方向が8弁から5弁へと弁数を減じ、最終的には無弁の円形へと推移してゆくことから、王塚古墳→釜尾古墳→弘

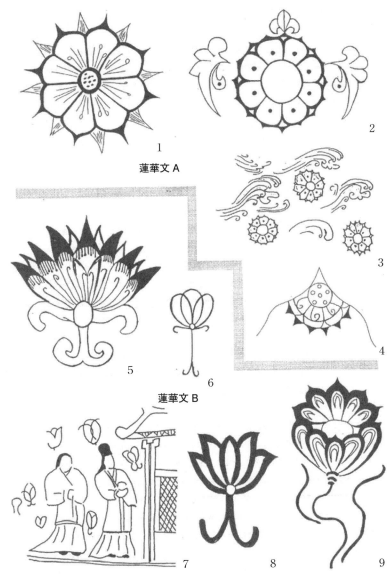

古墳壁画等に見られる蓮華文の二系統（1 安岳3号墳、2 真坡里第4号墳、3 陵山里1号墳、4 輯安五塊墳第4号墳、5 舞踊塚古墳、6 長川1号墳、7 固原北魏墓、8 天寿国繍帳、9 徳興里壁画古墳）

図12 古墳壁画等に見られる蓮華文の二系統

化谷古墳・横山古墳へと変化していったと考えられるとしている。

（2）辰巳和弘

　辰巳和弘は『埴輪と絵画の古代学』（辰巳 1992a）と「水字貝製釧と鬼門」（辰巳 1992b）において双脚輪状文とそれに関連する事項について考察している。まず双脚輪状文の祖形については、甲斐銚子塚古墳出土の水字貝製釧が殻の背を打ち割って卵形の穴をあけ、その縁を研磨して釧とし、スイジガイ特有の長く延びた突起のいずれにも、短かく鋭利に突き出すような加工が施されて

いるとし、この形態はまさに古墳壁画にみる双脚輪状文の祖形がここにあることを物語っていると述べている。

双脚輪状文の最大の目的である呪術的側面については、甲斐銚子塚古墳や松林山古墳の鬼門除けに使われたスイジガイ釧や金蔵山古墳のスイジガイ線刻盾形埴輪の呪術的意味合い、南島におけるスイジガイの呪術的使われ方の民俗例などから説き起こし、双脚輪状文の意味を説明している。すなわち、釜尾古墳の玄室奥に設けられた石屋形の奥壁や左右前壁に赤・青・白の三色で描かれた双脚輪状文にも、辟邪の呪具としてのスイジガイの属性によって被葬者を守護しようとする目的をみることができる。同じ双脚輪状文を形象した公文山古墳・大谷山22号墳・井辺八幡山古墳などから出土した埴輪もまた、金蔵山古墳出土のスイジガイを線刻した盾形埴輪と同じ意図をもつ埴輪として奥津城を守護するために樹てられたと考えてよかろうとしている。

（3）高橋克壽

高橋克壽は「音乗谷古墳」（奈良文化財研究所編 2005）と『歴史発掘9 埴輪の世紀』（高橋 1996）において、双脚輪状文形埴輪を盤状部が円形のものをA類、盤状部の輪郭が連弧状のものをB類としている。A類は翳形木製品に由来するもので古墳時代前期に遡るものもあり、A類の意匠が伝統的なものであった。これに対して、B類の意匠はもともと九州の装飾古墳壁画に多用されていることが広く知られているように、6世紀以後にしか見られず、材質を問わず新しい意匠であるということができ、A類の伝統のあるところに大陸の蓮華文が加味されて誕生したものと考えるとしている。したがって祖形については翳形木製品由来説と蓮華文説の2種類となる。

（4）橋口達也

橋口達也は『護宝螺と直弧文・巴文』（橋口 2004）において、双脚輪状文の祖形はゴホウラの螺塔側をすり落として生まれる巴文図柄とその鏡像的形態の図柄を組み合わせてできあがった文様であるとしている。

双脚輪状文が成立した背景については遠い祖先がゴホウラ貝輪を着装して、身をもって闘い取ってきた首長権を護持し、それを打ち破ろうとする諸々の敵に対する破邪の呪力をもつものとして、ゴホウラに端を発する文様を用いたという。蕨手文・双脚輪状文も外敵から死者の霊を護り、魂を安んじることを第一義的なものとする文様であったと考えている。関連古墳の年代観については王塚古墳例が祖形に近く、釜尾古墳例へとつづき、突起を欠く横山古墳例・弘化谷古墳例はさらに退化した形態と考えられるとしている。

橋口達也は双脚輪状文成立の背景を弥生時代を中心としたゴホウラの呪術的伝統に求め、その文様化したものが双脚輪状文であるとしている。貝のもつ呪術的性格に着目したことは正鵠を得ているが、双脚輪状文は6世紀の文様であり、弥生時代を中心としたゴホウラの後継呪貝であるスイジガイに思い至らなかったと考えられる。

（5）稲村繁（図13・図14参照）

　稲村繁は「器財埴輪論」（稲村 1999a）の中の「さしば形埴輪」において、さしば形埴輪をⅠ類からⅢ類の3種類に分類した。

　Ⅰ類　中心部に円形孔を有するドーナツ形の円盤状を呈し、中心部から外縁に向かって放射状の沈線を施している（円形双脚輪状文形埴輪）

　Ⅱ類　中心部に円形孔がみられるのはⅠ類と同じだが、外縁は鋸歯状の星形を呈する（星形双脚輪状文形埴輪）

　Ⅲ類　団扇状の形態で、中心部から外縁に向かって放射状の沈線を施している。また、中央下部に把手状の表現がみられるものもある

　この中でⅡ類はさらに、星形の円盤の左右いずれかに足様の蕨手文が付くものをⅡ－A類、星形の円盤で下部に蕨手文が付くものをⅡ－B類と細分する。Ⅱ－A類が西日本より群馬に伝播後すぐにⅡ－B類となったとし、Ⅰ類とⅡ類は双脚輪状文形埴輪であり、さしば形埴輪ではないとしてい

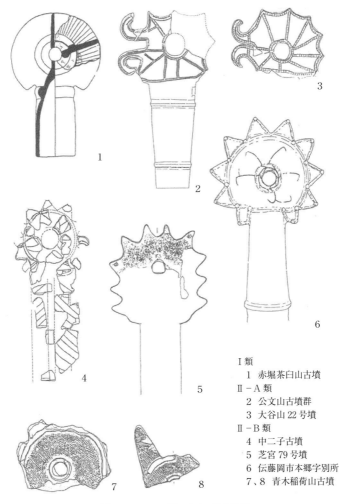

Ⅰ類
　1　赤堀茶臼山古墳
Ⅱ－A類
　2　公文山古墳群
　3　大谷山22号墳
Ⅱ－B類
　4　中二子古墳
　5　芝宮79号墳
　6　伝藤岡市本郷字別所
　7、8　青木稲荷山古墳

図13　Ⅰ・Ⅱ類のさしば形埴輪

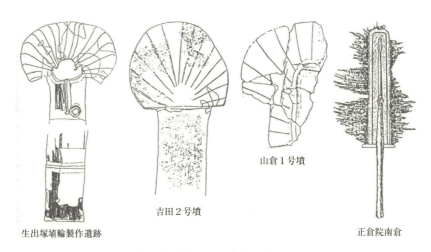

生出塚埴輪製作遺跡　　吉田2号墳　　山倉1号墳　　正倉院南倉

図14　さしば形埴輪Ⅲ類と塵尾

る。

　双脚輪状文の祖形については宇佐晋一・西谷正のスイジガイ説や蓮華文説を否定したうえで、円形双脚輪状文は奈良県四条古墳出土のさしば形木製品などを埴輪で模したものであり、星形双脚輪状文は円形双脚輪状文から変化したものとしている。またその意味については、Ⅰ～Ⅲ類に共通するのは権威を示すための器財埴輪であるということになると述べている。

（6）福島雅儀
　福島雅儀は「福島県の装飾横穴」『国立歴史民俗博物館研究報告・装飾古墳の諸問題』第80集（福島 1999）において、王塚古墳の壁画について述べている。寿命王塚古墳の装飾壁画が戦陣を描いたと理解した場合、攻撃用武器と防御用武具は明確である。また騎馬軍も表現されている。石屋形は、指揮者に相当する人物が位置する天蓋である。それを取り囲む陣幕は連続三角文である。以上で不足しているのは、指揮命令を伝える道具と集団の帰属を示す旗指物類だけである。そこで、双脚輪状文や蕨手文を旗指物の類とすれば、それほど問題なく壁画の理解が可能であろうとしている。

　玄室の奥壁に造られた石屋形は、古墳の被葬者が安置される施設である。この壁面には縦方向の連続三角文が描かれている。つまり幔幕である。入口の門に相当する場所には、靫と幡を示す双脚輪状文、蕨手文が立てられている。双脚輪状文と蕨手文を旗指物類と理解しても矛盾はない。双脚輪状文の双脚は幡足であり、輪状文は幡頭である。

　さらに石屋形の奥壁にも一列の靫が並べられ、被葬者を護る近衛を表している。このように理解すれば、寿命王塚古墳の壁画は、戦陣の状況が描かれたとするのに不都合な要素は見られないと述べている。

　これまで双脚輪状文に関する主要な個別研究の成果について概観してきたが、この要点をまとめたものが表1である。

第2節　個別研究の問題点と課題

　これまで例示してきた諸論考を概観すると、先行研究をふまえたうえで双脚輪状文の考察を深めてゆく姿勢が希薄であることがわかる。先行研究は先行研究、自論は自論という観がある。これは双脚輪状文の起源について、ある程度の共通認識が得られる基盤がないため、それぞれの考えを提示するに止まり、それ以上の深まりをもった研究が困難であったという事情によるものと考えられる。

　これまで研究の中心は双脚輪状文の起源・祖形論にある。主な起源・祖形論としては、動物模倣説、複数文様による合成説、翳説、蓮華文説、スイジガイ・ゴホウラガイ説、文様起源説、旗指物説などがある。このうち、翳説については、この説をとる人と否定する人が相半ばしており、多くの研究者が触れている。

　先に述べたとおり、多くの人が納得できる双脚輪状文の起源論は見出されておらず、いわば双脚輪状文研究の入口で混乱してしまった状況といえ、双脚輪状文を解明するうえでの障害の1つではないかと考える。そこで、ここでは問題事項や課題の所在を把握するため、個別研究成果の問題点・課題を抽出し整理することにする。

　各研究者がそれぞれ自論を展開しているなかで問題となる事項は、①研究対象古墳等の選定方法、②事実の誤認、③研究対象物の誤認、④発想の飛躍性があろう。今後の課題としては双脚輪状文をさまざまな側面から観察、検討したうえで、総合的視点から研究をすすめる必要性がある。これよりこれらの事柄について整理していくことにする。

1. 研究対象古墳等の選定方法

　まず、研究者が双脚輪状文を考察する中で、問題点の1つとして考えられることは、研究対象の選定方法である。熊谷宣夫、橋口達也、小田富士雄、福島雅儀など多くの研究者が、すべての古墳の双脚輪状文壁画や双脚輪状文形埴輪を取り上げて検討をすることなく、王塚古墳の壁画を中心に研究し、結論を出している。この根底には、各個別双脚輪状文の中で王塚古墳が最初のものであるという先入観や、壁画文様の種類が多種多様であり各種文様の基準となるものが多いことなどがあるだろう。双脚輪状文埴輪と壁画双脚輪状文との年代的前後関係や、壁画双脚輪状文についても王塚古墳の双脚輪状文が最初ではないという、異なった見方があるなかで、特定の古墳にしぼっての研究方法には問題がある。

　斎藤忠は王塚古墳、釜尾古墳の壁画双脚輪状文のみとり上げて考察しており、樋口隆康は公文山古墳の双脚輪状文形埴輪と釜尾古墳壁画双脚輪状文、群馬県下の翳形埴輪のみをとり上げ双脚輪状文の考察を行っている。藤井功・石山勲は公文山古墳双脚輪状文形埴輪と北部九州の壁画双脚輪状文との対比で双脚輪状文を論じているが、東日本型双脚輪状文形埴輪は視野に入れないで考察して

表1 個別研究の主要内容の一覧

研究者と資料名	研究内容					
	起源・祖形	意味・目的	文様分類	年代観	その他
① 1945年以前の研究					
後藤是山（成瀬久敬・森本一瑞）『肥後国誌』（1871）	桔梗の紋				初めて双脚輪状文が文献に登場
濱田耕作ほか『京都帝国大学文学部考古学研究報告第3冊』（1919）	1 動物模倣説、2 人類模倣説、3 複数文様合成（このうち1を有力視）				
梅原末治・小林行雄『京都帝国大学文学部考古学研究報告第15冊』（1940）	貝または海月（結論を出さず）	呪術的使用目的			初めて双脚輪状文の名称を使用
② 1946年から1980年代の研究					
熊谷宣夫「わが古墳時代における仏教芸術の影響に関する問題—九州所在装飾古墳の双脚輪状文について—」（1950）	蓮華文説	呪術的使用目的			高句麗の蓮華文配置との類似性指摘
斎藤忠『装飾古墳の研究』（1952）『日本原始美術』（1965）『日本装飾古墳の研究』（1973a）『日本の美術7』（1973B）『古墳文化と壁画』（1997）	円文と蕨手文の合成説	呪術的使用目的	A類 王塚古墳 B類 釜尾古墳		双脚輪状文の翳説を否定
樋口隆康「双脚輪状文とさしは」（1956）	翳説				公文山埴輪と釜尾壁画、群馬翳埴輪との類似性指摘
宇佐晋一・西谷正「巴形銅器と双脚輪状文の起源について」（1959）	スイジガイ説			釜尾古墳 ↓ 王塚古墳	
小林行雄『装飾古墳』（1964）	翳説（問題点を挙げての消極的翳説）				
乙益重隆「彫刻と彩色壁画・装飾古墳と文様」（1974）	（特になし）				翳説の否定
小田冨士雄『古代史発掘8』（1975）	（特になし）	呪術的使用目的			翳説に否定的

いる。これらのことはその成果が、すべての双脚輪状文関連資料から導き出されたものでないだけに、はたして双脚輪状文の実像に迫ることができたか疑問である。

2. 事実の誤認

　宇佐晋一・西谷正は「巴形銅器と双脚輪状文の起源について」（宇佐・西谷 1959）において、スイジガイの強大な管状突起は老生後に生ずるもので、その発育の程度によっては銚子塚のスイジガイ釧のように、なお突起の短小なものもあるとしている。しかし、スイジガイの管状突起は幼貝（稚貝）にはみられないが、比較的早期に突起形成が始まるため老生後に生ずるものではない。ま

研究者と資料名	研 究 内 容					
	起源・祖形	意味・目的	文様分類	年代観	その他
藤井功・石山勲 『日本の原始美術 10』(1979)	壁画双脚輪状文は双脚輪状文形埴輪の図文の伝播により成立(埴輪自体の文様の起源は言及なし)			釜尾古墳 ↓ 王塚古墳 ↓ 弘化谷・横山	
③ 1990年代以降の研究					
若松良一 「双脚輪状文と貴人の帽子」(1991)	蓮華文説		東日本埴輪の分類	王塚古墳 ↓ 釜尾古墳 ↓ 弘化谷・横山	蓮華文Aと蓮華文B(側視)の合体
辰巳和弘 「水字貝製釧と鬼門」(1992b) 『埴輪と絵画の古代学』(1992a)	スイジガイ説 (貴船平横穴双脚輪状文以外は甲斐銚子塚古墳のスイジガイ釧が祖形)	呪術的使用目的			スイジガイ釧の鬼門除け使用例
高橋克壽 『奈良文化財研究所学報第 72 冊』(2005) 『埴輪の世紀(歴史発掘 9)』(1996)	A類は儀仗・翳形木製品 B類はA類の伝統に蓮華文が加味されたもの		A類、B類に分類		
橋口達也 『護宝螺と直弧文・巴文』(2004) 「装飾古墳の蕨手文・双脚輪状文」(1993)	ゴホウラ貝説	呪術的使用目的		王塚古墳 ↓ 釜尾古墳 ↓ 弘化谷・横山	文様成立の背景を説明
稲村繁 「器財埴輪論」(1999) 『人物埴輪の研究』(1999B) 『人物はにわの世界』(2002)	木製翳		翳形埴輪をⅠ～Ⅲ類に分類(その内Ⅰ、Ⅱが双脚輪状文)		スイジガイ説を否定
福島雅儀 「福島県の装飾横穴」『国立歴史民俗博物館研究報告・装飾古墳の諸問題』(1999)	旗指物説	呪術的使用目的			対象は王塚古墳のみ。戦陣を描いた壁画としている。

してスイジガイ釧として利用できる大きさは、突起形成初期のものではなく、成体となったものでなければならない。

　管状突起の短小部分は南島におけるスイジガイ製利器の伝統を受けついで、管状突起の先端部分を鋭利な刃部とするため加工したものである。こうして加工したスイジガイ釧を竪穴式石室の鬼門部分に置くことにより、外敵から被葬者を守るための呪術的な意味あいをより増強することができたわけである。

　また、公文山古墳の埴輪に施された中心孔からの放射線は、突起の稜線や螺肋をあらわしたと見ることができるとしている。しかし、公文山古墳の双脚輪状文形埴輪の線刻文様は盤状部の表面と裏面に描かれており、表面がスイジガイの腹面図、裏面がスイジガイの背面図である。[5]

宇佐晋一・西谷正が述べているのは裏面の背面図のことであり、表面の腹面図では中心孔からの放射線が稜線ではなく溝状線ということになり、正確な把握がなされていないことになる。

3. 研究対象物の誤認

樋口隆康は北部九州の古墳壁画と形象埴輪に楯、靫などの同じ文様があることから、釜尾古墳の双脚輪状文は公文山古墳の翳形埴輪を写したものであるとしている。しかし、楯、靫などの形象埴輪や壁画文様はこれら文様のもととなる実用器財を写したものである。樋口のいうように釜尾古墳の壁画双脚輪状文が公文山古墳の翳形埴輪を写したということであるならば、公文山古墳の翳形埴輪が実用器財ということになってしまう。ここに、樋口の研究対象物である翳形埴輪に対する誤認がある。樋口のいう公文山古墳の翳形埴輪は翳形埴輪ではなく双脚輪状文形埴輪である。

稲村繁は翳形埴輪をⅠ類からⅢ類に分類しているが、このうち、翳形埴輪に該当するものは団扇状の形態で中心部から外縁に向かって放射状の沈線を施しているⅢ類の埴輪のみである。中心部に円形孔を有し中心部から外縁に向かって放射状の沈線を施しているⅠ類、Ⅱ類は翳形埴輪と性格が異なる双脚輪状文形埴輪であると考えられる。しかし、稲村は翳形埴輪と双脚輪状文形埴輪を区別せずⅠ類、Ⅱ類とも翳形埴輪であり、双脚輪状文形埴輪でもあるという記述をしている。

4. 発想の飛躍

熊谷宣夫は双脚輪状文の説明の中で本題とそれほど関係がないと思われる西域キジル・バアミアン、雲崗・燉煌から説き起こし、高句麗壁画、百済壁画、北部九州壁画へと論を展開している。

西域キジル・バアミアン、雲崗・燉煌と双脚輪状文との関係については語られておらず発想の飛躍が感じられる。

斎藤忠は双脚輪状文について、円文と蕨手文との複合よりなった文様としている。その根拠は北部九州地方の壁画古墳に多く見られる円文と蕨手文から発想したものと考えられるが、結合までの経過、結合の背景など両文様の結合についての必然性については述べていない。

橋口達也は蕨手文と双脚輪状文の起源がゴホウラの螺塔側をすり落として生まれる巴文図柄とその鏡像的形態の図柄を組み合わせてできあがった文様であるとしている。ゴホウラの呪術的背景を考慮したうえでの説であり、この面では納得できるものがあるが、図柄面での文様の成立経過や先行事例が述べられていない。単に巴文図柄を操作して蕨手文と双脚輪状文の図柄に類似した文様を創りだした観があり、論考上の飛躍が感じられる。

福島雅儀は王塚古墳の壁画が戦陣を描いたものであるとし、双脚輪状文や蕨手文は旗指物であるとしている。被葬者の安寧を第一としている石室において喧騒で荒々しい状況をあらわした壁画をはたして描くものか疑問である。

5. 総合的研究の必要性

　研究史全体をとおして課題と考えられる事項は、双脚輪状文について総合的観点に立って考察する必要があるのではないかということである。辰巳和弘など一部の研究者をのぞき、偏った側面からしか取り組みがなされていない。双脚輪状文の研究には祖形・起源、意味・目的、年代観など各種側面があるなかで、その一部のみを対象としたものが多く、地域面や壁画・埴輪など素材面においても、一部の側面のみを研究対象とした取り組みが多く見られる。

　辰巳和弘は双脚輪状文を精神的側面や物質的側面、図柄上の検討などを行うことにより、その祖形がスイジガイであることに辿りついた。このように双脚輪状文を多角的観点から検討することにより、今まで見えなかった実像を把握できるようになると考える。

註
（1）　双脚輪状文形埴輪は紀伊・山城から豊後にいたる西日本地域の双脚輪状文形埴輪と、西日本の文様から変化した上野を中心とする東日本地域の双脚輪状文形埴輪、陸奥磐城の双脚輪状文形埴輪とがある。筆者はこれをそれぞれ西日本型双脚輪状文形埴輪、東日本型双脚輪状文形埴輪（陸奥磐城を除く）と呼んでいる。
（2）　壁画双脚輪状文は双脚輪状文を壁画として表現したもので、双脚輪状文がはじめて創りだされたと考えられる熊本県釜尾古墳や横山古墳、福岡県王塚古墳や弘化谷古墳などに描かれている。壁画双脚輪状文の存在は北部九州に限定されている。
（3）　肥後国志は成瀬久敬が享保13年（1728）『新編肥後国志草稿』を著し、明和9年（1772）に森本一瑞が増補したものである。その後、水島貫之・佐々木豊水がそれを底本として肥後関係のすべての資料を網羅し増補本を作り、さらに、後藤是山が再刊のおりにこれまで欠けていた球磨・天草・阿蘇を追加した。
（4）　スイジガイには腹面の大きく開いた殻口（円孔）より6本の鉤状の管状突起がでている。管状突起は貝殻が筒状になったものであり、筒状部分は腹面側中央部で合わさっている。この合わせ目は、突起先端に向かって線状になったものと、少し開いて殻口部を底辺とした三角形状を呈したものとがある。水管溝（貝殻外に出入りする水管がおさまる溝状の部分）を上にした形でスイジガイの管状突起を見ると、水管溝を中心に左側4本は左回りの形で曲がっており、右側2本は右回りの形で曲がっている。水管溝の両脇の管状突起は双脚のかたちになる。
（5）　本書で盤状部とは、文様が描かれている盤状部分とそれを支える円筒部分から構成されている、盤状双脚輪状文埴輪の盤状部を指す言葉として使用する。
（6）　管状突起の腹面側の線状又は三角形状部分については生物学的名称がないため、本書では「溝状線」として表記する。
（7）　註1と同じ。
（8）　スイジガイ線刻埴輪はスイジガイを線刻文様で表現したものである。現在確認できるものは岡山県金蔵山古墳や奈良県田原本町出土の盾形埴輪、大分県亀塚古墳や仲津山古墳出土の円筒埴輪などがある。これらすべてがスイジガイの管状突起を連弧状突起として表現している。

第 3 章　壁画双脚輪状文の実態と特徴

　沖縄ではスイジガイの鋭利な突起や殻口部分の形状が魔除けとなると考えられ、家の正面の軒先や家の四隅につるしたり、門口に置いたりして辟邪の呪物として利用するという民俗例が現在に引き継がれている。沖縄の縄文時代後期併行期の遺跡である木綿原遺跡からは、利器状のスイジガイとスイジガイを模したとみられる波状の縁をもつ伊波式土器が出土した。出土位置も魔除などの民俗例と類似しており、こうした風習は少なくとも縄文時代後期併行期に遡ることが指摘されている（上原 1981）。

　これらの伝統は沖縄・奄美から九州島を経由して西日本や中部日本まで伝播している。鹿児島県鹿児島市におけるスイジガイ製利器、大分県大分市のスイジガイ線刻埴輪、岡山県岡山市の金蔵山古墳のスイジガイ文様を描く盾形埴輪、奈良県田原本町のスイジガイ文様を描く盾形埴輪、山梨県甲府市のスイジガイ釧などが出土しており、出土状況からスイジガイを辟邪のための呪具として利用していることが知れる。

　スイジガイはスイジガイ製利器やスイジガイ釧に加工されているが、スイジガイ製利器は名前から想像されるような単なる刺突具的な実用品ではなく、出土例から推測すると呪具としての機能に主眼が置かれていたと想像される。スイジガイ釧についても、その出土状況から単なる装飾品ではなく辟邪のための呪物として竪穴式石室の鬼門である丑寅の位置に置かれていた。このような呪術的意味をもったスイジガイからスイジガイ製利器へ、スイジガイ製利器からスイジガイ釧への展開の延長線上にあるものが双脚輪状文である。双脚輪状文が最初に創りだされ、壁画として描かれたのが釜尾古墳である。双脚輪状文はスイジガイ釧の腹面構図を文様化したものである（第 1 章参照）。

　本章ではこれらのことを念頭において、「壁画双脚輪状文」をテーマに、文様の様式的側面や文様の変化の過程など文様自体の問題に関することや、その文様が創りだされた各古墳の状況などについて検討し整理する。また、壁画双脚輪状文の描画場所となっている石屋形や横穴式石室の状況、双脚輪状文を墓室に描く要因となったと考えられる肥後の葬制、双脚輪状文古墳がどのような集団によって造られ、その集団はどのように分布していたのかなどについて、「双脚輪状文考察上の前提事項」として取りまとめることにする。

第1節　双脚輪状文考察上の前提事項

1. 石屋形について

（1）石屋形の概要

　壁画双脚輪状文は熊本県釜尾古墳・横山古墳、福岡県王塚古墳・弘化谷古墳・大分県鬼の岩屋第2号墳の横穴式石室石屋形に主として描かれている。鬼の岩屋第2号墳の石屋形（W1.1 m、D0.7 m、H0.6 m）は玄室入口右側にあり、本来石屋形があるべき場所である奥壁前面にはW3 m、D1.5 m、H0.4 mの大きな屍床板石が置かれており、この厚さ0.4 mの小口部分中央左側に双脚輪状文が描かれている。鬼の岩屋第2号墳の石屋形は規模、設置場所からみて本来の石屋形としての意味はもたなかったと考えられる。ここでは形態上は石屋形の形はとっていないが、屍床板石が石屋形の役割を担っていたと考えられる。
　石屋形は奥壁前面に設けられた遺骸を安置するための施設である。北部九州では、谷口古墳・老司古墳で横穴式石室を指向したが十分に果たすことができず、4世紀後葉の鋤崎古墳において横穴式石室が築造された。奥壁には箱式石棺が置かれており、蓋石は使われていない。略方形の平面プランの石室にコの字形に2号棺、3号棺が置かれ、3次にわたって埋葬が行われている。蓋石のない箱式石棺は石屋形に通じる施設と考えられ、棺のコの字形の配置は肥後のコの字形屍床配置と同形式である。鋤崎古墳の箱式石棺・コの字形配置といった葬制は、肥後に横穴式石室を導入するにあたり影響を与え、肥後の葬制になったと思われる。鋤崎古墳地域以外の北部九州の長方形プランの横穴式石室である福岡型・宗像型は、6世紀になると幅広となり、高天井化が図られることとなり、肥後型を逆輸入するかたちとなった。
　4世紀後葉に成立した横穴式石室は、竪穴式石室に妻入りの横口をつけることにより創出されたが、そのなかに設置された石棺にも影響を与え、妻入り方向に出入口を設けた横口式家形石棺が成立する（この背景となる葬制については、別途、2項「肥後の葬制」で述べる）。妻入り横口式家形石棺は5世紀後葉から6世紀初頭の福岡県石人山古墳・石櫃山古墳・浦山古墳、佐賀県西隈古墳、熊本県江田船山古墳・石ノ室古墳から発見されているが、短期間で終わっている。
　石屋形は、この妻入り横口式家形石棺から発想をえて創られた平入り横口式家形石棺をもとにして創造されたものと考えられる。肥後の横穴式石室は北部九州の横穴式石室と異なり、平面形が方形かこれに近い形をしており、北部九州では長方形石室のため妻入り横口式家形石棺が適していたが、肥後の横穴式石室では妻入り横口式家形石棺では使用できないため、平入り横口式石棺が考案されたと考える。
　畿内では閉ざされた棺であり、一度埋葬されてしまうと追葬されることはないが、肥後では家族墓としての伝統が弥生時代から古墳時代をとおして守られてきた。このため夫妻を中心とした家族の幾世代にもわたる追葬がなされていた。このことを容易にする埋葬施設として考えられたもの

第 3 章　壁画双脚輪状文の実態と特徴　35

図 15　石屋形関係古墳分布図

表2　古墳別横穴式石室石屋形の概要一覧

古墳名	年代	石屋形 規模	石屋形 形態	石屋形 図文の有無と種類	古墳関係等説明
1 弁財天 玉名市岱明町開田	Ⅰ	1/94m × 0.75m	Ⅱタイプ、蓋石・奥壁・側壁	図文は無いが、内面に赤色顔料が塗られている。	円墳（径約40m） 石室（約2.2m × 2.2m）
2 伝左山 玉名市繁根木	0		奥壁に石棚が存在したとの伝承あり。		円墳（径約35m） 石室（玄室1.9m × 2.2m、複室、穹窿天井）
3 大坊 玉名市玉名字大坊	Ⅱ	1.9m × 1.1m H1.25m	Ⅰタイプ 蓋石・奥壁・側壁・袖石	奥壁と側壁の内側、袖石の前面に図文あり。 連続三角文・円文	前方後円墳（長54m） 石室（玄室2.7m × 3.4m、複室、穹窿天井）
4 永安寺東 玉名市玉名字永安寺	Ⅳ	2.5m × 1.1m H1.4m	Ⅳタイプ 蓋石・側壁・袖石	蓋板石の前面に図文あり。 連続三角文	円墳（径約13m） 石室（玄室約2.6m × 2.5m、複室）
5 永安寺西 玉名市玉名字永安寺	Ⅳ	2.5m × 1.1m H1.6m	Ⅳタイプ 蓋石・側壁・袖石	奥壁に図文あり。 円文	円墳（径約13m） 石室（玄室2.8m × 3.5m）
6 馬出 玉名市玉名字馬出	Ⅲ	2.3m × 1.3m H1.4m、	Ⅰタイプ、蓋石・奥壁・側壁・袖石	奥壁に連続三角文・円文、両袖石前面に円文あり。	円墳（径20〜16m） 石室（玄室2.8m × 3.05m）
7 塚坊主 和水町瀬川	Ⅰ	2.07m × 0.88m H0.75m	Ⅰタイプ 蓋石・奥壁・側壁・袖石	奥壁と両側壁の内側に円文と三角・菱形文がある。円文は線刻と赤色顔料で縁取りし白色顔料を塗布する。	前方後円墳（長35m） 石室（玄室約2.54m × 2.74m、複室、穹窿天井）
8 馬塚 山鹿市城字鬼天神	Ⅲ		石屋形（家形石棺）の存在伝承あり。	現存する石屋形軒先破片には連続三角文の線刻がある。	円墳（径26〜30m） 石室（玄室約3.2m × 3.4m、穹窿天井、複室）
9 弁慶ヶ穴 山鹿市熊入	Ⅳ	2.7m × 1.3m H2m	Ⅵタイプ 蓋石・袖石	袖石の小口に連続三角文あり。	円墳（径15m） 石室（玄室2.7m × 3.1m）
10 白塚 山鹿市石字白塚	Ⅱ	2m × 0.8m H0.95m	Ⅰタイプ（蓋石）・奥壁・側壁・袖石	奥壁に連続三角文・円文、右袖石の内側と小口に連続三角文。円文には線刻のあともあり。白・赤・青で彩色。	円墳（径22.2m） 石室（玄室2.9m × 2.8m、穹窿天井）
11 毘沙門塚 山鹿市熊入	Ⅳ	2.2m × 1.2m H1m	Ⅵタイプ 蓋石・袖石	長期開口により退色のため赤色顔料のみ確認されている。	円墳（径12m） 石室（玄室2.2m × 3.1m）
12 袈裟尾高塚 菊池市袈裟尾	Ⅱ	1.85m × 0.95m H0.95m	Ⅱタイプ 蓋石・奥壁・側壁	奥壁に線刻で靭、三角文が描かれている。	円墳（径15.2m） 石室（玄室2.75m × 2.95m、穹窿天井、複室）
13 上御倉 阿蘇市一の宮町手野	Ⅳ	2.5m × 1m H1.5m	Ⅴタイプ 蓋石・側壁	図文は描かれていない。	円墳（径33m） 石室（玄室3.18m × 3.60m、穹窿天井、複室）
14 下御倉 阿蘇市一の宮町手野	Ⅳ	2.4m × 1.2m H1.5m	Ⅰタイプ、蓋・奥壁・側壁・袖石	図文は描かれていない。	円墳（径30m） 石室（玄室2.45m × 2.9m、穹窿天井、複室）
15 千金甲2号 熊本市西区小島9丁目	Ⅱ	1.85m × 0.8m H1.5m	Ⅱタイプ、蓋石・奥壁・側壁	図文は描かれていない。	円墳（径11.5m） 石室（玄室約2.7m × 3.3m、穹窿天井）
16 千金甲3号 熊本市西区小島9丁目	Ⅱ	2.5m × 1.35m H1.65m	Ⅰタイプ、蓋石・奥壁・側壁・袖石	奥壁に円文・重圏文・靭・弓・舟が、左右側壁の内側には重圏文・靭・弓が描かれている。	円墳（径15m） 石室（玄室約3.15m × 3.7m、穹窿天井）
17 楢崎山7号 熊本市西区小島8丁目	Ⅱ	1.6m × 0.8m H1.1m	Ⅱタイプ 奥壁・側壁（蓋石）	図文は描かれていない。	円墳（径15m） 石室（玄室約3m × 3.4m、穹窿天井）
18 二軒小屋 熊本市西区池上町	Ⅲ	2.1m × 1.2m H1m	Ⅱタイプ 蓋石・奥壁・側壁	図文は描かれていない。 石屋形は巨石を未調整で使用。	円墳（径15m） 石室（玄室約3.5m × 3.8m、穹窿天井）

古墳名	年代	石屋形 規模	石屋形 形態	石屋形 図文の有無と種類	古墳関係等説明
19 万日山 熊本市西区春日6丁目	Ⅳ	2.63m × 1.6m H2.07m 2.1m × 1.2m H1.4m 2.02m × 1.22m H 不詳	Ⅱタイプ、 平入り横口式家型石棺 Ⅱタイプ、 蓋石・奥壁・側壁 Ⅱタイプ、 蓋石・奥壁・側壁	第4室（石屋形） 第3室西側石屋形 第3室東側石屋形	第4室第3室が玄室に相当する。（図文はない）	円墳（径18m） 石室（玄室・第4室4.1×1.6m、第3室通路1.06m×3m、複室）
20 釜尾 熊本市北区釜尾町	Ⅱ	1.2m × 0.8m H1.2m	Ⅲタイプ 蓋石・奥壁・袖石	奥壁に双脚輪状文・同心円文・三角文、蓋板石上面に三角文・重三角文、小口に重三角文、袖石前面に双脚輪状文同心円文・三角文が描かれている。 使用している色は赤、青、白	円墳（径13m） 石室（玄室 約3.35m×3.25m、穹窿天井）
21 稲荷山 熊本市北区清水町打越	Ⅳ	2.6m × 1.1m H1.3m	Ⅳタイプ 蓋石・奥壁・側壁・袖石	蓋板石小口に三角文、奥壁に円文・三角文、側壁に円文、袖石前面に円文が描かれている。	円墳（径30m） 石室（玄室2.9m×2.9m、穹窿天井）
22 石川山4号 熊本市北区植木町石川	Ⅳ	2.87m × 1.2m H1.79m	Ⅵタイプ 蓋石・袖石	図文は描かれていない。	円墳（径22〜25m） 石室（玄室 約2.53m×3.1m、）
23 横山 熊本市北区植木町有泉	Ⅱ	2.8m × 1.5m H1.6m	Ⅰタイプ 蓋石・奥壁・側壁・袖石	蓋板石内側に丹を塗布、小口に連続三角文、左袖石に双脚輪状文・三角文、右袖石に双脚輪状文・重圏文・三角文を描く。 使用している色は赤、青、白	前方後円墳（長38.5m） 石室（玄室3.8m×3.8m、穹窿天井）
24 鬼の窟 熊本市北区植木町植木	Ⅳ	2.55m × 1.2m H1.7m	Ⅵタイプ 蓋石・袖石	図文は描かれていない。	円墳（径20m） 石室（玄室 約2.55m×3.3m、）
25 井寺 嘉島町井寺	0			石棚（石屋形）を架していたといい、現在石材の一部が残っている。	円墳（径28m）、石室（玄室約2.47m×2.94m、穹窿天井）
26 田川内1号 八代市日奈久新田町	0	2.1m × 0.8m H1.1m	Ⅲタイプ 蓋石・奥壁・袖石	奥壁中段に横に3個の同心円文が刻文されている。	円墳（不詳）、石室（玄室2.12〜2.3m×2.42m、穹窿天井）
27 王塚 福岡県桂川町寿命	Ⅱ	2.1m × 2m H1m	Ⅱタイプ 蓋石・奥壁・側壁 （燈明石）	蓋石・奥壁・側壁の内面・小口・外面を連続三角文、左右燈明石の正面には双脚輪状文・鞆・複合蕨手文が描かれている。 赤・黒・緑・黄・青の5色を使用。	前方後円墳（長86m） 石室（玄室3m×4.2m、穹窿天井）
28 弘化谷 福岡県広川町一条	Ⅱ	2.06m × 0.95〜1.06m H1.3m	Ⅱタイプ 蓋石・奥壁・側壁	奥壁は5段に双脚輪状文・鞆・円文・同心円文・三角文、蓋石・側壁の内面と小口には三角文を描いている。	円墳（径39m） 石室（玄室約3.1m×4.6m 最大幅4.1m、穹窿天井）
29 鬼の岩屋2号 大分県別府市上人西	Ⅲ	1.1m × 0.7m H0.6m	（蓋石）・側壁	双脚輪状文は奥壁前の屍床の小口に描かれている。石屋形奥の側壁面には蔓状の曲線文が描かれている。	円墳（径25〜30m） 石室（玄室約3m×4.2m、穹窿天井）

※年代はⅠ：TK47・MT15、Ⅱ：TK10、Ⅲ：TK43、Ⅳ：TK209・217、0：TK23以前

が、方形の平面形をもった横穴式石室と石屋形の組み合わせであると考えられる。

（2）石屋形の分布（図15、表2参照）

　石屋形をもった肥後・筑紫・豊後の古墳は、表2のとおりである。この表より分布地域をみると、いくつかのグループに分かれていることがわかる。図15に示すとおり菊池川流域、坪井川・井芹川、緑川中流域、白川上流域、球磨川下流域である。

　分布の中心となるのは菊池川流域であり、下流域にある玉名市所在（玉名平野）の7カ所の古墳、中流域にある山鹿市所在（山鹿盆地）の4カ所の古墳、上流域にある菊池市所在（菊池平野）の1カ所の古墳の合計12カ所の古墳の横穴式石室に石屋形が設置されている（全体の46％）。次に多いのが井芹川を含む坪井川流域であり、10カ所の古墳に石屋形が設置されている（全体の38％）。下流域に5カ所、中流域に2カ所、上流域に3カ所である。

　上流域の3カ所は、菊池川（合志川）支流の上流（水源域）と坪井川上流（水源域）とが交差する部分であるが、ここに所在する横山古墳と井芹川流域の釜尾古墳の双脚輪状文は、図文上からみると同系統の文様であり、両者の親密な交流関係が推測される。このようなことから文化的、社会的に領域が合体されていると考えられ、横山古墳は菊池川流域よりも坪井川流域に属するものとし、坪井川の系統としたものである。菊池川、坪井川以外では白川上流域の2カ所、緑川中流域の1カ所、球磨川下流域の1カ所の古墳に石屋形が設けられている。石屋形は坪井川と菊池川流域に全体の84％が設けられていることになる。坪井川流域と菊池川流域は比較的接近した場所にあり、同じ石屋形という葬制を共有するということは、同一系統の豪族の存在が考えられる。文献資料などを勘案すると火君一族が盤踞していたのではないか（火君の分布については後述する）。

（3）石屋形の形態（図16、表2参照）

　石屋形の構成要素は蓋石、奥壁、側壁、袖石の組み合わせから成立しているが、奥壁については横穴式石室の奥壁を利用する場合があり省略されることもある。側壁についても袖石を利用したり、横穴式石室の側壁面に組み込む形で蓋石を保持することがあり、省略されることが多い。ここではこのような状況を踏まえたうえで、石屋形の形態について整理することにする。

　石屋形の分類については矢野和之、池田栄史、藏富士寛など先学の研究成果がある。矢野和之は、A奥壁、両壁面ともに独立している、B奥壁は石室奥壁と共有し側壁は独立している、C奥壁、側壁とも石室と共有している、と3分類したうえで横穴式石室の腰（壁）石の技法とも関連づけて分類を行っている。池田栄史は奥壁、側壁、袖石の有無やその使われ方にもとづいて、5種類に分類している（池田 1982）。藏富士寛は石屋形と石屋形由来の石棚と考えられるものについて、玄室との関係について着目して分類を行っている（藏富士 2010）。

　これら先学の成果を勘案し、筆者は石屋形の構成要素である奥壁、側壁、袖石の組み合わせにもとづき、分類を行うことにする。横穴式石室の玄室の奥壁や側壁に蓋石を埋めこむかどうか、玄室の奥壁や側壁を利用するかどうかといったことは、石屋形の奥壁、側壁、袖石の組み合わせによって、必然的にその必要性が生まれてくるものであるため、石屋形の分類を行うに当たって考慮する

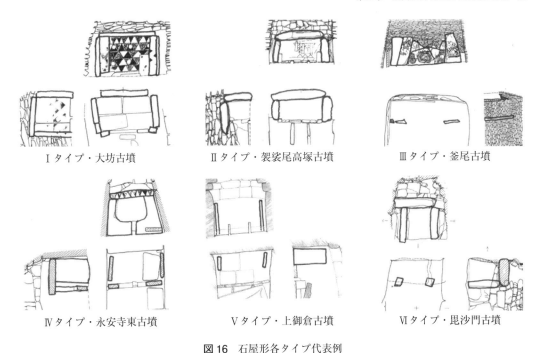

Ⅰタイプ・大坊古墳　　　Ⅱタイプ・袈裟尾高塚古墳　　　Ⅲタイプ・釜尾古墳

Ⅳタイプ・永安寺東古墳　　　Ⅴタイプ・上御倉古墳　　　Ⅵタイプ・毘沙門古墳

図16　石屋形各タイプ代表例

必要はないと考える。したがって石屋形の形態を分類するに当たっては、単純に奥壁、側壁、袖石の3者の組み合わせとする。組み合わせは6つのタイプとなる。Ⅰタイプは奥壁・側壁・袖石による組み合わせ、Ⅱタイプは奥壁・側壁による組み合わせ、Ⅲタイプは奥壁・袖石による組み合わせ、Ⅳタイプは側壁・袖石による組み合わせ、Ⅴタイプは側壁のみのタイプ、Ⅵタイプは袖石のみのタイプである。

各タイプの代表的な石屋形を例示したのが図16である。Ⅰタイプは大坊古墳、Ⅱタイプは袈裟尾高塚古墳、Ⅲタイプは釜尾古墳、Ⅳタイプは永安寺東古墳、Ⅴタイプは上御倉古墳、Ⅵタイプは毘沙門古墳である。

各タイプの存在割合はⅠタイプが6カ所で22%、Ⅱタイプが11カ所で41%、Ⅲタイプが2カ所で7%、Ⅳタイプが3カ所で11%、Ⅴタイプが1カ所で22%、Ⅵタイプが4カ所で15%である。ⅠタイプとⅣタイプは菊池川流域に集中し、ⅡタイプとⅣタイプは坪井川・井芹川流域に集中している。

（4）石屋形の葬制上の性格

妻入り横口式石棺の変形である5世紀後葉の江田船山古墳の埋葬施設や、同時期で草創期の石屋形の可能性がある伝左山古墳の埋葬施設の存在などから、石屋形は遺骸安置施設として菊池川流域の地域において5世紀末から6世紀初頭に創りだされたと思われる。その背景には、弥生時代から古墳時代をとおし肥後においてかたくなに守られてきた、家族単位で古墳に埋葬するという伝統と、埋葬方法が開かれた棺であるという伝統に裏打ちされたものであったと考えられる。

家族はその構成員のなかで夫婦が中心となり、親子兄弟のきずなを取り結んでいる。横穴式石室

においては家族のきずなの要となる夫妻の棺が石屋形であり、肥後に多い「コの字形」遺骸配置の要となるコの字の結節点に石屋形が置かれている。

　石屋形に夫妻の遺骸が安置された可能性を推測させる事例として、万日山古墳、横山古墳、弁慶が穴古墳、馬出古墳、王塚古墳がある。これら古墳の石屋形の奥行きは1.3mから2mであり、王塚古墳の石屋形には2体分の遺骸を安置するくぼみを彫り込んだ屍床石が置かれている。これら古墳の石屋形は明らかに夫婦の埋葬を想定しているといえる。石屋形の前面の玄室内には、石屋形を含め「コの字形」に屍床が配置されたり、石枕が置かれていることが多い。これは明らかに夫妻を中心に家族を埋葬するための装置であると考えられる。

（5）石屋形に描かれた図文について

　石屋形の図文は奥壁・側壁の内側、蓋石の内側と小口、袖石の前面に描かれている。表2に示したように、石屋形に描かれた図文は双脚輪状文、三角文、連続三角文、円文、重圏文、靫、弓、刀などである。これらはいずれも辟邪のための文様といわれるものである。

　描かれた図文が石屋形の入口や内側に描かれていること、辟邪のための文様であることから、単なる装飾文様ではないことがわかる。これは石屋形の入口や内側から石屋形の墓主を守り、外敵の侵入を防ぐことを目的として描かれたものといえる。

2. 肥後の葬制

　北部九州における石室系遺体安置施設の設置は4世紀中葉から順次伝播し、谷口古墳・老司古墳より鋤崎古墳・横田下古墳などに広まってゆく。これより少し遅れて石室系遺体安置施設の設置が始まった肥後では、小鼠蔵1号墳にはじまり井寺古墳・伝左山古墳・横山古墳などに引き継がれてゆく。ここでは、はじめに古墳の遺体埋葬状況について概観し、次にここから読みとれる家族墓的性格から北中部九州の血縁的紐帯について考える。最後に、弥生から古墳時代をとおし血縁的紐帯が根強く引き継がれた肥後において、その結果として石屋形を始めとした開かれた棺が出現するが、その意味や関連事項について整理する。

（1）遺体埋葬状況

北部九州（図17参照）

　谷口古墳については前方部の石棺から人骨が出た記録があるが、後円部石室については不明である。

　老司古墳（4世紀後葉）は後円部に1号石室から3号石室が、前方部に4号石室がある。1号石室は横口閉塞石周辺の調査から追葬があったことは確認されたが人骨は出土していない。2号石室・3号石室・4号石室から人骨が出土している。2号石室は2人の男性被葬者が差し違いに葬られていた。3号石室は成年女性被葬者のほかに2～3体の被葬者が推定される。4号石室は熟年男性・成年男性のほかに1体の合計3体で女性とその子供世代の男性2人の被葬者が葬られていた

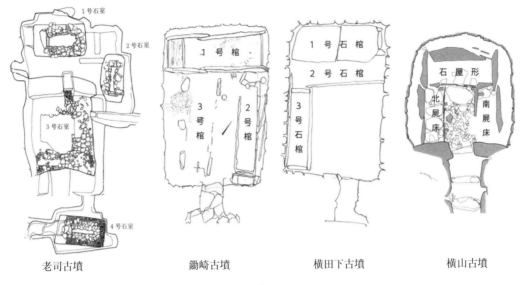

図17 関係各古墳の石室平面図

(福岡市教育委員会 1989)。

　鋤崎古墳（4世紀後葉）は玄室の奥壁側に1号棺、東側に2号棺、西側に3号棺が置かれている。1号棺は奥壁側が高く前壁側が低い大型玄武岩板石を長側辺におき、両端に小口壁を挟んだものであり、蓋石はない。2号棺は土製埴質の箱形棺である。3号棺は遺存していないが床面の状況から箱形木棺であったと考えられている。埋葬は1次埋葬、2次埋葬、3次埋葬と3回行われている。被葬者は3体で、3体とも人骨が出ていないが、1号棺・2号棺は装身具などの状況から女性で、3号棺は短甲の保有から男性と考えられる。被葬者の関係は女性首長とその兄弟が候補となる（福岡市教育委員会 2002）。

　横田下古墳（5世紀中葉）は玄室の奥壁側に1号棺、その前面に2号棺、西壁と南壁に接し2号棺に直交するかたちで3号棺が置かれている。1号棺は4枚の板石で囲み蓋石が置かれている。2号棺は奥壁側が1号棺板石を利用し前壁に板石を置く。蓋石はない。3号棺は4枚の板石で囲み蓋石がない。被葬者は8体で1号棺に成人男性1体、2号棺に性別不明の2体、3号棺に性別不明の4体、石室東南隅に性別不明の1体が埋葬されている（唐津湾周辺遺跡調査委員会編 1982）。

　肥　後

　肥後の横穴式石室屍床は奥壁にそって1カ所、その前面両側壁ぞいに各1カ所を配置するコ字形をしたものが多く見受けられる。肥後古墳では屍床が2カ所から数カ所設置されている。このことは各古墳とも1回から数回にわたって追葬が行われたことを示している。しかし、発掘調査報告書には被葬者の人骨が消滅してしまっているせいか、これについての記事がないものがほとんどである。ここでは人骨について記載のある横山古墳について概要を述べることにする。

　横山古墳は横穴式石室の石屋形袖石に双脚輪状文が描かれている古墳である。屍床はコ字形をしており、奥壁側の屍床は石屋形である。報告書によると羨門よりおよそ3mのところに、二次、三次的遺構と推定される閉塞遺構が認められるとして、追葬の痕跡を示している。人骨は石屋形内

からわずかな骨片が出たことと、北屍床（奥壁に向かって左側の屍床）から出土した。

報告書によると「北屍床からは多量の人骨片が出土した。腐食がひどいが下顎骨、歯などから少なくとも3体以上の遺体が互い違いに埋葬されていたものと思われる。とくに、墓道側石隙に沿っては人骨片の密集がはなはだしく追葬に際し人骨を掻きよせた形跡がうかがえた」（熊本県教育委員会 1980：付7頁）としている。

（2）葬制に影響を与えた血縁的紐帯

老司古墳の4つの石室からは母子関係が想定される被葬者の8～9体の人骨が発見されている。鋤崎古墳では人骨は出なかったが、副葬品から男女の被葬者が推定され、家族墓であった。横田下古墳においては家族関係が想定される被葬者の人骨が出土している。古墳からの被葬者人骨の出土状態から中・北部九州では特定の王者を葬った畿内の古墳と異なり、家族構成員のすべてを箱式石棺や石室に埋葬していたと考えられる。

乙益重隆によると北部九州では4世紀末頃から、老司古墳にみるような多数の人びとを一石室内に追葬する習慣があり、畿内社会とはちがった社会構造が底流に存在した。それは血縁的家族共同体ともいうべき、強固な紐帯観念であり、すでにその祖形は弥生時代の葬制に読みとることができる。全国に先駆けて横穴式石室という家族墓を生みだした背景には、こうした前時代的要素の残存を考えるべきであろうと述べている。

北部九州ではその後、早い時期にこの伝統的な葬法を捨ててしまった。しかし北部九州に接してその亜流文化地帯である肥後ではこうした弥生文化以来受けついだ家族間の紐帯観念が、古墳時代をとおして根強くのこり、それが葬制の面に強く反映した。

このことを推測させる事例として、5世紀中～後葉の八代市大鼠蔵山古墳第1号石棺には5体の人骨が重なり合って埋葬され、4回の追葬が行われていた。人骨埋葬順序は最初に年齢不明男子、次に壮年女子、子供性別不明、熟年男子、少年男子の順であった（乙益 1956）。このことから年齢不明男子・壮年女子は親の世代、子供性別不明・熟年男子・少年男子は子供の世代と考えられ、この古墳は家族墓であった。また前記のように横山古墳の北屍床には3体以上の遺体が互い違いに埋葬されていたり、人骨が側壁側にまとめられるなどして、2回の追葬が行われていた。これらは家族墓を示すものである（乙益 1956・1979、熊本県教育委員会 1980）。

（3）開かれた棺

肥後においては5世紀末から石屋形を備えた横穴式石室が菊池川流域や坪井川・井芹川流域を中心に築造されるようになる。これは家族墓としての性格とともに別な側面も考えられる。中国の春秋・戦国時代における生死観において、人の死とは魂（魂気）と魄（形魄・鬼魄・遺体）の結合が解体されることで、肉体的な要素である魄は地に帰って鬼魄となるのに対して、精神的要素である魂は天に昇って祖霊となるといわれている（黄 2000）。中国のこの時代とは時期差や時代差はあるものの、古墳時代には神仙思想をともなった、こうした素朴な魂魄の思想を基本とした生死観が存在した。

このような生死観を前提として、和田晴吾は開かれた棺が北部九州の鋤崎古墳一号棺の蓋のない箱式石棺に始まり、これが肥後へ伝わり菊池川流域の石屋形となり発達したと述べている。ここにおいてはいずれも、棺の内部空間が石室の空間に開かれ「棺と室との一体化」が特徴ということができ、そこは魄（遺体）が自在に浮遊できる死者の世界として機能したのであり、この空間は羨道部でのみ、おもに板石によって閉塞されたのである。

これに対して、畿内系の横穴式石室にあっては、基本的に、石室内に安置された棺は「閉ざされた棺」であって、遺体（魄）は棺と、石室の羨道部に石塊を積んで築かれる閉塞石とでもって、二重に密封される。したがって、石室空間は九州のもののように魄が自在に浮遊しうる空間ではなく、葬送にともなう一定の儀礼が終わり、羨道が閉塞された後は、無機的な空間が広がると述べている（和田 2014）。

開かれた棺と関連して、蔵富士寛は菊池川流域の彩色壁画について述べている。5世紀段階の石棺系・石障系装飾ではない彩色壁画が九州において初めて描かれたのは、菊池川中流域の塚坊主古墳横穴式石室内の石屋形である。彩色壁画の出現に前後して、九州の横穴式石室では、「石屋形の出現」「複室構造の進展」という現象が認められる。九州におけるこのような葬制の変化、その背景には6世紀初頭以降顕著となる、須恵器等容器の横穴式石室内部での供献行為の一般化がある。石棺系・石障系装飾から彩色壁画へという装飾の変化はこのような葬送儀礼上の、ひいては観念上の変化もともなった可能性がある。石室内部に彩色壁画を描くという行為が行われるには、まず前提として「九州型」石室のような「室（意識）」である必要があったのではないかと思うと述べている（藏富士 2002）。

（4）肥後と北部九州を分けたもの

古墳における人骨の出土状況や横穴式石室の内部構造から把握すると、北部九州や肥後においては、弥生時代から血縁的家族共同体ともいうべき、強固な紐帯観念をもととした葬法が根付いていたと推測される。北部九州ではその後、朝鮮出兵と関連し畿内政権の拠点としての性格が強まったせいか、早い時期にこの伝統的な葬法を捨ててしまった。しかし、中部九州に位置する肥後においては、この影響を受けることなく、古墳時代をとおして根強くのこり、引き続き埋葬施設に反映されていた。方形の平面形に穹窿形天井をもち石障を配置する肥後型横穴式石室がそれである。

5世紀末になると平入り横口式石棺である石屋形が奥壁側に設けられ石棺と玄室は一体化する。石屋形におかれた親の世代とその前面の屍床におかれた兄弟、子の世代は自由に浮遊し交流することができる。肥後で発達した開かれた棺は家族墓として重要な役割を果たすこととなる。

彩色壁画は6世紀初頭に石屋形をもつ古墳の集中する菊池川流域において出現するが、これは家族墓としての石屋形と室（玄室）との関係の延長線上にあるものと考えられる。

3. 肥後型横穴式石室——6世紀の菊池川流域と坪井川・井芹川流域を中心に——

釜尾古墳や横山古墳などの壁画双脚輪状文は、6世紀初頭から6世紀後葉の肥後・筑前・豊後に

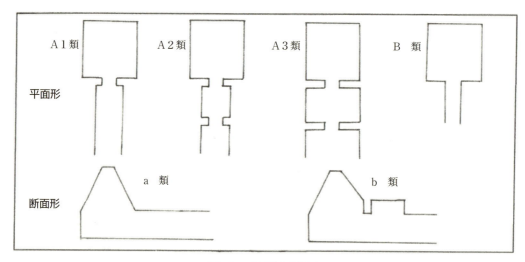

図18 石室型式分類図

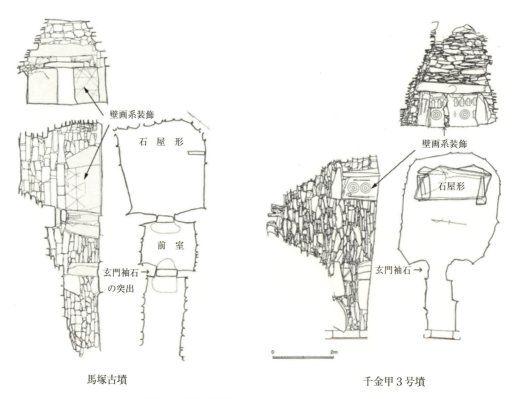

馬塚古墳　　　　　　　　　　　　　　　千金甲3号墳

図19　菊池川流域と坪井川・井芹川流域石室例

所在する古墳の横穴式石室の石屋形に描かれている。双脚輪状文が初めて創出されたのが釜尾古墳であり、最初の伝播地が横山古墳である。石屋形や壁画装飾をもつ古墳は菊池川中・下流域と坪井川・井芹川流域に集中しており、両者の地域は十数kmと近接した位置にある。

　釜尾古墳は井芹川流域にあり、横山古墳は河川水系からみると菊池川水系合志川支流の上流部に

位置している。横山古墳地域の南部は坪井川の水源地域でもある。本項では菊池川流域と坪井川・井芹川流域の横穴式石室について整理するわけであるが、横山古墳は菊池川水系の古墳であるにもかかわらず、横穴式石室は「玄門袖石が羨道幅よりほとんど突出していない」とか「単室方形プラン」であるといった坪井川・井芹川流域の特徴を具備している。このことから横山古墳を築造した勢力は菊池川流域の豪族集団ではなく、坪井川・井芹川流域の豪族集団に属していたものと考えられる。

　以上のような諸事情を前提として、ここでは菊池川流域と坪井川・井芹川流域の横穴式石室について取りまとめすることにする。肥後型横穴式石室は、玄室の周壁を板石により穹窿状に高く持ち送り、一枚の天井石で覆うことを基本とする穹窿形天井と略方形の平面形プランであることを最大の特徴としている。6世紀の菊池川流域と坪井川・井芹川流域の横穴式石室はこの伝統を引きついで築造されている。両地域の横穴式石室の平面形と断面形の類型を整理し一覧にしたものが図18である（古城 2007）。この石室型式分類図にもとづき石屋形のある横穴式石室について分類すると、菊池川流域では、平面形がほぼすべてＡ２類とＡ３類、断面形がｂ類である。坪井川・井芹川流域では平面形がＢ類、断面形がａ類という組み合わせが基本となっている。

　菊池川流域と坪井川・井芹川流域における横穴式石室の代表例として、図19に馬塚古墳石室（菊池川流域）と千金甲３号墳石室（坪井川・井芹川流域）の展開図を示した。

　菊池川流域における横穴式石室の特色は石屋形が設置された複室両袖形横穴式石室に壁画系装飾が描かれていることである。上述のとおり、図18のＡ２類とＡ３類に属する平面形をもっており、玄門袖石が突出しているため、入口部が羨道幅より狭まっている。断面形は玄室が穹窿状天井で高く、前室天井は玄室より低くなり、羨道部はさらに低くなっているｂ類である。

　こうした特徴は菊池川流域の初期横穴式石室である塚坊主古墳に始まる。それは石屋形と壁画系装飾をもった複室墳として出現する。この複室両袖形石室は、多色装飾・複室墳の萌芽・横口式家形石棺といったこの地域における前代までの要素の集大成であり、前室の天井を羨道部より高くする断面形ｂ類であることも特色である。

　坪井川・井芹川流域の横穴式石室の特色は石屋形が設置された単室横穴式石室に、壁画系装飾が描かれていることである。石室は玄門の幅が羨道幅とほとんど同じであり、玄門の内側に突出していない。図18「石室型式分類図」のＢ類に属する平面形をもっている。断面形は玄室が穹窿状天井で高く、羨道部天井は低くなっているａ類である。

4. 肥後における火君一族の分布

　肥後の大豪族である火君（肥君）は、『古事記』神武天皇の段において「神八井耳命は意富臣、小子部連、坂合部連、火君……島田臣等の祖なり」とあり、神武天皇の長子神八井耳命の系譜に連なる氏族とみなされる。肥後国風土記逸文によると火君の祖先は「海呂」と書かれており、海で活躍する人、「海人」であると8世紀代には考えられていた。

（1）宇土半島基部の火君

　宇土半島基部は港湾として利用できる大野川・緑川の河口にあり、海上交通の要衝である。火君の最初の本拠地は、宇土市松山町向野田3993に所在する4世紀後葉から5世紀初頭の前方後円墳である向野田古墳の被葬者が眠るこの地域から始まると考えられる。被葬者は30代後半から40代の女性司祭者的首長であり、竪穴式石室の舟形石棺にはイモガイ製貝輪が棺内南小口付近から多数まとまって出土した。この首長が貝の道に関わったことを示している（井上1970a、板楠2003）。

　向野田古墳の北約700mの場所には神八井耳命を祭神とする松山神社が鎮座している。このことも火君と向野田古墳との関係を結びつける傍証となろう。また、双脚輪状文がスイジガイより案出された文様であることから、貝の道という側面からは、スイジガイが南島交易により宇土半島基

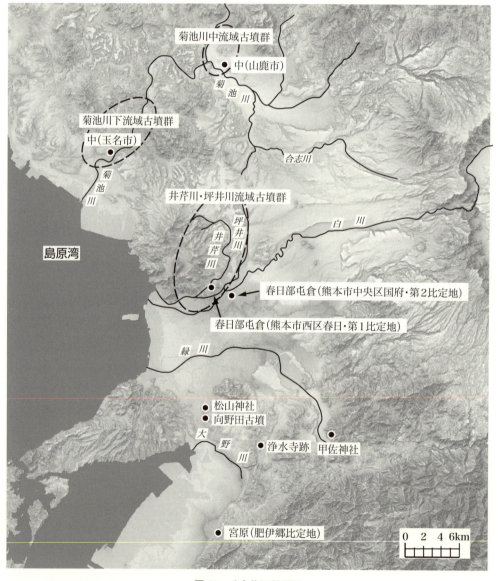

図20　分布状況説明図

部勢力をとおして同族である井芹川・坪井川流域の勢力に伝えられ、双脚輪状文となったと推測される。

肥後における火君の勢力は宇土半島基部から一族が分かれて順次肥後国内各地に広がっていったと考えられる。その年代や経路については類推するすべがないが、各地の古墳の状況から推測すると半世紀から1世紀にみたない短期間のうちに拡散していったのではないか。以下、分布地域ごとにとり上げて説明することにする。なお、各地の分布地域、特定古墳、神社、地名等主要事項については図20にまとめた。

（2）宇土半島基部から宮原への移転

宇土半島基部の火君は6世紀に入り一部勢力を残して八代郡氷川町宮原に移転したとされる。宮原は9世紀前葉に成立したとされる和名類聚抄郷名の八代郡のなかにある「肥伊郷」に比定されているところである。井上辰雄によると、この原因として「宇土半島の基部地方の周囲がしだいに土砂が堆積し、港としての魅力を失いつつあったこともあろう」。「火君の南遷には、政治的理由が多かったということがあきらかであろう。その場合、春日部屯倉の設置がおおきかったと結論できよう」（井上 1970a 上掲）としている。しかし、筆者は春日部屯倉の設置は井芹川・坪井川流域の項で述べるように、火君に打撃を与えるものではなかったと考えている。

（3）益城郡の火君（肥公）

宇城市豊野町下郷に所在する浄水寺の碑文に「肥公馬長」とある。建久6年（1195）「甲佐社領立券」には「益東権介肥宿禰・書生権介肥宿禰」とあり、甲佐神社は神八井耳命を祭神とした神社である。このように益城郡一帯には火君の一族が多く存在していたことをうかがわせる。

（4）井芹川・坪井川流域の火君

この地域については火君一族の存在を文献史料で確認することができないが、考古資料で推測することができると考える。井芹川・坪井川流域の古墳は石屋形をもつ単室構造の横穴式石室であるという特色をもっている。菊池川流域の横穴式石室とくらべると玄門部分に多少それぞれの地域性をもつものの基本的には同一系統のものであるといってよい。文献史料で火君の存在が確認できる菊池川流域と同系統の石室をもっているということは火君一族の存在を暗示するものである。

井芹川・坪井川流域には千金甲古墳群、楢崎古墳群、二軒小屋古墳、万日山古墳、稲荷山古墳、釜尾古墳、横山古墳がある。ここで注意すべきものとして釜尾古墳、横山古墳の双脚輪状文がある。双脚輪状文は南島産のスイジガイを文様化したものであり、釜尾古墳において初めて壁画として創りだされたものである（加藤 2010）。スイジガイの荷揚げ場所は宇土半島基部と考えられ、井芹川・坪井川流域の火君一族は宇土半島基部の火君一族と連携し、スイジガイを入手するとともに、南島から受けつがれた呪術的側面についても承知することにより、呪術的意味あいを継承した文様を使用したのではないか。

宇土半島基部の古墳が影響を受けたとされる春日部屯倉の比定地は熊本市西区春日または中央区

国府とされている。春日は万日山古墳の付近であり、国府はそこより約3km東に位置する。春日部屯倉の記事は日本書紀安閑天皇2年（533）5月条に記載されているが、井芹川・坪井川流域の古墳群は5世紀後葉から7世紀にかけて年代的に途切れることなく築造されつづけている。このことは井芹川・坪井川流域の火君一族にとって屯倉の設置が阻害要因となってはいなかったことを示している。大化改新以前の屯倉設置は地方豪族が朝廷に所領を献上してその管理者になる例が多かったといわれており、この春日部屯倉もその1つであった可能性がある。

（5）菊池川流域の火君

　菊池川流域の石屋形をもつ古墳は下流域と中流域の2カ所に集中する。下流域の玉名市の伝左山古墳に接して「中」という地名があり、中流域の山鹿市の古墳群に接して「中」という地名がある。日本書紀欽明天皇17年（556）正月条の割注に「百済本紀に云はく、筑紫君の児、火中君の弟なりという」とある。板楠和子は『新宇土市』通史編第1巻、原始古代編第4章第7節、「大和政権と宇土地域」において「『百済本紀』にみえる、「火中君」について、菊池川流域を本拠とする豪族とする説が出されている。二つの地名をかさねて氏の名とする複姓豪族は多数存在するが、この説では六世紀前葉の火君の国造としての支配領域が、白川を越えてはるか菊池川流域まで及んでいたことが、前提とされねばならない」（板楠 2003：583頁）として兄弟を示す、「火兄君」「火中君」「火弟君」だとしている。

　複姓豪族については、太田亮が『日本上代社会組織の研究』（太田 1955：338頁）において、氏族の分裂を、①新たな土地に移住した場合、②品部に編入されるか、他の官職に任命された場合、③特殊な事故に遭遇した場合、④外戚の氏を称する場合、⑤領主の氏を称する場合の5種類に分け、①の場合、A原の氏に新地名を付加して、複式の氏を称する、B原の氏を捨てて新たにその地名を負って氏とする、という2種類があるとしている。筆者は太田亮の①-A説にもとづき、「火中君」は複姓豪族名と考える。板楠が問題としている支配領域は連続していると考えることからくるものであるが、これまで述べてきたように火君の支配領域は宇土半島基部、益城郡、井芹川・坪井川流域と不連続である。したがって板楠の根拠は成りたたない。火中君は「中」の地域を支配する火君である。

　この地域の石室は複式構造をもった横穴式石室と石屋形、羨道の幅より狭まった玄門をもつことと、壁画装飾をもつことが特色である。

第2節　壁画双脚輪状文

　双脚輪状文が初めて創られた釜尾古墳では、この文様は石屋形左袖、石屋形右袖、石屋形奥壁左側、石屋形奥壁中央、石屋形奥壁右側にそれぞれ1個ずつ描かれているが、石屋形左袖の図柄が最も忠実にスイジガイ釧の形を表現している。他の4個の図柄は石屋形左袖の図柄とくらべると極端に複雑化したり、装飾化が進んでいる。このため、この4個の図柄は石屋形左袖の図柄をもとに、

図21　河川流域図・壁画古墳分布図

変形されていったと考えられる。描かれている場所が奥壁と入口右側であることを考えると、被葬者の眠る場所に奥壁の裏側や入口から悪霊が侵入しないように、さらなる防御強化のため辟邪の力のあるスイジガイ由来の双脚輪状文を考え出し、描いたものと推察される。

壁画双脚輪状文は九州島のみであり、6世紀初頭に釜尾古墳で創られた双脚輪状文は6世紀前葉に横山古墳へ、6世紀中頃に王塚古墳と弘化谷古墳へ、6世紀後葉に鬼の岩屋第2号墳へと伝播していった。伝播してゆくに従って文様は変化し、王塚古墳以降の文様からはスイジガイの面影がしだいに薄れていったが、文様の使われ方から見る限り、文様の効能については確実に受け継がれていると考えられる。これらのことを踏まえて、双脚輪状文壁画についていくつかの側面から検討し、整理していくことにする。なお、以下で取りあげる遺跡の位置を図21に示しておく。

1. 壁画双脚輪状文古墳の概要

（1）釜尾古墳

熊本県熊本市北区釜尾町534に所在する古墳である。井芹川右岸にあり、北東約8kmには横山古墳がある。径13m・高さ5.5mの円墳であり、6世紀初頭（TK15）の古墳である。石屋形をもつ横穴式石室は図22（1）-1に示すように隅丸をもつ方形の平面形、一枚の天井石でふさぐ穹窿天井であり、典型的な肥後型横穴式石室といえる。横穴式石室の玄室は幅3.35m・奥行き3.25m・高さ3.05mある。壁画は石屋形・玄室前壁などに双脚輪状文・同心円文・三角文・連続三角文・

1 釜尾古墳　　　　　　　　　　2 横山古墳

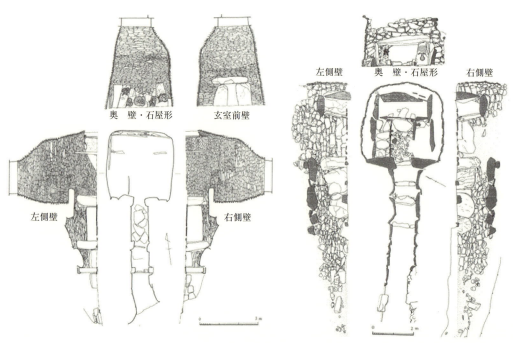

3 王塚古墳

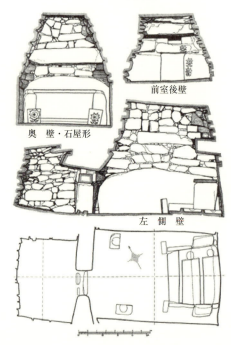

図22（1）　石室・石屋形図、双脚輪状文描画位置図

第 3 章　壁画双脚輪状文の実態と特徴　51

4　弘化谷古墳

5　鬼の岩屋第 2 号墳

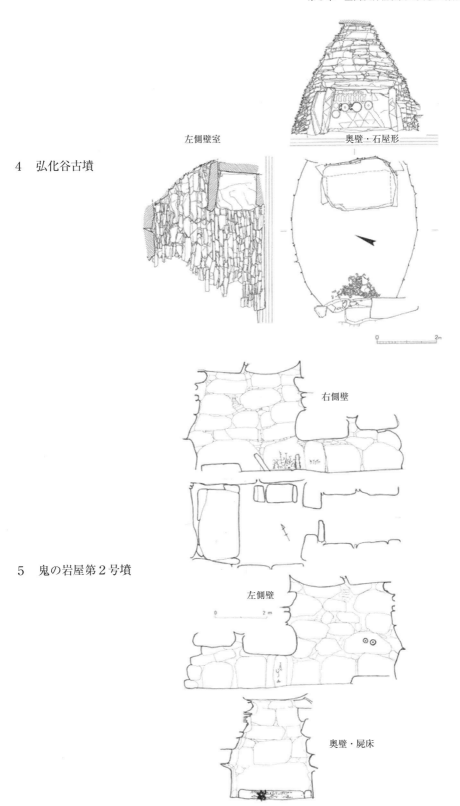

図 22（2）　石室・石屋形図、双脚輪状文描画位置図

図23　釜尾古墳石屋形双脚輪状文

鋸歯文などが描かれている。古墳の副葬品は玉類・挂甲残欠・大刀・鉄鏃・斧・鞍金具・轡などが出土した（熊本県教育委員会 1984）。

　釜尾古墳の双脚輪状文が描かれている石屋形は、幅2.7m・奥行き1.2m・高さ0.9mあり、図23に示すように奥壁側壁は2枚の板石で構成されており右の板石に双脚輪状文が1個、左の板石に双脚輪状文が2個描かれている。右袖石は一枚の板石が使われており、この中央下部に双脚輪状文が1個描かれている。左袖石は2枚の板石で構成されており、その右側の板石の上部に双脚輪状文が描かれている（熊本県教育委員会 1984）。

（2）横山古墳

　熊本県熊本市北区植木町有泉842に所在した古墳であり、南の坪井川水系と北の菊池川水系との分水界となっている地域である。釜尾古墳とはきわめて近接した場所にある。墳形は前方後円墳であり墳長38.5m・径29m・高さ4.5mを計る。石屋形をもつ横穴式石室は図22（1）-2に示すように隅丸をもつ方形の平面形であり、上部はすでに崩れていたが、割石をゆるやかに持ち送りに積み天井部を一枚の巨石をもってふさぐ穹隆天井で、典型的な肥後型横穴式石室といえる。横穴式石室の玄室は幅3.8m・奥行き3.8mある。壁画は双脚輪状文・同心円文・三角文・連続三角文・蕨手文などが描かれている。古墳の副葬品は金環・勾玉・管玉・丸玉小玉・鉄鏃・刀子・金ばり装具・馬具類（轡・鐙靼・尾錠・飾金具）・砥石などが出土した。古墳の時期は6世紀前葉（TK10）である。

　横山古墳は九州自動車道の敷地に係るため、現在は肥後古代の森に移築されている。移築前の状況は双脚輪状文が2個石屋形に描かれていた。石屋形は幅2.7m・奥行き0.5m・高さ1.2mあり、天井石・奥壁・両側壁・両袖石とも一枚の板石を使用しており、双脚輪状文は右袖石に外郭突起のない、円形の双脚輪状文が1個、左袖石に釜尾古墳の系統を引くと考えられる外郭突起のある双脚輪状文が双脚部を上にして1個描かれている（図24、熊本県教育委員会 1980・1984）。

図24 横山古墳石屋形双脚輪状文

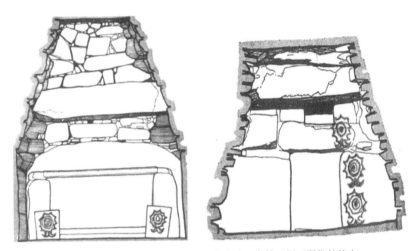

図25 王塚古墳石屋形燈明石・玄室入口右袖・楣石双脚輪状文

(3) 王塚古墳

　福岡県嘉穂郡桂川町 376 に所在する古墳である。遠賀川支流穂波川右岸にあり、上流の冷水峠を越えると宝満川・筑後川を経由して有明海にいたることのできる地域である。王塚古墳の横穴式石室の石材のうち、床棺前両側の枕屏風石・燈明台石・石屋形の平屋根石・玄室内の石枕は肥後北部と境界を接する長野地方（矢部川上流）より運搬した可能性が指摘されている（福岡県学務部社寺兵事課 1935）。墳長 80 m・径 50 m・高さ 8 m の前方後円墳であり、6 世紀中葉（TK85）の古墳である。

　石屋形をもつ横穴式石室は、図 22 (1)-3 に示すように長方形の平面形をもち、腰石の上に割石を持ち送りに積み一枚の天井石でふさぐ穹窿天井である。横穴式石室の玄室は幅 3 m・奥行き 4.2 m・高さ 3.6 m ある。壁画は双脚輪状文・騎馬像・靫・盾・大刀・弓・蕨手文・同心円文・対角状三角文・連続三角文・X 字形三角文・珠文などが描かれている。古墳の副葬品は鏡・玉類（管玉・棗玉・子玉・切子玉）・金環銀環・鈴・刀剣（直刀・刀子など）・槍・鉄鏃・馬具（轡・鞍橋金

具・杏葉・雲珠など）などが出土した（桂川町教育委員会 1976・1994、柳沢 2004）。

王塚古墳の双脚輪状文は図 25 に示すように、石屋形の左右燈明石と玄室前面右袖と楣石に 5 個描かれている。石屋形は幅 2.1 m・奥行き 0.7 m・高さ 1 m あり、前面の左右に燈明石がある。双脚輪状文はこの左右燈明石に各 1 個ずつ描かれている。玄室入口の右袖と楣石の双脚輪状文は右袖の中央部に縦に 2 個、楣石は右脇部分に 1 個描かれている（桂川町教育委員会 1976・1994、柳沢 2004）。

（4）弘化谷古墳

福岡県八女郡広川町弘化谷 2453 に所在する 6 世紀中葉の古墳である。筑後川支流広川左岸にあり、筑紫君一族の墓域とされている八女古墳群の石人山古墳に接する位置に築かれている。径 36 m の円墳で、石屋形をもつ横穴式石室は図 22 (2)-4 に示すように胴張形方形の平面形で、割石を持ち送りに積み天井部を三枚の天井石でふさぐ穹窿天井である。横穴式石室の玄室は左側壁長約 4.6 m・奥壁幅約 3.1 m・前壁幅約 2.4 m・右側壁長約 4.3 m・最大幅約 4.1 m・高さ約 3.6 m である。図 26 に示すように石屋形奥壁に下部三角文の上の部分に 3 段に文様が描かれている。上段に靫が 7 個、中段に左から円文、双脚輪状文、小円文、双脚輪状文、小円文、同心円文、下段に円文の配

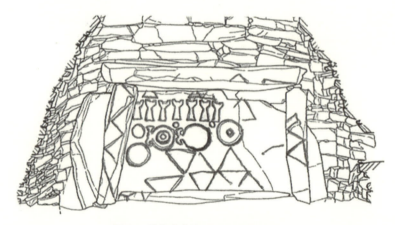

図 26　弘化谷古墳石屋形双脚輪状文

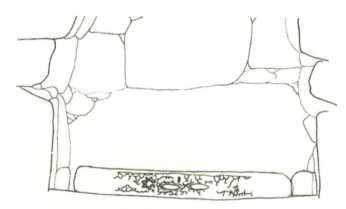

図 27　鬼の岩屋第 2 号墳屍床石双脚輪状文

第 3 章　壁画双脚輪状文の実態と特徴　55

置となっている。古墳の副葬品は装身具（耳環・勾玉・ガラス管玉・切子玉他）・鉄器（金銅製金具・鋲留金具・鉄鏃・釘・鉄片他）・鈴などが出土した。弘化谷古墳の石屋形は幅 2.06 m・奥行き 0.95 m・高さ 1.3 m あり、一枚の板石の天井石・奥壁・両側壁・屍床石により構成されている（広川町教育委員会 1991a・b）。

（5）鬼の岩屋第 2 号墳

　大分県別府市北石垣塚原 132-1 に所在する古墳である。筑後川支流玖珠川源流の水分峠を越えて別府湾にでた場所にある。径 36 m の円墳で、6 世紀後葉に築造された古墳である。図 22（2）-5 に示すように長方形の平面形をもち、腰石の上に巨石を持ち送りに積み 2 枚の天井石でふさいだ穹窿天井である。横穴式石室の玄室は幅 3 m・奥行き 4.2 m・高さ 4 m あり、双脚輪状文は石屋形ではなく奥壁前面の屍床石前小口（幅 3 m・奥行き 1.5 m・高さ 0.4 m）に図 27 に示すような図柄で 1 個描かれている。壁画は双脚輪状文以外に蔓状曲線文を中心とした文様が 4 カ所に描かれている。古墳の副葬品は発掘調査がされていないため不明である（坂田・副枝 1985、坂田ほか 1986）。

　横穴式石室の石屋形は右側壁の玄門脇にあり、幅 1.1 m、奥行き 0.7 m、高さ 0.6 m、内幅は 1 m 弱である。ここに成人を安置することは不可能である。他の古墳で石屋形が置かれている奥壁前面には幅 3 m・奥行き 1.5 m・高さ 0.4 m の大きな 1 枚の屍床石が置かれている。当古墳ではこの屍床石が本来の石屋形の役割を果たしていたと推測される。屍床石の前小口には中央に長さ 25 cm・幅 10 cm のレンズ状の抉り込みがあるが、邪視文と考えられる（坂田・副枝 1985、坂田ほか 1986）。

2．双脚輪状文壁画

　双脚輪状文が創りだされ壁画や器財埴輪の文様として使用されたのは、6 世紀初頭から 6 世末までの約 1 世紀の間に限定される。双脚輪状文は九州島においては壁画として描かれ、本州では器財埴輪の文様として描かれている。双脚輪状文の図柄は地域性があり、壁画双脚輪状文と西日本型双脚輪状文形埴輪、東日本型双脚輪状文形埴輪の 3 系統に分類される。双脚輪状文は最初に釜尾古墳の壁画として誕生したものであるが、この壁画双脚輪状文が和歌山県に伝わり、多少図柄の変更をともなって大谷山 22 号墳や井辺八幡山古墳の双脚輪状文となり、西日本の各地に伝播していった。西日本型双脚輪状文形埴輪はここから群馬県を中心とする北関東の地域に伝播したのであるが、図柄は大幅に変形され、スイジガイを祖形とする壁画双脚輪状文の面影はほとんどみられなくなってしまった。釜尾古墳で双脚輪状文が創りだされたのが 6 世紀初頭であるが、同じ 6 世紀初頭のうちには早くも西日本の大谷山 22 号墳に伝わる。この西日本型双脚輪状文はそれほどときをおかず東日本へ伝わり、6 世紀前葉には群馬県中二子古墳の双脚輪状文形埴輪として出現している。

　壁画双脚輪状文は 6 世紀初頭に釜尾古墳に誕生したのち、6 世紀前葉には北東部に近接する横山古墳に伝わる。釜尾古墳と横山古墳の双脚輪状文は 6 世紀中葉には有明海から筑後川・宝満川を経由して冷水峠から穂波川を通り王塚古墳へ伝播する。また、同じ 6 世紀中葉には横山古墳の双脚輪

状文が有明海・筑後川・広川を通り弘化谷古墳へと伝わる。6世紀後葉の鬼の岩屋第2号墳へは有明海から筑後川・筑後川支流玖珠川・水分峠をへて別府湾岸の古墳へと及んでいったと考えられる。双脚輪状文が釜尾古墳から各地に拡散してゆく経路では筑後川が重要な役割を果たした。王塚古墳、筑紫君一族の墓域とされる八女古墳群の要地にある弘化谷古墳、鬼の岩屋第2号墳への火君の進出は、磐井の乱後さらに大和朝廷との関係を深めた火君が、朝廷の了承のもとに依然として影響力をもっていた磐井一族の支配地域に楔をうつ意図をもって行われたものではないか。

壁画双脚輪状文は釜尾古墳、横山古墳、王塚古墳、弘化谷古墳、鬼の岩屋第2号墳の5カ所の古墳の横穴式石室に描かれている。それぞれの古墳に独自性があるが、祖形であるスイジガイ釧と対比すると釜尾古墳石屋形左袖の双脚輪状文が原形であり、各古墳の双脚輪状文は年代を追って簡略化し変化している。各古墳の双脚輪状文の図柄は図28のとおりである。

3. 文様の描画場所とその意味

壁画双脚輪状文は主として横穴式石室の石屋形に描かれているが、2例の例外もある。個別にみると釜尾古墳は玄室奥壁前面の石屋形の2枚の板石で作られた奥壁に双脚部を右にした双脚輪状文が3個、両袖石に各1個描かれている。横山古墳は玄室奥壁前面の石屋形の両袖石に各1個描かれている。王塚古墳は玄室奥壁前面にある石屋形の前面両側に置かれた燈明石に各1個と、前室後壁右袖石に2個、その上の楣石の右側に1個描かれている。燈明石は他の古墳における石屋形両袖石の機能も果たしていると考えられる。弘化谷古墳は石屋形奥壁中段に2個描かれている。鬼の岩屋第2号墳は玄室奥壁前面の屍床石前小口に1個描かれている。

これらのことから、双脚輪状文は基本的に、横穴式石室のなかで石屋形の奥壁や袖石ならびに石屋形の機能を果たしていると考えられる燈明石や屍床石に描かれていることになる。肥後型横穴式石室では石屋形と他の玄室空間は解放されていて、魂魄は自由にその空間を浮遊することができるが、魂魄の常駐する場所は「殿」にあたる石屋形である。したがって、石屋形に常駐する魂魄の安寧を保持し外敵の侵入を防御することは不可欠といえよう。その役割を担ったのがスイジガイの辟邪の呪術的伝統を受けついだ壁画双脚輪状文なのである。想定される外敵の侵入口の1つは奥壁の丑寅鬼門を含めた奥壁の裏側からのものであり、他は石屋形前面の両袖石間の入口部分である。各古墳において奥壁と両袖石または両袖石類似施設に双脚輪状文の図柄を描いているのは、このような意味で外敵から墓主を守るためであると考えられる。

4. 各古墳の文様の特徴

(1) 各古墳の文様

図28-1に示すように釜尾古墳には5個の双脚輪状文が描かれているが、スイジガイを最も忠実に文様化しているのは、左端の石屋形左袖の文様である。スイジガイは管状突起が6本あり、このうち2本の管状突起が水管溝両脇に外反する形でついている。これがこの文様の双脚部となってい

第3章　壁画双脚輪状文の実態と特徴　57

1　釜尾古墳

1　石屋形左袖　　2　石屋形右袖　　3　石屋形奥壁左袖　　4　石屋形奥壁中央　　5　石屋形奥壁右側

2　横山古墳

6　石屋形左袖　　　　　　　　　　　7　石屋形右袖

3　王塚古墳

8　前室後壁楣石　9　前室後壁右袖上部　10　前室後壁右袖下部　11　石屋形左燈明石　12　石屋形右燈明石

4　弘化谷古墳

13　石屋形奥壁中央側　　　　　　　14　石屋形奥壁左側

5　鬼の岩屋第2号墳

15　玄室屍床前小口

（注）弘化谷古墳はここでは、双脚部を下にしているが実際は左横に向けて描かれている。

図28　壁画双脚輪状文図柄一覧

る。他の4本の管状突起は外郭の4つの突起として描かれている。中央の円孔から4つの突起の先端に向かって三角線がそれぞれ描かれているが、これは管状突起の溝状線であり、スイジガイを文様化したことがよくわかる。双脚部を上にした形で描かれているが、スイジガイの故地である沖縄では軒先などに双脚部を上にして吊るす風習があり（この意味については、第1章冒頭を参照）、この伝統を踏まえて双脚輪状文を描いた可能性がある。釜尾古墳の他の4個の双脚輪状文は双脚部を右横にした形で描かれている。管状突起（外郭の突起）もスイジガイより1個多い7個となっており、デフォルメが進んだ文様となっている。スイジガイに辟邪の効果を期待する重要な要素として管状突起の刺突力があり、双脚輪状文の管状突起（外郭の突起）を6個から7個にしたのはこの効果を増幅する意味ともとれる。

　図28-2の横山古墳の双脚輪状文は石屋形左右袖石に各1個描かれている。左袖の双脚輪状文は基本的には釜尾古墳の石屋形左袖の文様と同じであり、双脚部を上にして、4つの外郭突起をもっている。内郭側の2つの管状突起の表現が省略されているなど多少異なる部分もあるが、スイジガイを忠実に文様化したものといえる。石屋形右袖の双脚輪状文は双脚部を上にしているが、その下部の外郭部分の表現には管状突起を示す突起はなく、外郭線を凹凸のない円形で表現している。新しい形式の双脚輪状文である。

　図28-3の王塚古墳の双脚輪状文は前室後壁楣石に1個、前室後壁右袖石に2個、左右石屋形燈明石に各1個が描かれている。双脚輪状文の図柄は変形が進んだものであるため、王塚古墳の双脚輪状文だけをみてスイジガイから創りだされた文様と認識することはできない。双脚部を下にして描かれており、管状突起を示す外郭の突起はスイジガイの6個に対し王塚古墳では8個から10個である。文様中央の円孔から外郭に向けて放射状に発する線は、本来、釜尾古墳の文様にみられるような管状突起の中央部を先端に向けて走る三角線（溝状線）を示すものであると考えられるが、本数を省略してしまい4個から8個しかない。つまり釜尾古墳では外郭突起と円孔からの三角線が同数なのに対して、王塚古墳では対比したものとなっていない。このようなことから推測すると、王塚古墳の双脚輪状文はスイジガイを祖形として創りだされたものではなく、釜尾古墳の双脚輪状文図柄を祖形として作成したものと考えられる。

　図28-4の弘化谷古墳の双脚輪状文は石屋形奥壁に横3段で描かれた文様のうち、中段左から2番目と4番目の文様である。2個とも双脚部を下部に、その上部の管状突起部分は外郭線を凹凸のない円形で表現している。これは横山古墳の石屋形右袖にある双脚輪状文と同じ形式の文様である。

　図28-5の鬼の岩屋第2号墳の双脚輪状文は奥壁前面の屍床石の前小口に、双脚部を右にして横向きに描かれている。図柄は非常に変形簡略化が進んでいるが、その祖形としては釜尾古墳の石屋形左袖の双脚輪状文であると考えられる。別項で述べるようにこの文様は、釜尾古墳から直接的に伝えられたものではなく、いくつかの地域を経由してきたものである。

（2）文様の変化過程
　文様の変化という観点から図柄を観察すると、図29に示したように大きく3つのグループに分

第3章　壁画双脚輪状文の実態と特徴　59

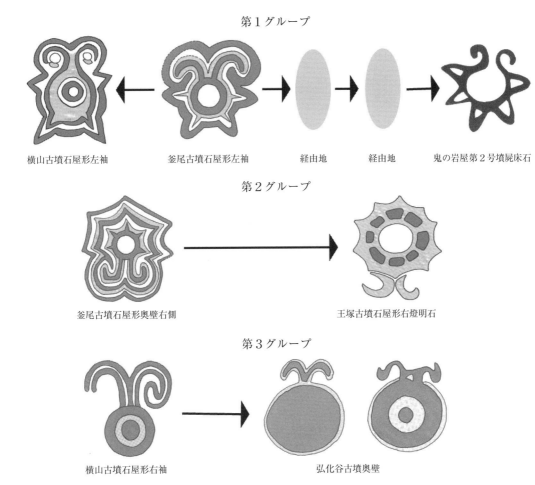

図29　文様の変化過程図

かれる。第1グループは釜尾古墳の石屋形左袖の双脚輪状文が祖形となり、1つは横山古墳石屋形左袖の双脚輪状文が描かれ、他は鬼の岩屋第2号墳の双脚輪状文が描かれた。横山古墳石屋形左袖の双脚輪状文と釜尾古墳石屋形左袖の双脚輪状文を対比すると中央部左右の突起に三角線が欠けている以外は同じ文様である。鬼の岩屋第2号墳の双脚輪状文は、釜尾古墳石屋形左袖の双脚輪状文と対比すると中央の円孔や三角線（溝状線）がないことや突起が1個多いというちがいはあるが、基本構図は釜尾古墳と同じである。これは後述するように釜尾古墳から鬼の岩屋第2号墳へ伝わる途中で何段階かの改変がなされたと考えられる。

　第2グループは、釜尾古墳石屋形右袖や石屋形奥壁の4個の系統の双脚輪状文が祖形となり、王塚古墳の5個の双脚輪状文が創りだされた。釜尾古墳双脚輪状文の中央円孔から放射状に発する三角線が変形して、王塚古墳では中央円孔から放射状に発する線となるとともに、図柄全体の簡略化が進んだ。第3グループは、横山古墳石屋形右袖の双脚輪状文が、多少変形をくわえて弘化谷古墳に伝わり、奥壁の2個の双脚輪状文となった。

　ここでは釜尾古墳の双脚輪状文図柄が横山古墳や王塚古墳へ、横山古墳の双脚輪状文図柄が弘化

谷古墳へ伝播したとしてきた。釜尾古墳は6世紀初頭、横山古墳は6世紀前葉、弘化谷古墳・王塚古墳は6世紀中葉の古墳である。双脚輪状文の伝播の背景には2つのことが考えられる。1つは筑紫君磐井の乱の結果、朝鮮出兵などにより大和朝廷と良好な関係にある火君は、筑紫君磐井の故地に火君が進出することを大和朝廷から容認された。2つめは装飾壁画のある菊池川流域や釜尾古墳や横山古墳がある坪井川・井芹川流域は火君の主要領域であり、火君は壁画工人を数多く抱えていた推定されるが、これら工人を王塚古墳、弘化谷古墳を始めとした筑後川流域に送りこんだものと思われる。

(3) 鬼の岩屋第2号墳の双脚輪状文

鬼の岩屋古墳は別府湾に面した位置にあり、第1号墳と第2号墳がある。第1号墳は後室と前室からなる複式構造の石室であり、後室の奥壁前面に入母屋形天井石を両側壁に載せた石屋形がある。第2号墳は単室構造の石室で奥壁前面に屍床石、玄門付近の右側壁に幅1.1mの小石屋形がある。双脚輪状文は第2号墳の屍床石前小口に1個描かれている。報告書（坂田ほか 1986）によると第1号墳には双脚輪状文についての記載がないが、同書図7鬼の岩屋第1号墳羨門の壁画（赤外線写真）の右上部に双脚輪状文の図柄と考えられる文様が確認できる。現状、実見することはできないため、残念ながら詳細は不明である。

鬼の岩屋第2号墳の双脚輪状文は前述のとおり釜尾古墳石屋形左袖の双脚輪状文を祖形として描かれたものと考えられるが、図柄の変形簡略化が非常に進んでいる。この原因と考えられることは釜尾古墳から直接に伝わったものではなく、何段階のなかつぎを経て鬼の岩屋第2号墳まで遠距離を伝わってきたことが挙げられる。

釜尾古墳から鬼の岩屋第2号墳へのルートは図21からみると、筑後川を遡り水分峠を越えて別府湾岸の地へ至ったと考えられるが、この間には耳納北麓壁画古墳群、日田壁画古墳群、玖珠壁画古墳群などいくつかの壁画古墳が存在する。これらの壁画古墳群において双脚輪状文は確認されていないが、現在確認できる壁画古墳は当時造られたものの一部であり、これら古墳のなかにいくつかの双脚輪状文を描いた古墳があっても不思議ではない。6世紀前葉から6世紀後葉までの間に年代の経過、あるいは地域の移り変わりに従って双脚輪状文図柄の変形簡略化が壁画工人の手により進んでいったのではないか。

鬼の岩屋古墳のある地域は文献史料では火君との関係が確認できないが、考古学的に考えるとその可能性がうかがえる。1つめは双脚輪状文を描いた古墳であること。2つめは横穴式石室の構造である。鬼の岩屋第1号墳は菊池川流域特有の石屋形のある複式構造の石室で、図18における平面形A3類、断面形b類であり、鬼の岩屋第2号墳は坪井川・井芹川流域特有の石屋形のある単式構造の石室で、図18における平面形B類、断面形a類である。これらのことから火君のこの地域への進出が考えられる。火君は古事記によると大分君と同祖であり、友好関係にあった。

6世紀代に大和朝廷と良好な関係にあった火君が、大和への門戸となる瀬戸内海に臨むこの地を確保したことは十分考えられるのではないか。

（4）壁画の彩色

　壁画に使用している色の組み合わせは古墳により異なるが、赤色、黄色、白色、黒色、緑色、青色の６色である。顔料の材質について山崎一雄は赤色が酸化鉄（ベンガラ）、黄色が含水酸化鉄（黄色粘土）、白色が白色粘土、黒色が黒色マンガン鉱物・炭素、緑色が緑色岩粉末（海緑石）、青色は不明であるが青色に近い岩石の粉末を塗ったと想像されるとしている（山崎 1951）。山崎一雄に対して関野克と江本義理は黒色顔料がマンガンの非晶質化合物、緑色顔料が海緑石であると確認できたとしている（江本・関野 1975）。

　彩色方法は文様を直接壁面に描くもの（双脚輪状文古墳では使われていない）や、王塚古墳、弘化谷古墳、鬼の岩屋第２号墳のように白色や薄い赤色、赤色などを下地の色として塗布しその上に文様を描くもの、横山古墳の連続三角文のように文様の輪郭を線刻したうえでそのなかに色を埋めこむもの、釜尾古墳・横山古墳のように各色をすべて塗り重ねし必要な色の部分のみを上面にだすといった手法が使われている。

　釜尾古墳は玄室の周壁を床から約1.5ｍの高さまで全面に赤く塗り、その上部は白で塗っている。壁画は石屋形、玄室側壁、羨門などに赤、青、白の３色で文様が描かれており、石屋形奥壁や石屋形両袖石の双脚輪状文も赤、青、白の３色で文様が描かれている。双脚輪状文を含めた各文様の描きかたは白色を最下段に塗り中段に赤色部分と青色部分の範囲を青色で塗りつぶし、上段に赤色部分を赤色で塗り重ねている。永嶋正春によると一般的に白土はその中に含まれる鉄分のため、わずかに黄色味を帯びたいわゆる暖かみのある白色を呈するのが普通であるが、本古墳の白土はむしろ炭酸カルシウム系（たとえば、漆喰）に近い色調を示しているとしている（永嶋 1999）。

　横山古墳は左右袖石に双脚輪状文と重圏文が赤、青、白の３色で描かれている。石屋形軒縁、左右袖石、袖石小口には線刻で縁取った赤、青、白の連続三角文が描かれている。双脚輪状文を含めた各文様の描きかたは釜尾古墳の文様の描きかたと同じように、白色を最下段に塗り中段に赤色部分と青色部分の範囲を青色で、上段に赤色部分を赤色で塗り重ねている。

　王塚古墳で使用されている色は赤色、黄色、白色、黒色、緑色の５色であり、１つの古墳の壁画で使われている色数としては最多である。双脚輪状文は石屋形左右燈明石が緑色、赤色、黄色で、前室後壁右袖上下が緑色、黄色、黒色、赤色で、前室後壁楣石が緑色、黄色、赤色で描かれている。文様が描かれている部分も含め石室全体は石組の間隙を黄色粘土で充塡し岩肌を覆い隠すように整えた後に、その上を赤色顔料で塗りつぶしている。文様の赤色部分はこの赤色顔料で塗りつぶしている下地を残す形で活用している。他の色の描画方法は基本的に赤色の上に黄色を載せ、その上に緑色・黒色を載せる形で描かれている。

　弘化谷古墳で使用されている色は薄い赤色、赤色、緑色の３色である。石屋形の奥壁、両側壁、天井石の内面と両側壁・天井石の小口の７面全体を薄い赤色で塗布したうえで赤色、緑色を使い文様を描いている。薄い赤色と赤色を塗り分ける手法は熊本県宇賀岳古墳の壁画にも見られる。双脚輪状文は緑色と赤色を使い、奥壁に５段に分け描かれている文様群の３段目の中央部から左にかけて２個描かれている。

　鬼の岩屋第２号墳で使用されている色は赤色、黒色の２色である。赤色はベンガラで石室内に全

面的に地塗りされている。黒色顔料はマンガンを主成分とする黒色鉱物である（坂田ほか 1986）。双脚輪状文をはじめ石室内の文様はベンガラで地塗りされた上に、すべて黒色で描かれている。双脚輪状文は奥壁前面の屍床石前小口の中央部左寄りに1個描かれている。

＊　＊　＊

　本章では、肥後の血縁的紐帯から生まれた、開かれた棺の空間を守護するための双脚輪状文壁画に着目して、それに関連する、石屋形、葬制、文様の特徴、関連古墳の分布状況などの様相について概観してみた。ここで確立された諸状況が、以後の立論における基礎認識もしくは参照事項となるものである。

第4章　西日本型双脚輪状文形埴輪

　双脚輪状文の祖形であるスイジガイは、双脚輪状文がつくりだされる前の4・5世紀の西・中部日本においてさまざまな形で使用されていた。静岡県松林山古墳や山梨県甲斐銚子塚古墳の竪穴式石室の北東隅からは複数のスイジガイ釧が出土した。この副葬場所は丑寅の方位にあたることから後藤守一は鬼門との関係を指摘している（後藤 1939）。

　岡山県金蔵山古墳や奈良県保津岩田古墳からはスイジガイを文様化した図柄を数個組み込んだ盾形埴輪が出土している。保津岩田古墳の盾形埴輪の設置場所は不明であるが、金蔵山古墳のスイジガイ盾形埴輪の設置場所は、後円部中央石室を方形に囲む埴輪群の南東の隅である。この盾形埴輪は盾の外周を鋸歯文と綾杉文で囲んだなかにスイジガイ文様を線刻するものであり、辟邪の効果を二重三重に強めることを狙ったものと考えられる。大阪府仲津山古墳や大分県亀塚古墳では、円筒埴輪や朝顔形埴輪にスイジガイ文様を線刻した埴輪が設置されていた。これも墓主を外敵から守るための効果を期待してのことと思われる。

　沖縄の縄文後期併行期以降の伝統であるスイジガイに呪力の源泉を求めるという思想は、これらの事例から考えると、中・西部日本の古墳時代の豪族に確実に受けつがれていたことがわかる。

　双脚輪状文はこうした伝統のうえにたち、6世紀初頭に貝の道の経路上の要衝である熊本県釜尾古墳の壁画において開花したものである[1]。その後、釜尾古墳の双脚輪状文壁画は九州島内のいくつかの壁画古墳に伝播する一方で、和歌山県岩橋千塚を中心とした地域に伝わり、西日本型双脚輪状文形埴輪となる。釜尾古墳の双脚輪状文はスイジガイの腹面を文様化した図柄であり（後述）[2]、5個体の文様が描かれている。それらを概観するとスイジガイの管状突起をあらわした突起の数がスイジガイと同じ6個となるものが1個体、7個の突起をもつものが4個体である[3]。西日本型双脚輪状文形埴輪の盤状双脚輪状文埴輪（表3参照）は、腹面構図が原則となっており、岩橋千塚の4個体を含め7個の突起をもつものが大多数である。このことは釜尾古墳の壁画双脚輪状文と西日本型双脚輪状文形埴輪との関連性を物語るものである。

　現存する西日本型双脚輪状文形埴輪は13個体あるが、そのうちの6個体は岩橋千塚より出土したものである。6世紀初頭に釜尾古墳で成立した双脚輪状文が岩橋千塚の花山6号墳に伝播するまでの期間は数年から十数年くらいと考えられる。西日本型双脚輪状文形埴輪が出土する場所は紀氏との関係が深い地域である（第7章参照）[4]。このことから考えると釜尾古墳からの双脚輪状文の伝播は、地理的に西から順次東へ伝播したのではなく、まず紀氏の本拠地で受け入れられ、紀氏が主に関与するかたちで伝播させたと考えられる。そのカギとなるものが5世紀末から6世紀にかけて

の朝鮮出兵ではないか。釜尾古墳は火君のお膝元にある。紀氏は水軍の中核として、火君とともに朝鮮半島へ頻繁に行動するなかで、呪術的側面や文化的側面の交流も促進されていったと考えられる。

　本章ではこのような社会的背景を念頭に置いたうえで、個々の西日本型双脚輪状文形埴輪の文様構成やスイジガイの呪術的側面と双脚輪状文図柄との関係などについて考察してゆく。具体的には、はじめに西日本型双脚輪状文形埴輪の概要をまとめ、全体像を把握する。次に個々の埴輪個体に視点をおいて個別個体の観察と基本的部分の分類を行う。最後にこれまで整理した結果をもとに、精神的側面である呪術的観点を加味した埴輪の特徴について考察を加えていくことにする。

第1節　西日本型双脚輪状文形埴輪の概要

　スイジガイ・スイジガイ製利器・スイジガイ釧から双脚輪状文が創りだされた経過については、第1章第2節で述べたところであるが、ここでは、これにもとづいて、双脚輪状文の基本的事項である、双脚輪状文の分類、双脚輪状文壁画・双脚輪状文形埴輪の概要を述べたうえで、西日本型双脚輪状文形埴輪の実態について、整理する。

1. 双脚輪状文の分類

（1）種別（この文様が施される部位や形状）による分類
　文様が施される部位や形状に視点をおいて双脚輪状文を分類すると、盤状双脚輪状文形埴輪、冠帽双脚輪状文人物埴輪、冠帽双脚輪状文形埴輪の3種類となる。西日本地域に現存する双脚輪状文埴輪はこのうちの盤状双脚輪状文形埴輪と冠帽双脚輪状文人物埴輪の2種類である。盤状双脚輪状文形埴輪は円筒形の基台部の上に円盤状の盤状部がついた埴輪である。双脚輪状文は盤状部の表面のみか表面と裏面の両面に描かれている。
　冠帽双脚輪状文人物埴輪は冠帽をかぶった人物埴輪の冠帽部分に双脚輪状文が描かれており、冠帽の上から見ると文様がわかるものである。冠帽双脚輪状文形埴輪は冠帽双脚輪状文人物埴輪の冠帽部分のみを埴輪としたものであり、東日本型双脚輪状文形埴輪において数例みられる。

（2）文様の構図による分類
　文様の構図に視点を置き観察すると、連弧形双脚輪状文と円文形双脚輪状文との2種類がある。
　連弧形双脚輪状文は盤状部の中央に円孔があり、双脚部に連なる外郭線が連弧状を呈するものである。円文形双脚輪状文は盤状部の中央の円孔は同じであるが、双脚部に連なる外郭線が連弧ではなく円形をしているものである。
　連弧形双脚輪状文は、釜尾古墳双脚輪状文壁画より伝えられた図柄にもとづき作られた双脚輪状文埴輪であり、西日本一帯に伝播している。円文形双脚輪状文は、釜尾古墳の直後に造られた熊本

県横山古墳の壁画にすでに描かれているものであり、双脚輪状文埴輪としては愛媛県新城36号墳において初めて現れたものである。福岡県弘化谷古墳の壁画や群馬県綿貫観音山古墳の双脚輪状文埴輪においても、この形の双脚輪状文が見られる。

（3）スイジガイの図案化における視点の違いによる分類

双脚輪状文はスイジガイを祖形として創出された文様であるが、双脚輪状文埴輪の文様にはスイジガイの腹面を図案化したものと、スイジガイの背面を図案化したものとがある（腹面と背面については、図9を参照）。腹面を図案化したものは文様に水管溝や目の表現がある（大谷山22号墳、荒蒔古墳など）。一方、背面を図案化したものには水管溝の表現がなく、目や双脚部が円孔より右側に描かれている。西日本型双脚輪状文形埴輪では盤状部の両面に双脚輪状文が描かれている場合、表面がスイジガイの背面の文様であり、裏面がスイジガイの腹面の文様となっている（公文山1号墳第1個体、新内古墳）。盤状部の表面のみに双脚輪状文が描かれている場合はすべてスイジガイの腹面の文様である。

2. 双脚輪状文壁画・双脚輪状文形埴輪の概要

双脚輪状文の表現手段としては壁画によるものと埴輪によるものがある。その概要を把握するため、壁画双脚輪状文、西日本・東日本・磐城双脚輪状文形埴輪について、先に述べた基準により分類整理すると表3のとおりである。

3. 西日本型双脚輪状文形埴輪の実態把握

ここでは本章の主題である西日本型双脚輪状文形埴輪の基本的事項を整理し、その実態について

表3　双脚輪状文壁画・双脚輪状文形埴輪の概要

種　別	文様表現形式の分類		関連古墳名
双脚輪状文壁画 （中北部九州地域）	壁画双脚輪状文	連弧形双脚輪状文	釜尾古墳、横山古墳、王塚古墳
		円文形双脚輪状文	横山古墳、弘化谷古墳
西日本型双脚輪状文形埴輪 （西日本地域）	盤状双脚輪状文埴輪	連弧形双脚輪状文	築山古墳、公文山1号墳、新内古墳、花山6号墳、大谷山22号墳、井辺八幡山古墳、荒蒔古墳
		円文形双脚輪状文	新城36号墳、音乗谷古墳
	冠帽双脚輪状文人物埴輪	連弧形双脚輪状文	大日山35号墳
東日本型双脚輪状文形埴輪 （東日本地域）	盤状双脚輪状文埴輪	連弧形双脚輪状文	中二子古墳、小二子古墳、中原Ⅱ遺跡、安坪17・18号墳、殖蓮村208号墳、丸山2号墳
	冠帽双脚輪状文人物埴輪	連弧形双脚輪状文	塚回り3号墳、塚回り4号墳
		円文形双脚輪状文	綿貫観音山古墳
	冠帽形双脚輪状文埴輪	連弧形双脚輪状文	綿貫観音山古墳
磐城双脚輪状文形埴輪（福島県）	盤状双脚輪状文埴輪	環状連続三角文型双脚輪状文（連弧双脚輪状文の変形タイプ）	神谷作101号墳

表4 西日本型双脚輪状文形埴輪主要事項一覧

古墳名および所在地名		盤状部（単位はcm）			基台径（単位はcm）	図文表現上に見えるスイジガイの背・腹の別	突起数
		幅	高さ	円孔径			
築　山	大分県国東市安岐町馬場	16	13	3.8		腹面（片面のみ）	6
新城36号	愛媛県松山市下難波	30.6	22.6	4		腹面（片面のみ）	−
公文山1号第1個体	香川県まんのう町	37.2	28.6	8.2	上18.3下16	表は背面・裏は腹面	7
公文山1号第2個体	香川県まんのう町	39	29.6	7.2	約18	腹面（片面のみ）	7
新　内	神戸市西区神出町東	33.8	24.2	8.8	約15	表は背面・裏は腹面	7
花山6号	和歌山県和歌山市花山	42	28.6	9.6	約16	腹面（片面のみ）	7
大日山35号第1個体	和歌山県和歌山市井辺	21.9	19.4	10.8		腹面（片面のみ）	9
大日山35号第2個体	和歌山県和歌山市井辺	17.8	16.6	9.3		腹面（片面のみ）	9
大谷山22号第1個体	和歌山県和歌山市岩橋	48.7	35.5	9.3	約16	腹面（片面のみ）	7
大谷山22号第2個体	和歌山県和歌山市岩橋	47.5	32.4	8	約16	腹面（片面のみ）	7
井辺八幡山	和歌山県和歌山市森	57	46.4	16.5	18	確認できない	7
音乗谷	京都府木津川市相楽台7	37.8	27.5	9.6		腹面（片面のみ）	7
荒　蒔	奈良県天理市荒蒔町	51	35.5	10.4	上20.5下31	腹面（片面のみ）	12

（注）長さはcmであり、突起数は双脚部を含む。盤状部・基台部の数値は復元値

把握することにする。まず、双脚輪状文形埴輪の出土場所、双脚輪状文が描かれている盤状部や盤状部を支える基台部の状況、図文表現の視点などについて表4に取りまとめた。

そのうえで、埴輪考察のよりどころとなる双脚輪状文の図柄について、盤状双脚輪状文埴輪・連弧形双脚輪状文、盤状双脚輪状文埴輪・円文形双脚輪状文、冠帽双脚輪状文人物埴輪の順に集成図として個別に提示した。これら資料をもとに考察を進めてゆくことにする。

第2節　双脚輪状文形埴輪の観察

1．各個体の分類

（1）線文の表現方法

西日本型双脚輪状文形埴輪における線文の表現方法は4種類に分類できる。

沈線のみによる線文（aタイプ）

1本の沈線で描くもの（図30-1）と、2本の沈線で描くもの（図30-2・3・11・16）とがある。1本の沈線の例は築山古墳である。2本の沈線の例は、公文山1号墳、荒蒔古墳、大日山35号墳の第2個体の3例がある。図文としては単純明快な印象を受ける。

1本の沈線のなかに四角い刺突文を入れた線文（bタイプ）

大日山35号墳の第1個体（図30-15）、井辺八幡山古墳（図30-10）、寺内18号墳の3例がある。寺内18号墳は全体の文様が不明のためその意味あいが検討できないが、大日山35号墳の第1個体はaタイプの大日山35号墳第2個体よりも文様処理が非常に精緻であり、製作者はこの個体の方をより重視していたことがわかる。また、井辺八幡山古墳の文様は、他の双脚輪状文形埴輪文様と比較すると、手の込んだ文様の部類に入る。このような差異でみると、bタイプの線文をもった個

第4章　西日本型双脚輪状文形埴輪　67

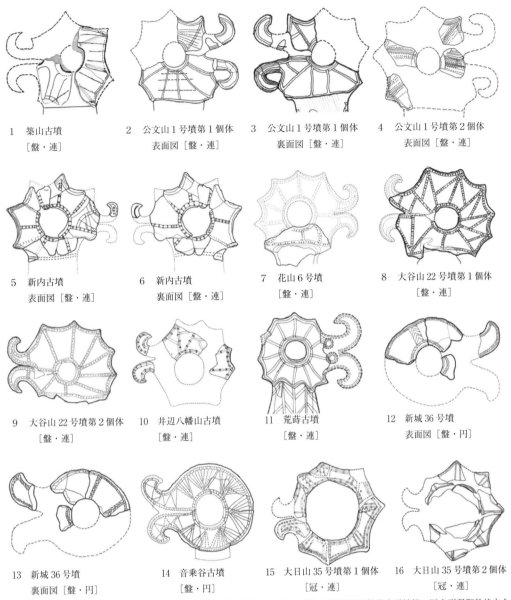

図30　西日本双脚輪状文集成図

体は古墳築造者の特別な思いを感じさせる。

2本の沈線のなかに四角または丸い刺突文を入れ梯子状にした線文（cタイプ）

細かくは3種類に分かれる。1つは2本の沈線の間を長方形の刺突文で接続したものである（図30-8）。2つめは2本の沈線の間に四角い刺突文2個を横に接続したものである（図30-5・6）。3つめは2本の沈線の間を丸い刺突文で接続したものである（図30-7・9）。第1の例は大谷山22号墳の第1個体であり、第2の例は新内古墳である。第3の例は、大谷山22号墳の第2個体と花山

6号墳である。

2本の沈線のなかに沈線の横線を入れた線文（dタイプ）

新城36号墳と音乗谷古墳の2カ所より出土した円文形双脚輪状文に固有の形である（図30-12・13・14）。両古墳の文様の構成は異なる部分があるが、現在2カ所からしか出土していない円文形双脚輪状文のすべてが、同じ線文であることからすると、同系列の工人による埴輪製作が考えられる。

（2）盤状部と基台部の接続方式

西日本型双脚輪状文形埴輪における盤状部と基台部の接続は3形式に分けることができる（図31）。

盤状部下端での接続（第1タイプ）

盤状部と基台部の接続が推定できるものを含めると、公文山1号墳第1個体、新内古墳1個体、大谷山22号墳の2個体の計4個体が、この方式である。この接続法は双脚輪状文の文様が描かれている盤状部の最下端で、基台部に接続しているものである。

盤状部の最下端から前の部分と後の部分が徐々に開いてゆき、基台部の円筒部に接続する。盤状部の最下端部の前後は壁面が盤状部の重量を支えるに足る厚みにまで肥厚させている。また、内側は胎土が充填されておらず、空洞となっている。

盤状部中間での接続（第2タイプ）

音乗谷古墳、荒蒔古墳の2個体が、この方式をとる。この接続法は双脚輪状文の文様が描かれている盤状部中央の円孔の上端両側まで基台部の円筒が持ち上がって、裏面から盤状部を支えている形である。裏側の円筒部の上端は塞がれておらず、開いたままである。基台部の円筒が盤状部の円孔まで持ち上がっている関係から、盤状部前面の中央付近が、円孔下部まで縦に円筒形の丸みをおびたものとなっている。

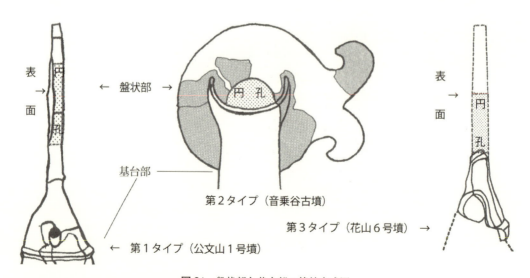

図31 盤状部と基台部の接続方式図

盤状部下部での接続（第3タイプ）

　花山6号墳の1個体がこの形式である。花山6号墳の双脚輪状文形埴輪の盤状部と基台部の接続は、第1タイプよりも少し上部での接続となっている。盤状部下端より約4cm位上部での接続である。

　すなわち、基台部の円筒が徐々に狭まってゆき、最後にとがった袋状の状態で、盤状部下端より約4cm位上のところで、接続されている。このため盤状部の下部前面は完全な板状となってはおらず、基台部幅に対応する範囲が前にせり出した状態となっている。

2. 各個体別観察

（1）**築山古墳**（報告書なし、出土品所蔵：大分県立歴史博物館）

　大分県立歴史博物館によると築山古墳より出土した双脚輪状文埴輪片は2個である。遺存する埴輪片をもとに筆者が検討し整理してみると、盤状部分の全体面積の2分の1弱に相当することが判明した。これにより全体像を復元したものが図30-1である。築山古墳双脚輪状文形埴輪は、次の理由により釜尾古墳壁画双脚輪状文を埴輪化したものと考えられる。

ア：釜尾古墳壁画双脚輪状文の双脚と連弧状突起の数は6個から7個であるが、築山古墳双脚輪状文形埴輪の連弧状突起数（双脚部を含む）も6個である。

イ：築山古墳の埴輪は壁画から埴輪に変換するための利便性（基台との接続）から、釜尾古墳の5例の双脚輪状文壁画のうち、双脚部が横向きの構図（突起は7個ついている）のものを手本とした（釜尾古墳の5例のうち1例が双脚部を上部にした6突起の構図である）。

ウ：築山古墳双脚輪状文形埴輪は中央の円孔から連弧状突起にかけて沈線やかすかな嶺状の稜線がある。このことは南島交易の窓口となり、スイジガイに多く接した火君との関係が深い、大分君といったスイジガイの特徴を熟知した人たちにより作られたのである。

エ：築山古墳双脚輪状文形埴輪も他の古墳出土埴輪と同様に、沈線を使用した表現が見られるが、その表現方法は他の古墳出土埴輪と多少異なっている。築山古墳双脚輪状文形埴輪は、双脚輪状文文様のなかで、図柄上最も呪術的に重要な場所である双脚部の前面区域を、他の部位の平行沈線と同じ文様にはせず、特別な沈線文様により施紋し、呪的な効果を強調している。

（2）**新城36号墳**（報告書なし・出土品所蔵：松山市北条ふるさと館）

　松山市北条ふるさと館が保管する4個の埴輪片をもとに筆者が復元を試みた（図30-12・13）。円孔から外郭線に向かって放射状に描かれる線文は、双脚輪状文形埴輪の連弧形双脚輪状文に使われているものと同じ意味を表したものである。また、綾杉文を表面の放射状線に用いていることは、荒蒔古墳の基台部の綾杉と通ずるものがある。裏面の双脚部外郭から円孔にいたる水管溝をしめす線文があったのではないかと考えられるが、この部分の埴輪片がないため確認できなかった。新城36号墳出土の双脚輪状文形埴輪は形式からいうと円文形双脚輪状文のタイプになるが、連弧

形双脚輪状文の特色も兼ね備えているように考えられる。

（3）公文山1号墳（報告書なし・出土品所蔵：尽誠学園高等学校）

　尽誠学園によると公文山1号墳からは、2個体分の埴輪片が採取されたとしている。第1個体は尽誠学園により全体像がすでに復元されている。第2個体は復元にいたらず埴輪片での保管となっている。

第1個体

　盤状部から基台部まで全体像が復元済みで、文様の表現方法は刺突文を使用せず平行する2本の沈線により表現している（図30-2・3）。文様は表面と裏面の両面に描かれている。表面はスイジガイの背面を描いた文様である。双脚部は円孔から双脚の上と下に2本の線文をひき区画している。この上部線文に重なり合う形で数条の線を描いており、スイジガイの縞模様をあらわしている。双脚輪状文形埴輪は、その起源であるスイジガイの呪術的伝統を継承しているため、双脚部前面の部分を区画して、その重要性を強調しているものが多い。円孔から基台部にかけて縦の平行2本線があるがスイジガイの縦張肋（じゅうちょうろく）を表している。この2条の縦線に重なるかたちで横に3条の盛り上がりがあるが、それはスイジガイの縞模様を表している。

　裏面はスイジガイの腹面をもとに作られている。基本的には表面と同じ文様であるが、両双脚部の中央に水管溝を示す線文を入れている（図11-4）。左下の双脚部根元に半円形の部分があり、これに向かって円孔より沈線が走っている。スイジガイの目の部分をあらわしたものである。

第2個体

　保存されている4個の埴輪片の文様について検討し、筆者が復元を試みた。図30-4がその復元図である。

（4）新内古墳（報告書なし・出土品所蔵：神戸市教育委員会）

　新内古墳より出土した埴輪片10個が神戸市教育委員会に保管されていた。この埴輪片をもとに文様がどのようなものであったかを部位ごとに整理し、筆者が復元を試みた（図30-5・6）。文様は表面と裏面に描かれており、その概要はつぎのとおりである。

表面の文様

　表面の文様はスイジガイの背面をもとに作られている。双脚部区域は円孔から双脚の上と下にいたる2本の線文で区画している。このなかに描かれた文様の縦線はスイジガイの縞模様を表現し、下から上に斜めに描かれている2本の半円はスイジガイの縦張肋を表現している。新内古墳では双脚部前面の空間に特殊文様を付けるといった手法でこの部分を強調している。

裏面の文様

　裏面の文様はスイジガイの腹面をもとに作られている。このため連弧突起に向かう線文は表面、裏面ともに同じであるが、裏面では両双脚部の中央に水管溝を示す線文を入れている。また、下側の双脚接続部は半円形に造形されており、ここはスイジガイの目の部分をあらわしている（図11-5）。

盤状部と基台部の接続

　公文山 1 号墳第 1 個体の埴輪は基台部全体が狭まりながら持ち上がってゆき、盤状部に接続するタイプであった。新内古墳の双脚輪状文形埴輪も盤状部と基台部の接続について公文山 1 号墳第 1 個体と同じ方法をとっていたと考えられる。

（5）音乗谷古墳（出土品所蔵：奈良文化財研究所）

　報告書によると双脚輪状文形埴輪は 4 個体あったと考えられるが、盤状部が復元できた個体は南堀から出土した 1 個体であった（図 30-14）（奈良文化財研究所編 2005）。左側に上下対称形の蕨手状部分をつけた円盤状の造形で、表面にのみ線刻文様を施している。表面の模様は円孔とΩ形の外郭に沿って、平行する 2 本線文をひきその間を短い沈線で埋めた梯子状文様を描いている。円孔から外郭に向かって 6 個の三角文を入れている。そして円盤部分のみ内向きの三角文の内部を頂点に集まる縦線で充塡している。

（6）荒蒔古墳（報告書なし・出土品所蔵：天理市教育委員会）

　荒蒔古墳の双脚輪状文形埴輪はすでに基台部から盤状部までほぼ完全な形で天理市教育委員会により復元されている。これをもとにこの双脚輪状文形埴輪の特徴について観察し整理した。

　文様はすべて平行する 2 本の線文を一組の線文として使って描かれている。図柄は図 30-11 のとおりである。盤状部の作りは全体が平板状にはなっていない。盤状部と鰭付き円筒部の接続の関係から、円孔の中央くらいまで円筒の形がそのまま表面形状に現れ、この部分から下部は円筒状に丸みを帯びてまえに飛び出した形となっている。鰭付き円筒部の文様は盤状部と基台部との中間に位置している。形状は円筒状の筒部分の両脇に、上部から下部に至る、三角形の鰭がついたものである。基台部との境界は前面から裏面へかけて箍が取巻いており、鰭部分も含めて、縦に 3 条の綾杉文を入れている。盤状部と鰭付き円筒部の接続は盤状部の下部ではなく、裏側の鰭付き円筒部の延長部分が、最終的には円孔上部までのびてゆき、接続されている。筒状の部分の頂部は閉鎖されずに、半円のまま開かれている。荒蒔古墳埴輪は次の 3 点で他の埴輪にはない特徴をもっている。

双脚部根元の目のような小円孔

　双脚部の根元にある目のような小円孔は、1 つめが上部双脚部の根元の上寄りにあり、2 つめが両双脚部の中央下よりに円孔の形で付けられている。ともに円孔からの線文でつながっている（図 11-7）。この部分はスイジガイの目の部分と、水管溝の部分をあらわしている。目も水管溝もスイジガイの体外にのびてきた状態で見ると、2 つとも外見上は目のように見えることからこのような表現をとったことと考えられる。

鰭付き円筒部

　各地で出土している双脚輪状文形埴輪は基台部から盤状部まで揃ったものは少なく、これが想定できるものを含めても、全体の 6 割程度である。この前提のもとではあるが、盤状部と基台部との間に別の円筒部（鰭付き円筒部）がつくものは、荒蒔古墳双脚輪状文形埴輪のみである。

鰭付き円筒部の綾杉文

　鰭付き円筒部と綾杉文を盤状部と基台部との間に加えたことは、荒蒔古墳双脚輪状文形埴輪の独創的部分である。荒蒔古墳では呪術的効果をさらに増すため、鰭付き円筒部を設けたと考えられる。ここに描かれた綾杉文は、スイジガイの管状突起背面部の縞模様を模したものと思われる（図9参照）。

（7）**花山6号墳**（報告書なし・出土品所蔵：和歌山県教育委員会）

　現存する埴輪は盤状部下部と基台部の上部である。盤状部の全体像が把握できないため大谷山22号墳第2個体の双脚輪状文を参考に筆者が復元することにした。図30-7のとおりである。

　盤状部から基台部への接続は埴輪片中央下部の状況から、文様の下部においてなされていることが確認できるため、それをもとに復元した。基台部幅は埴輪片最下部の幅のまま底の部分まで作られたと考える。

（8）**大谷山22号墳**（出土品所蔵：第1個体は和歌山市教育委員、第2個体は不明）

第1個体

　盤状部は双脚部の中程から先が2つとも欠けているが、全体像を復元することは容易であるため、筆者が図上での復元を試みた（図30-8）。第2個体はほぼ完全に盤状部が残っており、第1個体と第2個体の輪郭はほぼ同形であることから、第1個体の双脚部も第2個体とおなじ形態と考えて、復元した。文様の表現方法は、2つの平行する沈線のなかに横に刺突文を入れ、梯子状にしたものを、線文として使っている。円孔の縁と盤状部の外郭縁を、この線文が一周している。スイジガイの水管溝と考えられる線文が円孔から双脚部中央に走っている。また、盤状部左最下部の半円に近い突出部は反対側の右最下部とは異なる形状をしている。この左半円部分は、スイジガイの「目」をあらわしていると考えられる。

第1個体の特殊文様

　第1個体は第2個体よりやや複雑な文様としている。他の双脚輪状文形埴輪と異なる点は、放射状線ごとに左下部から右上部に向かう線文や右下部から左上部に向かう線文を追加していることである。まず、上部双脚部に近接する連弧突起部分の放射状線はこの線文が左側につき、左下部から右上部へ向かう線文となっている。管状突起が右側に曲がっていることを示したものである。次の連弧突起部分は左右についており、管状突起が垂直についていることを示している。

　次の2つの連弧突起部分は右側についており、ともに管状突起が左側に曲がっていることを示している。つまりこの線文はスイジガイの管状突起の曲がる方向を図文に示したものと考えられる。第1個体の双脚輪状文は釜尾古墳の連弧突起が7つある双脚輪状文を祖形として作られたため、スイジガイの6個の管状突起より1個多い連弧突起をもっている。この1個多い突起が右最下部の突起である。埴輪の製作者は双脚部から中央の垂直にのびている突起に向かって管状突起が右に曲がるグループと左に曲がるグループに分かれているというスイジガイの法則性を尊重し、最後の7本目の突起を左に曲げたと考えられる。

第1個体の盤状部と基台部の接続状態

　盤状部から基台部へと、つながった形での埴輪は残されていないが、盤状部下部の破損状態で接続の仕方が推定できる。盤状部を横から見ると、裏側は円孔部を底として上下が幾分外側にせり出す、凹状をしている。この上端の厚みは約 1.4 cm、円孔部周辺は約 1.7 cm である。下端は正面から見て基台部と接続する部分の範囲が少し盛り上がっていて、約 2.6 cm の厚みがあり、その両脇は約 1.9 cm である。

　この下端部の約 2.6 cm の厚みが、ここからさらに厚くなり裏側は外に張り出す形となっている。前側についても同じように外へ張り出していたと考えられるが、破損しているため、現況では垂直にはがれている。この部位の現況の厚みは約 3.2 cm である。盤状部と基台部の接続は、この約 3.2 cm の部位付近から始まり、厚みを増して基台部と接続されたと考えられる。また、この約 3.2 cm の部位付近が盤状部の文様の最下段部となっている。

第2個体

　第2個体はすでにほぼ完全な形で復元がなされており（図 30-9）、報告書に記載されている（末永 1989）。文様には 7 個の連弧状突起がある。連弧状突起の数や線文の種類は異なるが、基本的には荒蒔古墳の双脚輪状文形埴輪の文様と似ている。スイジガイの水管溝と考えられる線文が円孔から双脚部中央に走っている（図 11-8）ことから、スイジガイの腹面を図文化したものである。

（9）大日山 35 号墳（出土品所蔵：和歌山県教育委員会）

　この古墳の双脚輪状文形埴輪（和歌山県教育委員会 2013・2015）は、すでに 2 個体とも和歌山県教育委員会により復元済である。

第1個体

　文様は、平行する 2 本の沈線のなかに四角い刺突文を入れたものを、線文として使用している（図 30-15）。図文の構成は、7 個の連弧状突起が周囲を取り囲み、その連弧状突起に向かい、中央の円孔から各 3 本の線文が走っている。円孔の縁と外郭の縁を一周する形で、2 本の線文が廻っている。双脚部についても同様の処理をしている。外側の縁は上下の間が約 1.1 cm の厚みをもつ。この約 1.1 cm の間には正方形の刺突文を横に等間隔で文様として入れている。

第2個体

　第2個体の図文の構成は、7 個の連弧状突起が周囲を取り囲み、その連弧状突起に向かい、中央の円孔から各 2 本の線文が走っている（図 30-16）。線文は第 1 個体と異なり、平行する 2 本の沈線によるものである。円孔の縁と外郭の縁を一周する形で、2 本の線文が廻っている。外側の縁の正方形の刺突文はない。図文の構成上から見ると第 1 個体とくらべ、大幅な簡略化が見られる。

大日山 35 号墳双脚輪状文形埴輪の特徴と意味

　大日山 35 号墳の双脚輪状文形埴輪は、他の西日本における双脚輪状文形埴輪とくらべて、2 つの基本的部分で異なっている。1 つは人物埴輪の一部位として作られており、冒頭の系統区分において「冠帽双脚輪状文人物埴輪」としたものである。2 つめは描かれている部位が、盤状部ではなく冠帽部に該当する。これまで他の西日本における双脚輪状文形埴輪は盤状部分に双脚輪状文を描

き、基台部の上に設置していることから、横の視点から見ることとなっていた。ところが、本埴輪では上から見おろすという、縦の視点から見ることとなる。

　これは、見る側の視点からは不都合なことである。これまでの双脚輪状文形埴輪は第三者の視覚に対応し、それに対抗する呪的効果を目的としていたと考えられる。しかし、冠帽部分に双脚輪状文を付けるとうことは、そのような間接的効果を期待するものではなく、これを付ける者自体が呪的効果を身に着けることとなる。この直接的僻邪の効果は、同じ呪的目的の双脚輪状文形埴輪であっても、意味あいにおいて大きな違いがあるものと考えられる。

(10) 寺内18号墳
　寺内18号墳からは双脚輪状文の双脚部の片側の小埴輪片が出土している（大野 1986）。

(11) 井辺八幡山古墳（出土品所蔵：同志社大学）
　2個体分が出土し、第1個体のみ復元されている（森編 1972）。筆者は第2個体の復元を試みたが、中心となる埴輪片がなかったため完成することができなかった。
　第1個体の文様表現は2種類ある（図30-10）。この1つは、沈線のなかに長方形の刺突文を入れた線を、2本平行に使うことによって、1つの線文としている。文様表現の中心となる表現方法である。他の1つは、2本の平行する沈線を1つの線文としたものである。文様はまず前者の線文を使い、円孔と双脚部を含んだ外郭の縁を描き、さらに円孔から各連弧突起に向け放射状にこの線文を走らせている。
　次に後者の線文を使い円孔からの放射状線文を連結する形でこの線を加えている。

第3節　呪術的観点を加味した埴輪の特徴

1. スイジガイの特徴を受けついだ双脚輪状文形埴輪

　西日本型双脚輪状文形埴輪は、文様の構成やスイジガイの呪術的側面を適確に押さえた文様作成手法などにより、スイジガイの伝統を受けつぎ継承した埴輪といえる。
　沖縄などの南島から伝えられたスイジガイの呪術的効能の淵源は、辟邪の効果や防御性の効果である。これをささえるスイジガイの部位は第1が双脚部を中心とする区域であり、ここに多くの有効な部分が集中する。双脚部から水管溝、目、外唇と内唇に囲まれた殻口（埴輪では円孔として表現している）にいたる区域であり、ここではこの区域を双脚部区域と呼ぶことにする。次に外敵からの防御性を発揮するものは鋭い鉤状をした管状突起である。これら事項を念頭に西日本型双脚輪状文形埴輪では、どのように文様が構成されているかについて述べる。

（1）双脚部区域

　文様の中心となる双脚部の表現手法はまちまちであるが、図11の双脚部区域図でわかるように、他の管状突起部分と異なりスイジガイの双脚部区域を忠実に図案化している。

（2）水管溝と目

　水管溝と目は、図9に示したとおり、スイジガイの殻口から管状にのびて双脚部の中央の先端と双脚部の片側の端にいたるものであるが、埴輪では二通りの表現方法をとっている。図11-7からわかるように、荒蒔古墳では水管溝も目も円孔からのびる線文の先に円文を描いている。新内古墳裏面図、公文山1号墳第1個体裏面図、大谷山22号墳第1個体、大谷山22号墳第2個体、音乗谷古墳では水管溝を円孔から双脚部の中央先端にいたる線文で表現している。

　新内古墳表面図、新内古墳裏面図、公文山1号墳第1個体表面図、公文山1号墳第1個体裏面図、大谷山22号墳第1個体、大谷山22号墳第2個体、築山古墳では目の表現を双脚部のわきに半円形の図文としてあらわしている。

（3）殻　口

　スイジガイを腹面から見ると、貝殻のほぼ中央部に貝の身がおさまっている殻口がある。水管溝と目の管はここから外殻にのびている。すべての西日本型双脚輪状文形埴輪の中央部には円孔が開けられている。これはスイジガイの殻口をあらわしたものである。沖縄では縄文後期から弥生時代併行期の遺跡からスイジガイ製利器が出土している。この利器の殻口部には円形の穴が穿たれているものが多い。埴輪の円孔はこの伝統を受けついだと考えられる。

（4）双脚部を除く管状突起部分

　スイジガイの双脚部を除く管状突起部分の埴輪での表現手法は2種類にある。1つは音乗谷古墳や新城36号墳の双脚輪状文形埴輪に見られるタイプである。双脚部を除く外郭部を丸く囲んだうえで、管状突起を表した三角文や線を円孔から外殻に向けて放射状に発するものである。この三角文や線がスイジガイの管状突起に相当する部分であり、一部溝状線の意味も兼ねている。

　他の1つは大谷山22号墳、大日山35号墳、井辺八幡山古墳など音乗谷古墳、新城36号墳以外の双脚輪状文形埴輪に見られるタイプである。これは双脚部を除く外郭部を連弧状に囲んだうえで、線文を円孔から外殻に向けて放射状に発するものである。この連弧文部分がスイジガイの管状突起に相当する部分である。

（5）溝状線

　スイジガイの溝状線は双脚輪状文形埴輪では円孔から外殻に発する線文や三角文で表現されている。スイジガイの溝状線は個体により線状のものと、殻口側が広がった細長い三角形のものとがあり、これを図案化したものである。音乗谷古墳や新城36号墳の双脚輪状文形埴輪では、溝状線と管状突起をかねて線文や三角文で表現している。

2. 文様面での呪的表現の淵源

(1) 双脚部区域の呪的意味と「目」「水管溝」表現

　スイジガイに由来する双脚輪状文は精神的、呪的側面において、祖形の伝統を多くの点で引き継いでいる。この観点から見て文様構成という側面からは、特に重要な要素と考えられるものが、双脚部とその前面部分の双脚部区域である。スイジガイの民俗例では呪術的に使用する場合、双脚部を上にし、かつ腹面を表にして使用する（野本 1989）。これはスイジガイの効能を発揮するうえで、双脚部とそれに連なる前面の双脚部区域を重視し神聖視しているためと考えられる。すなわちこの部分には鋭利な蕨手状の双脚があり、これより前面の円孔に至る部分の形状などは僻邪の効果を増幅してくれる部分であるとされている（三島 1973・1977）。

　ひるがえって、双脚輪状文形埴輪の文様の構成に目を向けてみると、このスイジガイの伝統を継承していると思われる、双脚部周辺の文様処理に神経を使っていることが目につく。そのひとつがスイジガイの「目」の部分と「水管溝」の部分である。この表現方法は大きく2つに分かれる。

　1つめは、目と水管溝を小さい円孔でスポット的に描くものである。荒蒔古墳の例がそれに当たり、スイジガイの目や水管溝がおもてに現れ、外部より目視できる位置と考えられる場所に、2つの小さい円孔を付けている。

　2つめは、「目」のある位置を、目の周辺をも含め、丸みを帯びた外郭線として描くことにより表現し、「水管溝」はスポット的に円孔で表すのではなく、水管溝が通っている経路を直線の線文で表すものである。新内古墳の双脚輪状文形埴輪裏面の文様や公文山一号墳第1個体の双脚輪状文形埴輪裏面の文様など、いくつかの例がこれである。

(2) 綾杉文の系譜と意味

　双脚輪状文形埴輪の文様に綾杉文が使われているものは、連弧文形双脚輪状文が1例、円文形双脚輪状文2例である。連弧文形双脚輪状文は荒蒔古墳の1個体であり、円文形双脚輪状文は新城36号墳と音乗谷古墳であり、現存する2個体すべてに施文されている。

　新城36号墳の双脚輪状文形埴輪は表面・裏面ともに円孔から外郭に向かって放射状に2条の放射状線文が走っているが、この線文のすべてに綾杉文が描かれている。音乗谷古墳の双脚輪状文形埴輪は円孔から外郭に向けて、円孔を底辺とする6個の三角形の縁取りが描かれている。この各三角形の外側を埋める形で綾杉文が描かれている。荒蒔古墳は鰭付き円筒部の部分に縦に3条の綾杉文が描かれている。

　これら3例の綾杉文はそれぞれ綾杉文の形状が異なるものの、すべて双脚輪状文の起源であるスイジガイの管状突起部の縞模様を模したものと考えられる。スイジガイの管状突起部は図9でわかるように、背面側から見ると綾杉文の縞模様に見える。つまり、ここで使われている綾杉文の由来もスイジガイに帰せられるわけであるが、次に、その意味と、どのような効能を期待して製作されたのかについて考える。

連弧文形双脚輪状文や円文形双脚輪状文においてスイジガイの管状突起をかたどった突起部は双脚輪状文の呪的効果を得るための重要な要素である。民俗学的には、この管状突起により病魔や悪霊を突き刺し、排除できるといわれている（野本 1989、三島 1973・1977）。したがって、スイジガイの管状突起を象徴するともいえる綾杉文を使用することは、さらにその効果の増幅を期待してのことではあるまいか。

3. 新内古墳例と公文山1号墳例との類似性

双脚輪状文形埴輪の文様や埴輪の形成手法等については一様でなく、その出土した古墳ごとに異なっている。新内古墳の双脚輪状文形埴輪（図11-5、図30-5・6）についても、これらすべての点で同一の類例は見当たらない。しかし、公文山1号墳双脚輪状文形埴輪（図11-4、図30-3・4）との間には、類似性の認められる部分が多い。具体的な個々の事例については次に示すとおりであるが、両古墳の地理的位置や瀬戸内海をはさんで土器の行き来がされていたことなどを考慮すると、同一工人集団による埴輪の製作も考えられるのではないか。

（1）盤状部の表裏両面に施文されていること

関東北部の双脚輪状文形埴輪を除き、和歌山から大分までの双脚輪状文形埴輪で表裏両面に文様を付けているものは、円文形双脚輪状文埴輪である新城36号墳をのぞき、新内古墳と公文山1号墳第1個体・第2個体の双脚輪状文形埴輪のみである。

（2）盤状部の表面・裏面文様の類似性

文様は、表面、裏面それぞれが同じ視点、同じモチーフにより作られている。両古墳とも双脚輪状文形埴輪の表面はスイジガイの背面を表現し、裏面はスイジガイの腹面を表現している。

次に述べる表面右側の特殊文様は、スイジガイの同じ場所の縞模様や縦張肋を文様化したものであり、裏面には水管溝を示したと考えられる帯状線文が円孔中央から両双脚部の中心に走っており、表面のこの部分の表現とは異なっている。

（3）双脚輪状文表面右側の特殊文様

双脚輪状文形埴輪は、その起源であるスイジガイの双脚部を上にして吊るす呪術性の伝統を継承しているためか、双脚部前面から双脚部にかけての部分を線文で切り離し、その重要性を強調しているものが多い。

新内古墳（表面図）と公文山1号墳第1個体（表面図）の2例の双脚輪状文形埴輪は、この表現方法として双脚部区域を線文で限り、双脚前面の空間に特殊文様を付けるといった手法により重要性を強調している。

（4）同数の連弧状突起

上部双脚部から下部基台部境にいたる連弧状突起数が、新内古墳例、公文山 1 号墳第 1 個体・第 2 個体いずれも 5 個と同数である。

（5）盤状部下部の基台部境の境界線の表現方法

盤状部と基台部の境を限る方法は、各双脚輪状文形埴輪により色々な手法を用いているが、新内古墳例と公文山 1 号墳第 1 個体の 2 例は同じ方法を用いている。両者ともに表面から裏面にかけて、境界部を一周する沈線等による帯状の文様を用いている。この帯状の文様は直線ではなく、緩いカーブをもたせていることも同じである。

（6）盤状部と基台部との接続方法

各双脚輪状文形埴輪において盤状部と基台部との接続方法がわかる事例は半分程度しかないが、大きく分けると 2 種類ある。盤状部のなかほどまで基台部の円筒部がせりあがって、円孔の上端まで基台部がのびている荒蒔古墳や音乗谷古墳の例と、盤状部の下部近くまたは下端で基台部とつながっている新内古墳・公文山 1 号墳第 1 個体や花山 6 号墳の例である。

このうち花山 6 号墳の双脚輪状文形埴輪は円孔下端の少し下で基台部の先端が袋状になり接続するため、双脚輪状文形埴輪の下部図柄は前にせり出した形となっている。双脚輪状文の図柄の最下端で接合している新内古墳と公文山 1 号墳第 1 個体の接続手法とは異なる。新内古墳と公文山 1 号墳第 1 個体の 2 例はほぼ同じ手法で最下部付近において接続されている。このため荒蒔古墳、音乗谷古墳や花山 6 号墳の双脚輪状文盤状部は、なかほどから下部に向けて大きくせり出していたり、下部両端が円筒を反映し丸みを帯びているなどして、平板状をしていないが、新内古墳と公文山 1 号墳第 1 個体については盤状部がほぼ平板状になっている。

＊　＊　＊

本章では、双脚輪状文形埴輪の伝播、成立経過、地域性などの関連領域には踏み込まず、西日本型双脚輪状文形埴輪の文様、図柄構成など文様自体の問題に的を絞って検討を行い考察した。

最初に西日本型双脚輪状文形埴輪を中心とする双脚輪状文形埴輪の総体的な把握を行った。次に西日本型双脚輪状文形埴輪の各個体の構造的観点からの解明をすすめ、整理することができた。最後に双脚輪状文の祖形であるスイジガイと西日本型双脚輪状文形埴輪との比較検討を行った。この作業の中から西日本型双脚輪状文形埴輪についての呪術的側面が浮き彫りにされた。双脚輪状文はスイジガイに由来する文様であるため、スイジガイの辟邪の伝統が西日本型双脚輪状文形埴輪にも受け継がれていることが解明できたのである。

このことは大日山 35 号墳や群馬県綿貫観音山古墳・塚廻り古墳群などに見られる冠帽双脚輪状文人物埴輪や冠帽形双脚輪状文埴輪の役割や、大谷山 22 号墳、井辺八幡山古墳の造出しの双脚輪状文形埴輪の設置意味や役割についての解明につながるものと考える。

註
（1）　木下尚子によれば古墳時代前期の貝の道（主要ルート）は、南島から種子島を経て熊本県の宇土半島北部に至り、ここで陸地にあがり大分県から大和へとのびていたとされる（木下 1996）。
（2）　双脚輪状文形埴輪は紀伊・山城から豊後にいたる西日本地域の双脚輪状文形埴輪と、西日本の文様から変化した上野を中心とする東日本地域の双脚輪状文形埴輪、陸奥磐城の双脚輪状文形埴輪とがある。筆者はこれをそれぞれ西日本型双脚輪状文形埴輪、東日本型双脚輪状文形埴輪（陸奥磐城を除く）と呼んでいる。
　　また、双脚輪状文を表現する手段として、埴輪の円筒部の上に盤状の板を載せ、その表面または表裏両面に双脚輪状文を描くものが有り、これを筆者は盤状双脚輪状文埴輪とよんでいる。他に人物埴輪の冠帽や冠帽型埴輪の冠帽が双脚輪状文の形をしているものがあり、これは冠帽双脚輪状文埴輪とよんでいる。
（3）　スイジガイには腹面に大きく開いた殻口（円孔）より6本の鉤状の管状突起が出ている。管状突起は貝殻が筒状になったものであり、筒状部分は腹面側中央で接合している。この合わせ目は突起先端に向かって線状になるものと、少し開いて殻口部を底辺とした三角形をしたものとがある。この線状または三角形を呈する部分を本論では溝状線と表記する。
（4）　花山古墳の双脚輪状文形埴輪片は、花山古墳群からの表面採取品として和歌山県立風土記の丘に寄贈されたものであり、出土古墳は不明である。双脚輪状文形埴輪は造出しをもった盟主的前方後円墳より出土しており、6世紀に限られる文様である。現時点でこの条件にかなう古墳は花山6号墳のみであるためこの古墳と推定した。
（5）　冠帽双脚輪状文人物埴輪は人物像が被る冠帽の鍔上面に双脚輪状文を描いたものである。西日本型双脚輪状文形埴輪では大日山35号墳の2例のみであるが、東日本型双脚輪状文形埴輪では綿貫観音山古墳、塚回り3号墳などで数例見られる。図柄構成は大日山35号墳では連弧文をもった他の西日本型双脚輪状文形埴輪と同じであるが、東日本型双脚輪状文形埴輪になると文様が簡略化されたり、円文形に変化したりしている。
（6）　ここでの「突起部」とは①大谷山22号墳、公文山1号墳、荒蒔古墳などの連弧状突起をもった双脚輪状文形埴輪の場合は連弧部分と双脚部の両者をさす。②新城36号墳については円孔から外郭に向かう放射線文と双脚部をさす。③音乗谷古墳については円孔を底辺とする6条の三角形の縁取りと双脚部をさす。

第5章　東日本型双脚輪状文形埴輪の特質

　第1章で述べたとおり、スイジガイを魔除けの呪物として使用する伝統は沖縄・奄美において始まる。これが4・5世紀の西日本や中部地方に伝わり、スイジガイを文様化した埴輪や、スイジガイ釧を辟邪の呪物として使用している例が多い。大分県亀塚古墳の線刻スイジガイ文様の円筒埴輪、岡山県金蔵山古墳や奈良県保津岩田古墳のスイジガイ文様を描いた盾形埴輪、静岡県松林山古墳や山梨県銚子塚古墳のスイジガイ釧がそれである。
(1)　　　　　　(2)

　双脚輪状文は、沖縄・奄美の伝統を受けつぎ6世紀初頭に熊本県釜尾古墳の壁画として出現した。この双脚輪状文は6世紀前葉に西日本に伝わり、和歌山県岩橋千塚の大谷山22号墳などの双脚輪状文埴輪となる（第4章参照）。これとほぼ時を同じくして東日本に伝わり、群馬県中二子古墳の双脚輪状文埴輪となるが、釜尾古墳や西日本のものとは異なる文様に変化する。双脚輪状文は熊本県を中心とした北部九州や和歌山県を中心とした西日本、群馬県を中心とした東日本のみに見られる文様である。

　このような遠隔地間で分布が認められる要因として考えられることは、高句麗好太王碑や日本書紀などにみられる4世末から6世紀にかけての朝鮮出兵である。このおり水軍として活躍した火君や紀氏と上毛野氏の関係から生まれた、精神的支柱としての、呪術面での共有が考えられる。生死をかけた戦場での行動は辟邪の思想を共有する場として重要な意味を持っていたことと思われ、ここで呪術的観念の共有が生まれたことも十分推測できる（第7章参照）。

　筆者は前章まで、双脚輪状文の成立の経過とこのなかで重要な位置づけとなる精神文化的側面について論じてきた。本章ではこれらの事柄に立脚して、東日本型双脚輪状文形埴輪の概要や個別的内容の把握をしたうえで、いくつかの視点から考察していく。

第1節　西日本型の派生型としての東日本型

　図32において西日本型と東日本型を比較すると東日本型は文様の簡略化やデフォルメが進行していることが印象づけられる。はじめに、この観点から図32と図11を参考にして双脚輪状文図柄の各部位ごとに点検してみることにする。

　双脚部は西日本型では図32-4・図32-5・図32-6に見られるように、スイジガイと同様に左右へ反転する大きな形となっているが、東日本型では図32-8・図32-9・図32-10のように非常に小型

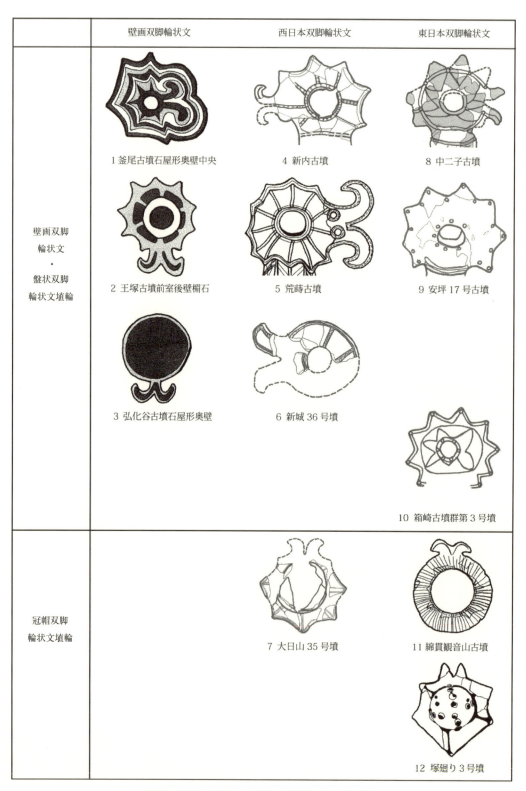

図32　壁画・西日本・東日本双脚輪状文の比較図

化し無反転となるか、図32-10のように下部の小さな三角形となってしまっている。

　水管溝や目の表現は、西日本型では図11に示したように、スイジガイと同様に忠実になされているが、東日本型では、一部その痕跡を残す中二子古墳例以外は皆無となっている（図33・図34参照）。管状突起は、西日本型では図32-4・図32-5に見られるように連弧文で表現されているが、東日本型では図32-8・図32-9・図32-10のように三角形の突起となってしまっている。スイジガイの溝状線は、西日本型では図32-4・図32-5に見られるように円孔から連弧文先端に伸びているが、東日本型では図32-8・図32-10のように三角突起の先端までとどかず、線自体が直線ではなく鉤手状の線刻となっているものがほとんどであり、線自体が消滅してしまっているものも多い。

　冠帽双脚輪状文埴輪は、西日本型では図32-7に示すように双脚部を除いた突起数が7つの突起をもつ双脚輪状文であったものが、東日本型では図32-12に示すように5つの突起となる。また、双脚部が非常に小さい三角突起となるとか、図32-11に示すように円形となっている。全体図柄の観点からみると、西日本型は祖形であるスイジガイをきわめて忠実に表現しているが、東日本型は祖形とは関係なくデフォルメが進み、その究極の到達点が図32-10をはじめとした下部双脚タイプである。

　以上の諸現象を総括的にみれば、東日本型双脚輪状文形埴輪は西日本型からの派生型であると判断するのが妥当であり、祖形側からの直接的な影響は考えられない。スイジガイ製器財の出土地は西日本から中部地方までであり、山梨県甲斐銚子塚古墳が出土地の東限となっている。このことから群馬県ではスイジガイをみる機会はなく、双脚輪状文の図柄の作成にあたって参考とすることはできなかった。

　このため、朝鮮出兵や紀伊における上毛野氏関係氏族の母体集団の存在（薗田1992、栄原2004、熊倉2008）などによる紀氏と上毛野氏との緊密な関係から考えると、祖形であるスイジガイを手本とするのではなく西日本型を手本として独自の文様を描き、この結果、創り出された派生型双脚輪状文形埴輪が東日本型といえる。側面双脚タイプや冠帽後部双脚タイプの塚廻り3号墳・塚廻り4号墳例が1次的派生型であり、下部双脚タイプ・冠帽後部双脚タイプの綿貫観音山古墳や伝雷電山古墳例が1次的派生型からさらに変化した2次的派生型である。

第2節　東日本型双脚輪状文形埴輪にみる諸形態

　これより東日本型双脚輪状文形埴輪の詳細な実態について整理していくのであるが、その前提として東日本型の類型を分類しておく必要がある。東日本型双脚輪状文形埴輪は大きく分けて2種類の埴輪がある。1つは円筒形の基台部の上に表面または表裏両面に双脚輪状文を描いた盤状の板を載せた器財埴輪である。2つめは冠帽双脚輪状文人物埴輪や冠帽双脚輪状文埴輪である。冠帽双脚輪状文人物埴輪は双脚輪状文（冠帽の上部からみた図柄）を描いた冠帽を被った人物埴輪であり、冠帽双脚輪状文埴輪は双脚輪状文（冠帽の上部からみた図柄）を描いた冠帽を埴輪としたものである。

双脚輪状文埴輪の類型を分類するにあたっては、いかなる視点でその基準を定めるかということが肝要であり、その成否の鍵を握る。この観点から見ると、双脚輪状文は辟邪のための文様であり、その呪術的効能の淵源がどこにあるかということが、重要な基準となってくる。第1章第3節の「3. 呪術的効能を象徴する部位」において述べたように、双脚輪状文において呪的機能を最も発揮する部分は双脚部を中心とした領域である。そこで東日本型双脚輪状文形埴輪の類型を分類するに当たっては双脚部の位置に着目することにした。

　この基準で東日本型埴輪を整理すると、表5・図33のように双脚部が図柄のなかで右または左の側面につけられているグループと、表6・図34のように双脚部が図柄のなかで下部につけられているグループ、表7・図35のように双脚部が冠帽の後部につけられているグループに分けられる。そこで、双脚輪状文埴輪を分類するに当たっては、表5・図33のグループを側面双脚タイプ、表6・図34のグループを下部双脚タイプ、表7・図35のグループを冠帽後部双脚タイプと呼ぶことにし、分類整理を進めていく。

1. 盤状双脚輪状文埴輪

　盤状双脚輪状文埴輪は円筒形の基台部の上に表面または表裏両面に双脚輪状文を描いた盤状の板を載せた器財埴輪である。東日本型では、図柄のなかで双脚部が右または左の側面についている側面双脚タイプと、図柄のなかで双脚部が下部についている下部双脚タイプの2種類があるが、西日本型では側面双脚タイプのみである。しかし、西日本型では奈良県天理市の荒蒔古墳出土の双脚輪状文埴輪のように、スイジガイの水管溝にはいる入水管とその先端部、目の部分の管状部とその先端部を「◎」で線刻表現するとか、基台部を単に円筒形にするのではなく両端にひれ部をつけ、綾杉文を線刻することによってスイジガイの管状突起の表面にある縞模様を表すなど、東日本型とは異なった特異な埴輪を創り出している。

　このように西日本型はきわめてスイジガイに忠実な文様となっているのに対して、東日本型の側面双脚タイプは図柄の簡略化や省略化が進んでいる。下部双脚タイプとなると側面双脚タイプよりさらに進み、文様の祖形がスイジガイであったことをうかがわせる痕跡はほとんど見られない。側面双脚タイプから下部双脚タイプへの展開過程をとおしてのみ、スイジガイとの関連がうかがわれるといってよい。

（1）側面双脚タイプ
側面双脚タイプの概要

　側面双脚タイプは、中毛地域の利根川支流粕川中流域にある中二子古墳や小二子古墳からと、西毛地域の鏑川中流域にある中原Ⅱ遺跡1号古墳や安平17号古墳、安平19号古墳から出土している。

　文様をみると、図33-1の中二子古墳（6世紀前葉）では西日本の伝統を受けついで大きくそり返った双脚部をもっているが、図33-2の安平19号古墳（6世紀中頃）や図33-3の小二子古墳、

表 5　東日本型双脚輪状文形埴輪概要一覧表（盤状双脚輪状文埴輪・側面双脚タイプ）

	遺　跡　名・所　在　地	出土個体数	外郭突起数	円形浮文の有無	時期・墳形・規模
1	中二子古墳　　　　　群馬県前橋市西大町	1	5突起	有	6世紀前半・前方後円墳・墳長110m、古墳年代はHr-FAにより決定
2	安坪19号古墳　　　群馬県高崎市吉井町長根	1	突起数不明	無	6世紀中頃・円墳・径20m
3	小二子古墳　　　　　群馬県前橋市西大室町	3	9突起	有	6世紀後半・前方後円墳・墳長43m9
4	中原Ⅱ遺跡1号古墳　群馬県高崎市吉井町長根	17	7突起（確認可能分のみ）	無※	6世紀後半（TK43）・円墳・径31m
5	安坪17号古墳　　　群馬県高崎市吉井町長根	2	6突起	無	6世紀後半・円墳・径20m5

※1個体に二重円文の線刻あり

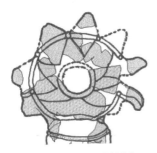
1　中二子古墳　6世紀前葉

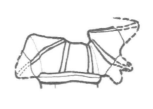
2　安坪19号古墳　6世紀中葉

3　小二子古墳　6世紀後葉

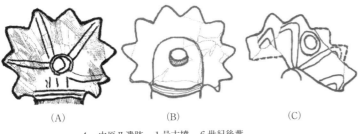
(A)　　　　　　　(B)　　　　　　　(C)
4　中原Ⅱ遺跡　1号古墳　6世紀後葉

5　安坪17号古墳　6世紀後葉

図 33　側面双脚タイプの諸例

　図33-4の中原Ⅱ遺跡1号古墳（6世紀後葉）ではそり返りのない小さな突起となってしまっている。さらに図33-5の安平17号古墳（6世紀後葉）では双脚部とは識別できない左下部にある小さい三角突起となってしまっている。図柄の簡略化からは呪術的意識の希薄化も想定されるが、一方で円形浮文の使用という呪術面での強化策も垣間みられる。円形浮文は中二子古墳、小二子古墳、安平17号古墳の外郭突起頂点や谷部に添付されており、東日本のみで見られる図柄である。中原Ⅱ遺跡1号古墳（図33-4 C）の図柄には外郭突起と円孔の間に二重円文が線刻されている。これも円形浮文と同じ効果を意図したものと考えられる。

側面双脚タイプ個別事例の特徴と類似例

① 中二子古墳例

　図右側中央の双脚部の図柄は安坪19号古墳以降の双脚部と比べて大きく、それぞれの突起は外側にそり返っている（図33-1）。円孔から谷部分にかけてのV字状の線刻はスイジガイの溝状線を

あらわしている。円孔から双脚部中心にかけて 2 本の線刻が施されているが、これはスイジガイの水管溝をあらわしたものである。これら手法は新内古墳（図 32-4）など西日本型双脚輪状文形埴輪でも見られることから、中二子古墳の双脚輪状文は西日本の双脚輪状文埴輪を比較的忠実に再現している（前橋市教育委員会文化財保護課 1995）。しかし、中二子古墳の次の世代である安坪 19 号古墳以降になると、これら西日本的特色は薄れてゆく。

中二子古墳においては西日本的特色に加えて、東日本独自の四つの図柄が創り出されている。

外郭突起の連弧文から連続三角文への変化、外郭突起谷部を取りまく円形粘土紐、円形浮文、溝状線の V 字状表現である。これ以降、東日本型双脚輪状文形埴輪においては下部双脚タイプを含めて、これら 4 つの事項が双脚輪状文の図柄構成上の基本となってゆく。

② 安坪 19 号古墳例

安坪 19 号古墳（吉井町教育委員会 2004、吉井町教育委員会 2005）からは双脚輪状文形埴輪が 1 個体出土している（図 33-2）。残存している部分は盤状部の円孔中程から下の部分である。中二子古墳とくらべると外郭突起の連続三角文の形状は同じであるが、右下にある双脚部は小型の三角突起を 2 個つけた形となり簡略化されている。

円孔より溝状線を示す複線線刻がされているが、V 字状ではなく外郭突起の先端までとどいている。文様の構成が中二子古墳と大幅に異なる。隣接する中原 II 遺跡 1 号古墳でも一部の埴輪に同様なものがあることから、中二子古墳とは別系統の双脚輪状文形埴輪と考えられる。

双脚部の簡略化が進んでいるとはいえ、後続する安坪 17 号古墳文様の図柄から考えると、双脚部と十分認識できる形となっており、同じ安坪古墳群の古墳であっても安坪 19 号古墳はスイジガイの伝統を色濃く残し、呪術的意味合いも多少とも受けつがれていたと考えられる。

③ 小二子古墳例

この埴輪は円孔から下の部分のみが現存するものである（図 33-3）。双脚部は左横下に付いている。突起部は全体像が不明なため推定であるが、9 個ついていたと考えられる（前橋市教育委員会文化財保護課 1997）。

突起の谷部分を 1 周するかたちで円形に粘土紐を貼りつけ、谷部分上の数カ所に円形浮文を貼付している。円孔部は粘土紐で縁取っている。現存するものは円孔から 3 本の線刻が円形粘土紐に向かって伸びているが、本来は各谷部分に向かって伸びていたと考えられる。基本的には中二子古墳の双脚輪状文を踏襲している。

④ 中原 II 遺跡 1 号古墳例

中原 II 遺跡 1 号古墳（吉井町教育委員会 2000）からは 17 個体の盤状双脚輪状文埴輪が出土している（図 33-4）。双脚輪状文埴輪は西日本も含め 2 個が一組となって設置されることが多く、このように多量に設置された古墳は中原 II 遺跡 1 号古墳のみである。報告書では 17 個体を線刻 A 類（無文）、線刻 B 類（鋸歯部が無文と 2 条線刻の交互）、線刻 C 類（鋸歯部がすべて 2 条線刻）、線刻 D 類（鋸歯部がすべて 1 条線刻）、線刻 E 類（鋸歯部が 2 条線刻と 1 条線刻の交互）、線刻 F 類（曲線や円形線刻入り）に分類している。図 33-4 A は線刻 B 類、B は線刻 A 類、C は線刻 F 類である。

2 条線刻はスイジガイの溝状線を表したものであるが、隣接する安坪 19 号古墳でも同様な手法

を用いており、当古墳へは安坪19号古墳より伝播したものと思われる。図33-4Cには線刻が突起の先端までゆかず、途中で折れ曲がっている鉤の手状曲線がある。このタイプのものは諏訪道満古墳（図34-10）や白石第3号古墳（図34-11）などの埴輪にもあり、鏑川や神流川を経由して伝播していった可能性がある。

⑤　安坪17号古墳例

　左下の小ぶりな2つの突起が双脚部を示しており、そのほかに6つの外郭突起をもつ（図33-5）。円孔（殻口）から放射状にのびる線刻（溝状線）はみられない。円孔の周囲と突起部の先端、谷部分に円形浮文が貼りつけられている。円形浮文は6世紀前葉の中二子古墳において初めてみられる東日本独自のである。円孔の周囲と突起部の先端、谷部分に円形浮文を貼付する形式は次項で述べる下部双脚タイプに多く見られる。

　安坪17号古墳では双脚輪状文形埴輪が2個体出土している。発掘調査報告書（吉井町教育委員会 2004、吉井町教育委員会 2005）から判断すると、2個体とも図示した図柄と同様のものであったと考えられる。側面双脚タイプのなかでは、安坪17号古墳の図柄が最も簡略化が進んだものといえる。

（2）下部双脚タイプ

下部双脚タイプの概要

　下部双脚タイプは東日本地域独自形式の盤状双脚輪状文埴輪である。利根川や荒川流域で群馬県南部と埼玉県北西部の上毛野氏との関連が想定される地域で、分布域にかたよりなく見られる。

　下部双脚タイプは10個体が出土しており、側面双脚タイプや冠帽後部双脚タイプとくらべて最も多種類の埴輪が出土している。年代的には、蛇川と利根川の合流地点にある高林西原古墳群6号墳の6世紀前葉（6世紀後葉の可能性あり）以外、すべて6世紀後葉である。下部双脚タイプは側面双脚タイプの図柄が変化簡略化することにより創り出されたと考えられる。具体的には図33-4Bタイプの埴輪が図33-5に変化し、双脚部が下部に付けられるようになったものである。下部双脚タイプは上毛野氏系豪族でも下位集団が使用していることから考えると上毛野氏の規制のもとにあった可能性が考えられる。

　双脚部は各個体ともすべて円筒部境の盤状部下部に下向きで付けられているが、一見して双脚部と認識できないほど小さく、形も変形している。西長岡東山古墳群第3号墳、殖蓮村208号墳、伝藤岡本郷出土埴輪ではU字の双脚部で、側面双脚タイプの双脚部に近い形をしているが、諏訪道萬古墳、箱崎古墳群第3号墳、円山古墳群2号墳では小さい三角形となってしまっている。

　このことは双脚輪状文のもつ呪術的意味合いの希薄化と考えられる。その半面、殖蓮村208号墳、伝藤岡本郷出土埴輪、諏訪道萬古墳、箱崎古墳群第3号墳、円山古墳群2号墳では円孔の周囲と突起部の先端、谷部分に円形浮文を貼付するという、直弧文や鏡に由来する呪術的効能を用いるといった方法をとっている。

下部双脚タイプ個別事例の特徴と類似例

⑥　高林西原古墳群6号墳例

表 6 東日本型双脚輪状文形埴輪概要一覧表（盤状双脚輪状文埴輪・下部双脚タイプ）

遺 跡 名・所 在 地	出土個体数	外郭突起数	円形浮文の有無	時期・墳形・規模
6 高林西原古墳　群馬県太田市高林西町群6号墳	1	6突起確認、総数は不明	無	6世紀前半（6世紀後半）・円墳・径13m 古墳年代はHr-FAにより決定している。
7 西長岡東山古　群馬県太田市西長岡町墳群第3号墳	1	8突起	無	6世紀後半・前方後円墳・規模不明
8 殖蓮村208号墳　群馬県伊勢崎市豊城町	1	7突起	有	
9 伝藤岡本郷出土　群馬県藤岡市本郷	1	8突起	有	
10 諏訪道萬古墳　埼玉県本庄市日の出	1	14突起	有	6世紀後半・墳形等不明
11 白石第3号古墳　埼玉県美里町白石	1	突起数不明	無	6世紀後半・帆立貝式・墳長42.5m
12 白石第17号古墳　埼玉県美里町白石	1	突起数不明	有	6世紀後半・円墳・径15.5m
13 箱崎古墳群　埼玉県深谷市畠山第3号墳	1	7突起	有	6世紀後半・円墳・径17m
14 円山古墳群　埼玉県熊谷市船木台2号古墳	2	9突起と10突起	有	6世紀後半・円墳・径16.6m

6 高林西原古墳群　　7 西長岡東山古墳群　　8 殖蓮村208号墳　　9 伝藤岡本郷出土埴輪　　10 諏訪道満古墳
　6号墳　6世紀前葉　　第3号墳　6世紀後葉　　年代不詳　　　　　年代不詳　　　　　　6世紀後葉

11 白石第3号古墳　　12 白石第17号古墳　　13 箱崎古墳群第3号墳　　　(A)　　　　　(B)
　6世紀後葉　　　　　6世紀後葉　　　　　　6世紀後葉　　　　　14 円山古墳群2号古墳　6世紀後葉

図34　下部双脚タイプの諸例

　高林西原古墳群6号墳（群馬県埋蔵文化財調査事業団 2006）から出土した双脚輪状文形埴輪は円孔から上の部分であり、外郭突起は6個ついている（図34-6）。突起の谷部分を結んで円形に線刻が施されている。円孔から突起の谷部に向けて5本の線刻が施されている。線刻は1部が摩耗しているため欠けている部分があるが、14円山古墳群2号古墳（A）や円山古墳群2号古墳（B）の円孔めぐる逆V字形連続文と同じであったと考えられる。双脚部は残存していないが現存する埴輪片から考えると、横位についたとは考えられず、下部双脚タイプである。

⑦　西長岡東山古墳群第3号墳例

　双脚部は盤状部下部の円筒境の両脇についている突起部分である（図34-7）。突起の谷部をとりまいて円形に粘土紐が貼りつけられている。円孔に沿っても同様に粘土紐が貼りつけられている。最上部の突起の両脇に向けて円孔の上部中央からV字形に線刻がなされているが、これは退化した溝状線の表現と思われる（太田市教育委員会 1991、太田市 1996）。

⑧　殖蓮村208号墳例

　双脚部は盤状部下部の円筒境にある2つのU字状の突起である（図34-8）。外郭突起の頂部と谷

部には円形浮文が添付され、谷部を結んで円形に粘土紐がとりまく。円形浮文は粘土紐上にも付けられている。円孔の周りも粘土紐でとりまいたうえ、4個の円形浮文が添付されている。これは⑨伝藤岡本郷出土埴輪と同系統の文様である（東京国立博物館編 1983）。

⑨　伝藤岡本郷出土埴輪例

　双脚部は文様下部の円筒上部境の両脇についているU字状の突起部分である（図34-9）。円孔から放射状に4本の曲線が外側に向かって伸びている。これはスイジガイの溝状線表現のなごりと考えられるが、すべての突起部に向かって伸びておらず、形骸化、簡略化が進んでいる。円孔から下部に伸びる2本の曲線の意味は不明であるが、スイジガイの水管溝を表現した可能性がある。外郭突起の頂部と谷部には円形浮文が添付され、谷部を結んで円形に粘土紐がとりまく。円形浮文が粘土紐上につけられていることは⑧殖蓮村208号墳と同じである（東京国立博物館編 1983）。

⑩　諏訪道萬古墳例

　現存する埴輪は円孔から右下部分であり、盤状部全体の約4分の1に相当する部分である（塩野 2004）。これをもとに復元したものが図示した図柄である（図34-10）。双脚部は盤状部と円筒部の境にある小さな三角突起である。外郭突起は14個あり、すべての双脚輪状文図柄のなかで最も突起数が多い。円孔付近から外郭に向かって折れ曲がった曲線（鉤の手状曲線）がV字状に線刻されている。スイジガイの溝状線が変形したものであり簡略化されている。外郭部と谷部を一周するかたちで粘土紐が貼りつけられその上に各突起の先端と谷部に円形浮文を貼りつけている。

⑪　白石第3号古墳例

　白石第3号古墳の双脚輪状文形埴輪は円孔を含め全体の4分の1弱の埴輪片が現存している（美里町教育委員会 1991）。円孔から外郭に向かう鉤の手状曲線（折れ曲がった曲線）が4本線刻されている（図34-11）。これはスイジガイの溝状線を変形させ文様化したものと考えられる。このような、円孔から外郭突起に向かう鉤の手状曲線は、⑩諏訪道萬古墳の双脚輪状文形埴輪にも見られる。このような鉤の手状曲線の構図は側面双脚タイプにはなく、諏訪道萬古墳や伝藤岡本郷出土埴輪のものに近似していることから、下部双脚タイプの埴輪と考えられる。

⑫　白石第17号古墳例

　白石第17号古墳（美里町教育委員会 2002）の双脚輪状文形埴輪は盤状部のうち円孔の中心より少し下の部位から、円筒部と接続する付近までの部分であり、左側の下部は盤状部の左端に近いところまで現存している（図34-12）。

　円孔は粘土紐で縁取りされている。円孔から外側に向かって逆V形に3ないし4個の線刻がある。その外側に円形に粘土紐を巡らし、その上に2個の円形浮文を貼りつけている。左下の尖った部分は全体が摩耗しているため線刻や粘土紐による文様は確認できないが、凹凸の具合から、ここに左側の双脚部があった可能性がある。

　これらのことを総合すると、白石第17号古墳の双脚輪状文形埴輪は⑭円山古墳群2号古墳や⑬箱崎古墳群第3号墳と似た形の埴輪であったと考えられる。

⑬　箱崎古墳群第3号墳例

　箱崎古墳群第3号墳（川本町教育委員会編 1992）の双脚輪状文形埴輪は円孔と外郭突起を粘土

紐で囲み、その上に数個の円形浮文を貼りつけている（図34-13）。突起の谷部分を巡り円形の線刻が一周している。円孔からこの円形線刻に向けて逆V字形の線刻が6個つけられている。双脚部は最下部両脇の小三角突起であり、円孔から発する逆V字形の線刻はスイジガイの溝状線が変形したものと考えられる。⑭円山古墳群2号古墳や12白石第17号古墳の埴輪と同じタイプの図柄である。

⑭　円山古墳群2号古墳例

　円山古墳群2号古墳（大里村教育委員会 1998）から出土した双脚輪状文埴輪（図34-14）はAとBの2種である。

　Aの双脚部は盤状部下部の円筒部境の両脇についている小三角突起である。外郭突起の先端と谷部に円形浮文を貼りつけている。円孔に向けて連続する逆V字形の複線線刻がされており、その先端と谷部に円形浮文を貼りつけている。Bとともに箱崎墳群第3号墳や白石第17号古墳の埴輪と同じタイプの図柄である。

　Bの双脚部は盤状部下部の円筒部境の両脇についている小三角突起である。外郭突起の先端と谷部に円形浮文がある。円孔に向けて連続する逆V字形の複線線刻がされており、その先端と谷部に円形浮文を貼りつけている。

2．冠帽双脚輪状文埴輪

　冠帽双脚輪状文埴輪には、冠帽双脚輪状文人物埴輪と冠帽形双脚輪状文埴輪の2種類がある。

　冠帽双脚輪状文人物埴輪は冠帽を被った人物埴輪で、冠帽を上部からみると双脚輪状文の形となっているものをいう。和歌山県に所在する6世紀初頭の大日山35号墳の西造出しに家形埴輪に近接して設置されていた2個体の埴輪が初見となるもので、西日本ではこの事例のみである。東日本では次に述べるように塚廻り3号墳、塚廻り4号墳、綿貫観音山古墳、伝雷電山古墳より5個体が出土している。

　冠帽形双脚輪状文埴輪は上部からみると双脚輪状文の形となっている冠帽の形を器財埴輪としたものである。西日本では見られない形式であり、東日本においても綿貫観音山古墳の5個体のみである。東日本において冠帽型埴輪は多く出土しているが、冠帽形双脚輪状文埴輪は綿貫観音山古墳のみである。

　冠帽双脚輪状文人物埴輪と冠帽形双脚輪状文埴輪は、ともに双脚部が後側につく形となっているため、両形式の埴輪ともすべて「冠帽後部双脚タイプ」である。

（1）冠帽後部双脚タイプ

冠帽後部双脚タイプの概要

　冠帽後部双脚タイプ双脚輪状文埴輪は、井野川流域にある綿貫観音山古墳から2個体、渡良瀬川支流の矢場川流域にある塚廻り古墳群から3個体、荒川右岸の荒川支流市野川上流にある雷電山古墳（伝）より1個体が出土している。年代は塚廻り古墳群が6世紀中葉であり、綿貫観音山古墳や

表7 東日本型双脚輪状文形埴輪概要一覧表（冠帽双脚輪状文埴輪・冠帽後部双脚タイプ）

	遺跡名・所在地	出土個体数	外郭突起数	円形浮文の有無	時期・墳形・規模
15	塚廻り3号墳　群馬県太田市竜舞	2	5突起	有（山部分に十文字に貼付）	6世紀中葉・帆立貝式・墳長23.6m 冠帽双脚輪状文人物埴輪2
16	塚廻り4号墳　群馬県太田市竜舞	1	推定突起数・5突起	有（破片のため推定）	6世紀中葉・帆立貝式・墳長22.5m 冠帽双脚輪状文人物埴輪1
17	綿貫観音山古墳　群馬県高崎市綿貫町	6	円形	無	6世紀後半・前方後円墳・墳長101m 冠帽双脚輪状文人物埴輪1、冠帽形双脚輪状文埴輪5
18	伝）雷電山古墳　埼玉県東松山市大谷	1	7突起	無	時期、出土古墳不明、冠帽双脚輪状文人物埴輪1

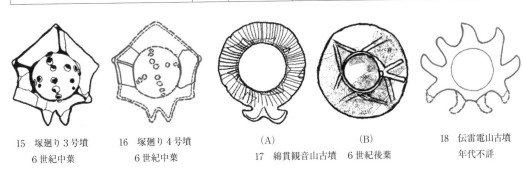

| 15 塚廻り3号墳 | 16 塚廻り4号墳 | (A) | (B) | 18 伝雷電山古墳 |
| 6世紀中葉 | 6世紀中葉 | 17 綿貫観音山古墳　6世紀後葉 | | 年代不詳 |

図35　冠帽後部双脚タイプの諸例

雷電山古墳（伝）が6世紀後葉のものである。表7は各地域から出土した双脚輪状文形埴輪の出土場所、個数、外郭突起数、円形浮文の有無など、冠帽後部双脚タイプの概要をまとめたものである。

図35-15・図35-16に示す塚廻り3号墳・塚廻り4号墳の冠帽後部双脚タイプ双脚輪状文埴輪は、下部にある2つの小さい三角突起が双脚部であり、その上に5つの大きい三角形の外郭突起をもっている。冠帽の山部分の頂点を中心に下部に向かって十文字の形に十数個の円形浮文が貼りつけられている。冠帽双脚輪状文埴輪は西日本の大日山35号墳（図32-7）において初めて創り出されたものであり、この図柄が多少簡略化されて塚廻り古墳群に伝播したものである。

綿貫観音山古墳からは2個体出土している（図35-17 A・B）。Aの冠帽双脚輪状文人物埴輪とBの冠帽のみの冠帽型双脚輪状文埴輪であり、ともに外郭は円形をしている。Aの双脚部は下部の2個の外反突起である。Bの双脚部は下部の2個のリボン状の突起である。この形の冠帽型双脚輪状文埴輪は他に類例がなく綿貫観音山古墳のみである。

伝雷電山古墳からは1個体出土している。図35-18に図示したように、冠帽双脚輪状文人物埴輪の冠帽の形が双脚輪状文の図柄となっているものであるが、この形は他に類例がない。双脚部は下部にある2つの外反する突起である。

冠帽後部双脚タイプ個別事例の特徴と類似例

⑮　塚廻り3号墳

　冠帽双脚輪状文人物埴輪の帽子の部分を上から見たものがこの図柄である（図35-15、群馬県教

育委員会 1980)。双脚部は帽子の下部にある2つの小さい三角突起である。綿貫観音山古墳の埴輪の双脚部は横から見ると少し跳ね上がった感じになっているが、この双脚部はほぼ水平となっている。

　スイジガイの管状突起に相当する外郭突起は5個あり、円孔に相当する帽子の山部分から突起先端に向けて朱線が引かれている。この朱線はスイジガイの溝状線に相当するものである。帽子の山部分には円形浮文が十文字の形となるように10数個貼りつけてあり、円形浮文は朱色で彩色されている。また、鍔は朱色で彩色された周縁部がとりまいている。

　このタイプの冠帽双脚輪状文人物埴輪は東日本型では本古墳群のみであるが、西日本では6世紀初頭の大日山35号墳（図32-7）で2個体が出土している。外郭突起数や円形浮文、朱色で着色するといった文様の表現方法に多少異なるところがあるが、基本的部分は両者とも同じ規格で作られている。これらのことから考えると、塚廻り古墳群の冠帽双脚輪状文人物埴輪は西日本（紀伊）の影響のもとに、図柄の簡略化を伴いつつ東日本独自の創意工夫を加えながら創り出されたものといえる。

⑯　塚廻り4号墳

　この古墳からは冠帽双脚輪状文人物埴輪9の破片が2個出土している。これにもとづき、文様の復元が発掘調査報告書（群馬県教育委員会 1980）によりなされ、双脚部と5つの突起からなる文様としている（図35-16）。基本的な図柄は塚廻り3号墳と同じであるが、文様の処理方法が異なっている。周縁部は塚廻り3号墳では朱色で彩色されているのに対して、塚廻り4号墳では粘土紐を貼りつけて区画している。また、円孔から突起先端への線についても同様な手法で行っている。

⑰　綿貫観音山古墳

　綿貫観音山古墳（群馬県教育委員会 1998・1999）から出土した双脚輪状文埴輪はAとBの2種（図35-17）である。

　Aは冠帽双脚輪状文人物埴輪の帽子の部分を上から見たものである。双脚部は帽子の下部に付いており、横から見ると少し跳ね上がった感じになっている。突起部はなく全体が円形をしている。このタイプの双脚輪状文の類例としては、壁画双脚輪状文では福岡県の弘化谷古墳、双脚輪状文形埴輪では京都府の音乗谷古墳や愛媛県の新城36号墳盤状双脚輪状文埴輪などに見られる。円孔から外郭に向かって無数の線刻がなされている。スイジガイの溝状線の表現のなごりと考えられるが、形骸化が進むとともに、呪術的効果を強める意図があったことも考えられる。

　Bは冠帽形埴輪の帽子の部分を上から見たものである。帽子の下部に付いている2本のリボンが双脚部を示している。突起部は大きい突起が4個あり、円孔に直接ついている。

⑱　伝雷電山古墳

　雷電山古墳（金井塚 1983、埼玉県県史編さん室 1986）から出土したと伝えられている冠帽双脚輪状文人物埴輪の帽子を上から見た図柄が図35-18に示したものである。図柄の下部にある小さい突起2個が、双脚部であり人物埴輪の後頭部にあたる。

第3節　東日本型双脚輪状文形埴輪の分布とその背景

1. 3タイプの分布状況

　双脚輪状文形埴輪が出土した場所は、上毛野南部と武蔵北西部の利根川支流鏑川・井野川・粕川・蛇川・小山川（志戸川）、渡良瀬川支流の矢場川、荒川本流や支流和田吉野川・市野川などの流域である。3タイプの分布状況は次のとおりである。

（1）利根川中流域中西部に偏在する側面双脚タイプ
　側面双脚タイプは東日本型でも西日本型の影響を色濃く残しているタイプである。その分布状況は図36に見られるように、利根川中流域のなかでも中毛から西毛にかけての地域である。中毛にある中二子古墳・小二子古墳や西毛にある安坪17号古墳・安坪19号古墳の埴輪は、同一古墳群より出土した埴輪でも古墳の築造年代の違いにより形式が異なっている。西毛地域は大和との関係が深い地域とされており（群馬県立歴史博物館 1999、梅沢 1999）、埴輪窯なども早期に導入してい

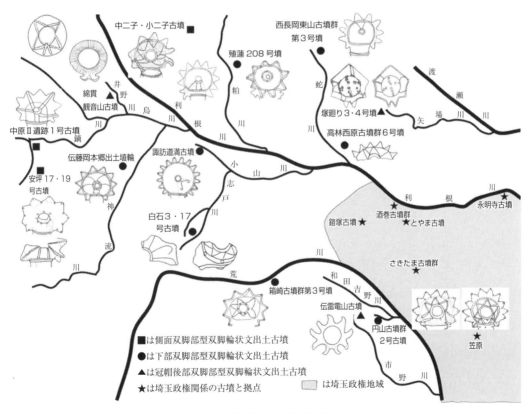

図36　東日本型双脚輪状文形埴輪分布関連図

ることから西日本文化の窓口となった地域と考えられ、こうした背景が双脚輪状文の導入につながったともいえる。

（2）利根川中流域や荒川中流域に散在する冠帽後部双脚タイプ

　利根川中流域には西毛に井野川が流れ、東毛に渡良瀬川が流れている。古代において渡良瀬川は、現在の流路ではなく現矢場川の位置を流れていたのであり、これを渡良瀬川故道といっている。冠帽後部双脚タイプは西毛の井野川流域に所在する綿貫観音山古墳（図36左上部）より6個体、東毛の矢場川流域に所在する塚廻り3号墳より2個体・塚廻り4号墳より1個体（図36右上部）、荒川中流域の市野川上流域に所在する三千塚古墳群（伝雷電山古墳・図36右下部）より1個体が出土している。3地域で出土した冠帽形埴輪はそれぞれ形式が異なり、3者の間での関連性は見出せない。

　塚廻り3号墳・塚廻り4号墳の地域は上毛野でも早くから開発が進んだ地域とされ、冠帽形埴輪は和歌山県大日山35号墳の埴輪と類似した形体をしており、紀伊との交流も推測できる。綿貫観音山古墳の出土品からは朝鮮半島との関係がうかがわれる。このことからは地域の枠を超えた広範囲の活動のなかから域外の情報を取り込むなかで新しいスタイルである冠帽形埴輪を創り出していったとも考えられる。

（3）利根川・荒川中流域に点在する下部双脚タイプ

　下部双脚タイプは西日本型にはない東日本独自の形式であり、上毛野の南部中央より4個体、武蔵北西部より6個体出土している。分布状況は図36に見られるように利根川中流域と荒川中流域であるが、側面双脚部タイプと冠帽後部双脚タイプが分布する地域では出土しておらず（図36の左上部と右上部）、両地域を避けて分布しているといえる。

　上毛野の南部中央と武蔵北西部とに埴輪出土古墳が集中するが、すべて群集墳の中にある小規模の古墳からの出土ばかりである。上毛野氏系の豪族のなかでも下位に属する階層の奥津城と考えられる。

2. 埴輪分布と対応する上毛野氏系豪族の領域

　このことを考えるうえで、まず豪族の問題についての考え方について整理が必要である。豪族は郡単位や一部郷単位で割拠していることが多い（加藤ほか編 2007、関口 2007）。上毛野国の豪族としては『日本三代実録』の陽成天皇元慶元年（877）12月25日条に、都宿禰の4名に朝臣を賜ったとしたうえで、「その先は御間城入彦五十瓊殖天皇の後にして、上毛野、大野、池田、佐味、車持朝臣と同祖なり」と記しており（黒板編 1979）、東国の六腹の朝臣の氏族名が確認できる。

　上毛野国内では上毛野氏ばかりでなく、物部氏・曽我部氏・大伴部・他田君など多くの氏族が割拠し重層構造をなしていたが、上毛野氏とその関係氏族（東国六腹朝臣）が広く分布して、地域豪族の上位階層を占めていたとする考え方が主流となっている（関口 2007）。

第5章 東日本型双脚輪状文形埴輪の特質 95

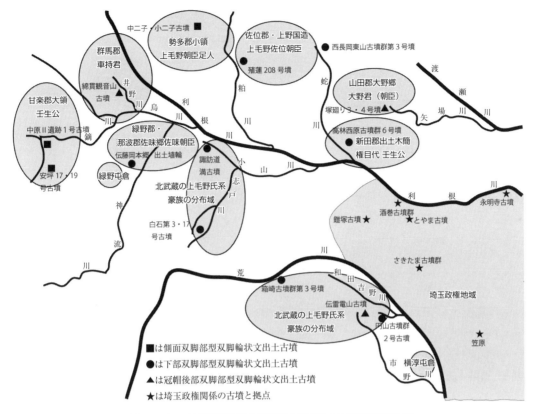

図37 東日本型双脚輪状文形埴輪と豪族との対応関係概念図

　文献史料として豪族の状況が確認できるのは7世紀から9世紀頃のものであるが、各地域の古墳群の年代を追って観察していくと、勢力の盛衰はあるものの同一氏族が断絶することなく継続していることがわかる。このようなことから、双脚輪状文形埴輪を出土した古墳や古墳群はそれぞれ1つの上毛野氏系氏族と対応する領域であって、1つの領域において複数の上毛野氏系氏族が盤踞していたのではないと考えられる。
　以上の事柄を前提として、これより豪族の割拠地と3タイプの埴輪の分布との対応関係について取りまとめることにする。図37は埴輪出土古墳と豪族の対応関係を図示した概念図である。

(1) 中原Ⅱ遺跡1号古墳と安坪17号古墳・安坪19号古墳
　この3つの古墳は甘楽郡の鏑川支流天引川右岸沿いに築造された。『日本後記』弘仁四年（813）2月14日条には「上野国甘楽郡大領外従七位下勲六等壬生公郡守」とあり、上毛野氏の同族である。本郷・郷土遺跡の豪族居館や上野国一之宮などの状況から推測すると、少なくとも古墳時代後期以降平安時代まで同じ勢力がこの地域に盤踞していたと考えられる。この地域は和銅四年（711）に多胡郡となっているが、6世紀においては甘楽郡の領域であった（太田 1974b、加藤ほか編 2007、群馬県史編さん委員会編 1985ほか）。

（2）伝藤岡本郷出土埴輪

この埴輪は緑野郡より出土したものである。同郡佐味郷は上毛野氏同族の佐味朝臣の本貫の地である。隣接する那波郡にも佐味郷があり緑野郡と那波郡は佐味朝臣の勢力範囲であった。付近には白石稲荷山古墳、白石二子山古墳、皇子塚古墳七輿山古墳があり、5世紀前葉から7世紀頃までの系譜がたどれる（加藤ほか編 2007、関口 2007）。

（3）綿貫観音山古墳

綿貫観音山古墳のある地域は群馬郡（くるまのこおり）といわれ、郡の中央を流れる井野川流域は上毛野氏（朝臣）車持君（くるまもちのきみ）の本拠地であった。このことを裏付ける遺跡として、車持神社・車持若御子明神や綿貫古墳群、保渡田古墳群、豪族居館とみられる三ツ寺Ⅰ遺跡がある（前沢 1988、梅沢 1999：81-82頁ほか）。

（4）中二子古墳と小二子古墳

この2つの古墳は勢多郡南部の粕川支流桂川右岸の大室古墳群にある。大室古墳群には中二子古墳・小二子古墳・前二子古墳・後二子古墳・内堀1号墳や豪族居館の梅木遺跡があり、5世紀後葉から6世紀後葉にかけて継続して支配した豪族の存在を示している。『続日本紀』天平勝宝元年（749）閏5月20日条には「上野国勢多郡小領外七位下上毛野朝臣足人」とある。大室古墳群はその祖先の墳墓であろうとされている（前原 2009、前橋市教育委員会文化財保護課 1995、関口 2007 ほか）。

（5）殖蓮208号墳

本古墳は粕川左岸の伊勢崎市豊城町に所在する円墳であり、古墳群の盟主墳は隣接する墳長80ｍの前方後円墳の荷鞍山古墳である。本古墳のある権現山古墳群に隣接して、豪族居館の原之城遺跡があり、荷鞍山古墳との関係がうかがわれる。『続日本紀』神護景雲元年（765）3月6日条には佐位郡外従五位下檜前君老刀自が上毛野佐位朝臣姓を賜り、上野国造に任ぜられたとある（橋本 1985、関口 2007、加藤ほか編 2007 ほか）。

（6）高林西原古墳群6号墳

この古墳は新田郡の利根川本流と蛇川が合流する地点にある。蛇川（石田川）沿いに500ｍから1ｋｍ間隔で4世紀後葉から7世紀頃までの古墳群が連なっている。高林西原古墳群はこの中の1つである。1998年（平成10）年、新田郡新田町上田中字前六供に所在する前六供遺跡から出土した木簡には「検収　権目代　壬生」とある。高林西原古墳群6号墳を含むこれら古墳群はこの勢力の奥津城であったと考えられ、壬生氏は4世紀後葉から連綿とつづく豪族の後裔と思われる（加藤ほか編 2007、太田 1974b ほか）。

（7）塚廻り3・4号墳

　この2つの古墳は渡良瀬川支流矢場川右岸にある塚廻り古墳群に属する。古墳の所在する山田郡には和名類聚抄記載の大野郷があり、上毛野氏同族の大野君の本拠地といわれている（菊地 1990、太田市 1996）。塚廻り古墳群はこの地域に所在する。先述のとおり矢場川が古代の渡良瀬川と考えられており（太田市 1996）、水田開発には適した地域であった。

（8）武蔵北西部

　この地域は『日本書紀』安閑天皇元年（534）閏12月4日条の武蔵国造の争いにみられるように、上毛野氏と関係が深い地域である。児玉郡の横穴式石室や葬制についても上毛野との類似性が指摘されている（鳥居 1927、増田 2002、塩野博 2004c）。武蔵北西部からは双脚輪状文形埴輪が6カ所の古墳から出土していることから考えると、上毛野氏系氏族ないしはその傘下に連なる中小豪族が分布していたと思われる。

　諏訪道萬古墳は小山川上流の児玉郡、白石第3号古墳・白石第17号古墳は志戸川上流の那珂郡、箱崎古墳群・円山古墳群・雷電山古墳は荒川中流の大里郡に所在する6世紀後葉の群集墳である。

3．埼玉政権の領域

　元荒川（荒川）の左岸に築造された埼玉古墳群は武蔵国造の奥津城といわれている。5世紀第4四半期に築造された前方後円墳の稲荷山古墳から7世紀中葉に築造された大型方墳の戸場口山古墳まで、約150年間継続した古墳群である。この中心となる6世紀は双脚輪状文の出現時期と重なる。この北武蔵の盟主である武蔵国造笠原直使主の本貫の地は荒川左岸の埼玉古墳群周辺から鴻巣市笠原付近であったと考えられる。この地域をとりまくように村君古墳群（永明寺古墳）、犬塚古墳群（とやま古墳）、酒巻古墳群、小見古墳群（新観寺古墳）、中条古墳群（鎧塚古墳）等の同盟勢力の拠点が配置されていた（増田 2002）。本書では武蔵国造を盟主とした、これら同盟勢力を包括した政治勢力について埼玉政権と呼ぶことにする。

　『日本書紀』安閑天皇元年（534）閏12月条には武蔵国造の争いに関連して、上毛野小熊の記述がある。上毛野小熊は上毛野国を中心に武蔵北西部から下毛野国南部の地域を統率する盟主的存在であったと考えられる。考古学的には、この時期の同地域には藤岡市の白石古墳群、高崎市の綿貫古墳群、前橋市の大室古墳群といった、墳丘全長が100mを超す古墳を擁する古墳群がある。上毛野小熊はこれら大首長勢力を含め、同族や関連氏族集団の頂点に立っていたわけである。本書では武蔵北西部から上毛野国、下毛野国南部にいたる地域を支配していた、このような政治的集団をさして、上毛野政権と呼ぶことにする。

　東日本型双脚輪状文形埴輪は、利根川支流の鏑川・井野川・粕川・蛇川、矢場川流域などの上毛野地域と小山川（志戸川）、荒川本流や支流の和田吉野川・市野川流域などの北西部武蔵の地域から出土している。北西部武蔵は毛野型胴張り石室の存在などから上毛野氏系の豪族が分布していたと考えられる場所である。北西部武蔵において双脚輪状文形埴輪が出土するということは上毛野氏

の勢力範囲の証明ともなる。

『日本書紀』安閑天皇元年閏12月4日条には、「武蔵国造笠原直使主と同族小杵と、国造を相争ひて、年経るに決め難し。小杵、性〈ひととなりうちはや〉阻くして逆らうこと有り。心高びて順〈まつろ〉ふこと無し。密に就〈に〉きて援〈たすけ〉を上毛野君小熊に求む。而して使主を殺さむと謀る。使主覚りて走げ出づ。京に詣でて状〈そのかたち〉を言す。朝廷臨断〈つみさだ〉めたまひて、使主を以て国造とす。小杵を誅す。」（坂本・家永ほか 1965）とあり、武蔵における上毛野氏系勢力と武蔵国造笠原直使主勢力との抗争を伝えている。

甘粕健の「三千塚古墳群に関する覚書」（甘粕 1976：140-145頁）によると、三千塚古墳群の初期古墳である帆立貝式雷電山古墳は上毛野政権の規制を受けて造られたものであり、上毛野の太田天神山古墳に対する太田女体山古墳に相当するものである。その後、埼玉古墳群の勢力が台頭することによって、雷電山の勢力は上毛野政権から離れ埼玉古墳群の勢力と同盟を結ぶこととなったとしている。しかし、筆者は上毛野氏と関係の深い6世紀の文様である双脚輪状文形埴輪が、三千塚古墳群や隣接する円山古墳群から出土していることから考えると、引き続き上毛野政権との関係は保たれていたのではないかと考える。

増田逸朗は埼玉古墳群とその周辺の盟主墳的古墳の円筒埴輪について述べている。埼玉政権の奥津城である埼玉古墳群の宗主墳墓と考えられる稲荷山古墳、鉄砲山古墳、二子山古墳の円筒埴輪は六条突帯の埴輪である。その周辺の首長墳である酒巻1号墳、とやま古墳の円筒埴輪は三条突帯、鎧塚古墳の円筒埴輪は二条突帯、三条突帯と四条突帯の朝顔形である。これら地域の墳形は酒巻1号墳が全長49mの前方後円墳、鎧塚古墳が全長43.8mの帆立貝式前方後円墳、とやま古墳が全長69mの前方後円墳、永明寺古墳が全長73mの前方後円墳である。

埼玉古墳群の稲荷山古墳、鉄砲山古墳、二子山古墳などの盟主墳は、いずれも100m以上の規模の古墳である。これら鎧塚古墳、酒巻1号墳、とやま古墳などの古墳はいずれも上毛野政権と対峙する位置にある。埼玉政権は「円筒埴輪の規制」（支配下豪族に対して円筒埴輪の大きさや突帯の数を規制すること）という支配原理を周辺の古墳群に貫徹することにより上毛野政権を牽制していったと考えられる。これら古墳の配置状況から、埼玉政権の領域は本貫の地である笠原を中心に、利根川と荒川左岸の間の熊谷市所在の鎧塚古墳から行田市所在の酒巻1号墳・とやま古墳以東の地域であったものと考えられる（増田 2002：154-169頁）。

田中広明は小針型坏やその影響を受けた土師器坏が埼玉古墳群や生出塚遺跡、鴻巣市笠原地区などで出土していることから、小針型坏や小針型系坏を消費した遺跡こそ埼玉古墳群が直接経営した地域であったとしている（田中広 2005）。

図38は双脚輪状文形埴輪の出土古墳や埼玉政権関連の主要古墳・拠点を図示したものである。増田逸朗の述べている鎧塚古墳・酒巻1号墳などは、埼玉政権中心部に隣接し、上毛野国に対峙する位置に築かれていることがわかる。

双脚輪状文形埴輪は埼玉政権中心部の西側地域に接するかたちで築造された円山古墳群2号古墳や雷電山古墳・箱崎古墳群第3号墳より出土している。このことから埼玉政権中心部に接する地域まで上毛野政権の影響力が及んでいたと考えられる。

笠原直小杵は南武蔵の多摩川、鶴見川流域を拠点としていたといわれる（坂本・平野 1990）。双

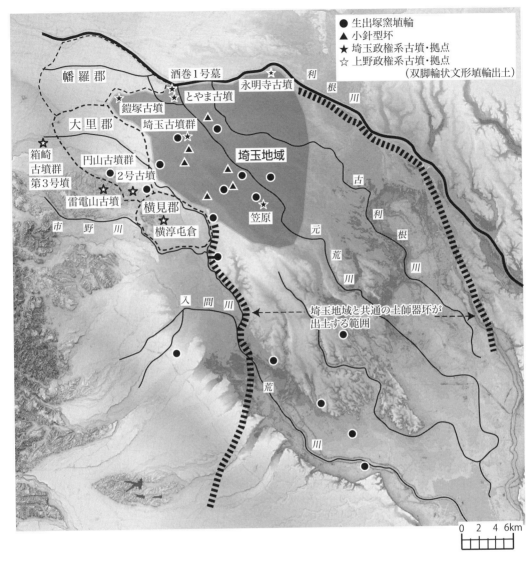

図38 埼玉政権・上毛野政権関連図

脚輪状文形埴輪の出土状況や笠原直小杵の勢力圏から、『日本書紀』で述べる安閑天皇元年（534）の頃までは、上毛野政権が武蔵国北西部地域に影響力をもっていたと考えられるのではないか。

＊　＊　＊

　本章では、主として東日本型双脚輪状文形埴輪の分類整理と双脚輪状文形埴輪が出土した地域周辺の勢力情勢について考察してきた。東日本型双脚輪状文形埴輪の分類整理においては、次のことが見出せた。

　西日本型双脚輪状文形埴輪は釜尾古墳の壁画双脚輪状文を祖形とし、その文様を忠実に埴輪としている。東日本型双脚輪状文形埴輪を分類した結果、西日本型は側面双脚タイプのみであったものが、東日本型は側面双脚タイプ、下部双脚タイプの２種類となり、側面双脚タイプも西日本型とく

らべると文様の簡略化が極度に進んでいることが判明した。東日本型双脚輪状文形埴輪は西日本型の派生型として生まれたものと考えられる。

次に、双脚輪状文形埴輪が出土した地域周辺の勢力情勢については、上毛野氏を盟主とする上毛野政権と埼玉古墳群を築造した埼玉政権があったことが判明した。地域的には上野南部から武蔵北部にかけての地域である。双脚輪状文形埴輪の出土状況と文献史料などから、上毛野政権の勢力範囲は上野南部から武蔵北西部であり、埼玉政権の勢力範囲は武蔵北東部であったことが確認できた。

註
（1）『骨角器集成』（東京国立博物館編 2009）によると松林山古墳の貝釧は2点出土している。「2例とも殻柱部を壊して殻口を拡大する。周縁は丁重に研磨し、長楕円形に仕上げられる（276頁）」。「殻表面の加工は全面にわたって入念に研磨され、自然殻に見る凹凸、細隆起を見ることはできないが、殻頂部などは新たな鋭角稜線が作られ、まったく違う形のものができている。殻の棘の表面も同様に研磨され、鋭さが増している。棘背面にはもともと明瞭な稜線が走るが、その自然の稜線は残すようにして研磨している。この研磨された殻表面には新たな刻線が加えられ、棘では2本1組の刻線が2組、殻口部の中央では外側で3組、内側で4組ついている。線刻は棘を回り、反面（殻口面）にもみられる（276頁）」とある。
（2）甲斐銚子塚古墳のスイジガイ釧については、最近の東京国立博物館の観察所見においても、管状突起を意図的に除去しているとされている（東京国立博物館編 2009）。

第6章　神谷作101号墳の双脚輪状文形埴輪

　福島県いわき市平神谷作字腰巻5に所在した神谷作101号墳より双脚輪状文形埴輪が出土している。この双脚輪状文形埴輪の文様は西日本系の双脚輪状文形埴輪や群馬県を中心とする東日本系の双脚輪状文形埴輪と異なるものである。
　双脚輪状文はスイジガイから案出された、きわめて呪術的意味合いの強い文様であるが、その中心は双脚部にある。この観点から神谷作101号墳双脚輪状文形埴輪の文様構図を観察すると、各地の双脚輪状文形埴輪のもととなった中北部九州の壁画双脚輪状文のなかに、その源流が見出される。
　神谷作101号墳は神谷作古墳群に属し、1948年（昭和23）から1959年（昭和34）にかけて5次にわたり発掘調査がなされ、天冠男子胡坐像、女子像、武人像、跪座像、家、飾馬など多くの埴輪が発掘された。双脚輪状文形埴輪はこれら埴輪のなかの1つであり、翳形埴輪片として取り上げられたものである。すべての出土埴輪は1958年（昭和33）2月8日に国指定の重要文化財として指定されている。
　神谷作101号墳双脚輪状文形埴輪の検討にあたっては、まず出土資料の観察を行ったうえで文様の復元を行う。次に、文様の特徴について考察を加え、最後にまとめとして神谷作101号墳双脚輪状文形埴輪の成立の背景について検討することにする。出土資料の観察においては個々の埴輪片の文様や彩色を整理したうえで、埴輪片の配列を検討する。文様の復元は、埴輪片の配列結果を前提として、埴輪片の配列結果では判断できない部分については他の双脚輪状文形埴輪の類例を参考にして全体像を考えることにする。文様の特徴についての考察では、文様の図柄上や文様の効果面、塗彩面での特徴、文様の系譜上の位置づけなど総合的観点から整理する。最後にまとめとして、緊密な関係が想定される王塚古墳、中北部九州の壁画古墳との関係や、中北部九州とこの地域との地域関係等を考えることにより成立の背景を探ることにする。

第1節　出土埴輪片の観察

　双脚輪状文形埴輪は図39で示すように、12個の埴輪片に分かれている。

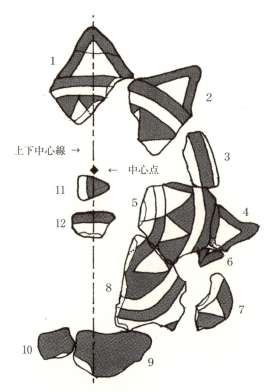

（注）網かけ部分は、赤色顔料の塗布がされた部分を示す。

図39　埴輪片配置図

（1）文様の表現方法

　各埴輪片の多くは文様の枠を線刻し、そのなかに赤色顔料を塗布している部分と、赤色顔料が塗布されていない部分から構成されている。赤色顔料が塗布されていない部分については、『いわき市史　別巻　中田装飾横穴』によると、「翳形埴輪は外縁を鋸歯状文で飾っており、赤塗りによってその輪郭を規定し、内部を白色顔料で埋めている」（いわき市編 1971：92頁）としている。しかし、実見したところ、白色顔料の塗布は確認できなかった。いわき市史で白色としている部分は黄色であり、赤色顔料部分や埴輪の生地色と区別できるものであった。

（2）着色顔料

　着色顔料の使用方法は埴輪素材に、まず黄色顔料を全面に塗布し、つぎに必要個所に赤色顔料を上塗りし、文様の輪郭を形成している。

（3）埴輪片の形状

　各埴輪片の形状は図39に示すとおりである。この内訳は、環状の三角突起とそれに接続する部が6片（No.1〜6、厚さ約1.3cm）、双脚部分とそれに接続する部分が2片（No.7・8、厚さ約1.3cm）、盤状部と基台の連結部分と考えられる部位が2片（No.9、厚さ約2.1cm〜3.5cm。No.10、

厚さ約 1.9 cm～3.4 cm)、その他部分が 2 片（No.11・12、厚さ約 1.3 cm）である。この 2 片は図39 では中央部に位置しているが仮置きしたもので、実際の位置は上下中心線より左側の外郭に近い場所にあったと考えられる。埴輪片の詳細については、表 8 のとおりである。

（4）埴輪片の配列

　この双脚輪状文形埴輪の図柄の表現は線刻と赤色や黄色顔料の塗布により行っている。各埴輪片は保存状態が比較的よいものから、極端に風化が進んでいるものまで状態はまちまちである。また、1 つの埴輪片でも文様の部位により鮮明な部分と、風化が進行して不鮮明な部分とがある。そこで、はじめに各埴輪片について線刻部分と赤色や黄色顔料の塗布部分を確定する作業を行った。

　次に、埴輪片ごとの文様の確定作業の結果をもとに、文様がどのような配列になっているかを検討し、その構成内容の把握に努めた。これにより各埴輪片の構成の概略がつかめることとなり、次の事柄が判明した。

①双脚輪状文形埴輪の盤状部は外郭を三角突起が環状にとりまいている。
②環状の三角突起部分の内側は、最初に赤色顔料が塗布された環状帯、次に黄色の顔料が塗布された環状帯により構成されている。
③さらに内側に向かって、はじめに赤色顔料を塗布した逆三角形の環状連続三角文がとりまき、次に黄色顔料を塗布した環状連続三角文がめぐっている。
④出土埴輪片で確認できる一番内側の部分は、下部を赤色顔料、上部を黄色顔料で塗布した環状帯で構成されている。

　これらの検討結果から、現存する埴輪片の接合・配置関係を整理すると図 39 のとおりである。

表 8　埴輪片説明

埴輪片番号	説　　　　明
No.1	外郭の三角突起と外周をとりまく環状帯、その内側の環状連続三角連文より構成されており、三角突起の縁辺は当初の外周部分のまま残っている。他の 2 辺は破断部分である。
No.2	No1 の埴輪片と同じ
No.3	外郭の三角突起部分が破断し失われた、外周をとりまく環状帯部分のみの破片
No.4	外郭の三角突起部分のみの破片。突起部頂点の一部を除き縁辺が破断している。
No.5	外郭の三角突起接続部分の境界から破断した外周をとりまく環状帯と、内側の環状連続三角文、さらにその内側の環状帯を含む埴輪片。埴輪片の全ての側面が破断した部分である。
No.6	外郭の三角突起の右下の角と、外周をとりまく環状帯の隅部分。約 2.5cm の小片。
No.7	右双脚部の先端部分。本体との接続部分を除き原形をとどめている。
No.8	右双脚部に続く本体部分。外周をとりまく環状帯とその内側部分。埴輪片の全ての側面が破断した部分である。
No.9	盤状部と基台部の連結部分。全面に赤色顔料が塗布されている。埴輪片が他の埴輪片より厚く、均一の厚さではない。
No.10	状態は No9 の埴輪片と同じであるが、大きさは 1/5 位である。
No.11	左側の外周をとりまく環状帯の一部。小片。
No.12	左側の外周をとりまく環状帯の一部。小片。

第2節　文様の復元

1．文様の上下中心線の設定――復元作業上の基準線――

　図39 からわかるとおり、埴輪片を配置してみると2個（No.11、No.12）を除き、各埴輪片はすべて片側、すなわち正面から見て右側文様部分のものと考えられる。これにより右側部分の全体像の概略を推定することが可能となった。図28、図41に示すとおり双脚輪状文は、壁画双脚輪状文、双脚輪状文形埴輪といった表現素材の違いや、盤状双脚輪状文埴輪、冠帽双脚輪状文人物埴輪、冠帽形双脚輪状文埴輪といった表現形式の違い、あるいは地域的な違いにかかわらず、例外なく中心線をはさんで左右または上下の文様が原則的に対称である。

　神谷作 101 号墳の双脚輪状文図柄は、双脚部を下にした上下方向になっているため、復元作業の基準となる上下中心線が重要になってくる。この復元作業上の基準線がどこであるかを確定することにより全体文様の割り出しが可能となる。図39 をもとにして文様の上下中心線を判断するポイントは2つある。1つは上部の中心位置を決めるため、外郭の環状三角突起部分の数や配置状況からその上部の中心位置を割り出すこと。2つめは下部の中心位置を決めるため、基台部の半径を推定することである。

　第1点の外郭の環状三角突起部分の数と配置状況は、図39 から埴輪片 No.1、No.2、No.4 の三角突起と、No.3 の上部に三角突起がつくことを想定すると、計4個となる。No.3 の部分は三角突起部分がないが、他の3カ所の位置間隔から考えて、ここに三角突起がついていたことはまちがいない。他の古墳出土の双脚輪状文形埴輪では、表9の突起数欄に記載のとおり、荒蒔古墳の盤状双脚輪状文埴輪や円文形双脚輪状文埴輪を除き、ほとんどの事例が7個の三角突起である。また、その三角突起の配置状況は頂点の三角突起を中心に左右（上下）両側に各3個の三角突起がついていることが多い。これらの事例や、図39 から読み取れることは、埴輪片 No.1 の三角突起が文様の頂点となっていることである。したがってこれにより上下中心線の上部の中心は No.1 の三角突起の頂点部分であると考えられる。

　第2の基台部の半径については、表9の基台径欄に記載のとおり、荒蒔古墳以外のすべての資料が 15 cm から 18 cm である。これらの双脚輪状文形埴輪は、神谷作 101 号墳のものより盤状部が大きいため、当古墳の埴輪寸法に当てはめ基台部を想定すると、基台径が 10 cm から 12 cm 程度になると考えられる。そこで、推定した基台部の半径を考慮すると、下部の上下中心線の位置は埴輪片 No.9、No.10 の中間点と考えられる。これらのことから、上下中心線は埴輪片 No.1 の三角突起の頂点からほぼ垂直に引かれた線となる。

表9 双脚輪状文形埴輪主要事項一覧

古墳名および所在地名	盤状部 全幅	横幅 左幅	横幅 右幅	双脚	高さ	円孔径 対高さ比	基台径	図文表現上に見えるスイジガイの背・腹の別	双脚部の位置	突起数
築山 大分県国東市安岐町馬場	16	9.7 60%	6.3 40%	5.5 34%	13 81%	3.8 29%		腹面（文様は表面のみ）	左	7
新城36号 愛媛県松山市下難波	30.6	11.4 37%	19.2 63%	9 29%	22.6 74%	4 18%		腹面（文様は表面のみ）	右	−
公文山1号 第1個体 香川県まんのう町	37.2	15.2 41%	22 59%	12 32%	28.6 74%	8.2 29%	上 18.3 下 16	表側は背面 裏側は腹面	右	7
公文山1号 第2個体 香川県まんのう町	39	17.4 45%	21.6 55%	11 28%	29.6 76%	7.2 36%	約 18	腹面（文様は表面のみ）	右	7
新内 神戸市西区神出町東	33.8	14 41%	19.8 59%	6 18%	24.2 72%	8.8 36%	約 15	表側は背面 裏側は腹面	右	7
花山6号 和歌山県和歌山市花山	42	17.4 41%	24.6 59%	9.2 22%	28.6 68%	9.6 34%	約 16	腹面（文様は表面のみ）	右	7
大日山35号 第1個体 和歌山県和歌山市井辺	21.9	10.2 47%	11.7 53%	6.6 30%	19.4 89%	10.8 55%		腹面（文様は表面のみ）		9
大日山35号 第2個体 和歌山県和歌山市井辺	17.8	88 49%	9 51%	4.5 25%	16.6 93%	9.3 56%		腹面（文様は表面のみ）		9
大谷山22号 第1個体 和歌山県和歌山市岩橋	48.7	28.2 58%	20.5 42%	12.5 26%	35.5 73%	9.3 26%	約 16	腹面（文様は表面のみ）	左	7
大谷山22号 第2個体 和歌山県和歌山市岩橋	47.5	25 53%	22.5 47%	13 27%	32.4 68%	8 25%	約 16	腹面（文様は表面のみ）	左	7
井辺八幡山 和歌山県和歌山市森	57	31.7 56%	25.3 44%	13.5 24%	46.4 70%	16.5 35%	18	確認できない	左	7
音乗谷 京都府木津川市相楽台7	37.8	22 58%	15.8 42%	17.4 47%	27.5 74%	9.6 34%		腹面（文様は表面のみ）	左	
荒蒔 奈良県天理市荒蒔町	51	18 35%	33 65%	14 27%	35.5 70%	10.4 29%	上 20.5 下 31	腹面（文様は表面のみ）	右	12
中原Ⅱ遺跡 群馬県高崎市吉井町	34.2	18 53%	16.2 47%	3.9 11%	23.4 68%	5.4 23%	15	確認できない	右下	7
塚廻り3号 群馬県太田市竜舞	19	9 47%	10 53%	3.4 18%	16 84%	9 56%		確認できない		5
綿貫観音山 冠帽人物 群馬県高崎市綿貫町	26.2	14.6 56%	11.6 44%	4.4 18%	22.6 86%	12.6 56%		確認できない		
綿貫観音山 冠帽埴輪 群馬県高崎市綿貫町	29	15.2 52%	13.8 48%	7.2 25%	30 103%	12 40%		確認できない		

（注）・盤状部欄下段の%は円孔径欄を除き、横全幅員に対する比率。上段の数値の単位はcmである。
・塚廻り3号墳の冠帽双脚輪状文人物埴輪、綿貫観音山古墳の冠帽双脚輪状文人物埴輪・冠帽双脚輪状文埴は双脚輪状文部分が山高帽子形のため円孔がない。この表では山高部分を円孔として数値をだした。
・盤状部の高さに対する円孔径の比率は最小比率が18%、最大比率が56%、平均比率が29%である。
・盤状部の文様は表裏両面にある場合を除き、全てスイジガイの腹面を表した図文である。両面の場合（公文山1号墳、新内古墳）は表面がスイジガイの背面を、裏面が腹面を表した図文となっている。

2. 盤状部の円孔の有無について

　この復元作業の第1の問題点は、中心部の埴輪片が現存しないことである。これまでの双脚輪状文形埴輪の出土例をみると、中心部分には例外なく円孔が開けられているが、神谷作101号墳の現存する埴輪片では円孔の有無を判断することができない。

　そこで初めに、円孔が存在したかどうかについて検討する。既存の盤状双脚輪状文埴輪の円孔径は、表9に示すとおり、3.8 cm から 16.5 cm である。盤状部の高さに対する円孔径の比率は最小比率が18%、最大比率が56%、平均比率が29%である。これを神谷作101号墳双脚輪状文形埴輪に当てはめると、最小比率の場合が 5.3 cm、最大比率の場合が 10.5 cm、平均比率の場合が 8.5 cm となる。

　現存する神谷作101号墳の埴輪片のうち、最も内側に位置するものの側面はすべて破断面である。もし円孔が存在したとすれば、いちばん内側の埴輪片の先につながる埴輪片の中心部側にあったことになる。いっぽう、埴輪片の最小のものは No.6 で、大きさは約 2.5 cm ある。現存していないいちばん内側の埴輪片の大きさを考える場合、現存しない中心部側の埴輪片がすべて No.6 の埴輪片の大きさより小さかったとは考えられない。内側の側面が中心部に近い埴輪片 No.2、No.5、No.8 の中心部側の破断面は 3 cm から 6 cm の幅で割れていることからも 2.5 cm は埴輪片として最小のものと考えてよい。文様の中心点から最短の No.5 埴輪片までの距離は 4 cm 弱である。この 2.5 cm の大きさのものを図39の内側部分につけ加えると、つけ加えられた埴輪片の内側先端部から中心点までの距離は約 1.5 cm になる。したがって、この先に円孔を作るとしても径が 3 cm 弱となる。

　表9に示す円孔例の最小比率で神谷作101号墳の埴輪を考えると、円孔径は 5.3 cm となる。径 3 cm 弱の円孔はあまりにも小さすぎることとなる。いっぽう神谷作101号墳双脚輪状文形埴輪には、スイジガイの殻口部や西日本型双脚輪状文における円孔と同様な役割を果たすΩ形環状帯が中心部に存在している。文様構成としてはこれで完結する。これより小さい円孔を入れることは文様の意味を誤らせ、混乱を招くこととなる。したがって本例に円孔が存在した可能性は、ほとんどないものとしてよいのではないか。

　次に、円孔の機能を代替する文様の存在について検討することにする。これまでの整理で判明したいちばん内側の文様は、下部をすべて赤色顔料で、上部の外側を黄色顔料で塗布したΩ形の環状帯である。環状帯の径は左右が約 8 cm、上下が約 10 cm の楕円形である。このΩ形環状帯が、神谷作101号墳埴輪において円孔に相当する機能をもつ部分であると考え、表9の円孔比率と対比すると平均比率で、8.5 cm、最大比率で 10.5 cm となる。これは神谷作101号墳の双脚輪状文形埴輪のΩ形環状帯の内径と見合う寸法であることがわかる。

　101号墳双脚輪状文形埴輪の文様は後述するように、壁画双脚輪状文もふくめ現存する双脚輪状文文様のなかで最も簡略化、形式化が進んだものであると考えられる。Ω形環状帯の内径が一般的双脚輪状文形埴輪の円孔径とほぼ見合うこと。Ω形環状帯を入れることによって外郭から内郭にい

たる文様が完結すること。このようなことを考慮すると、双脚輪状文形埴輪ではあるが円孔を作らず、壁画双脚輪状文と同じ円文（環状帯）を描く手法により、これに替えたといえる。円孔はスイジガイの呪術的伝統につながる双脚輪状文形埴輪の図柄の重要な構成要素である。神谷作101号墳双脚輪状文形埴輪の製作者はこの伝統を受けつぎ、円孔と同じ意味で中心部のΩ形環状帯文様を作り上げたといってよいのではないか。

3. 文様の復元

　双脚輪状文形埴輪の双脚部は、図39で示すように、盤状部の上下中心線をはさみ右側に一脚あるのみである。したがって、左側の双脚部は上下中心線をはさみ右側と等間隔の位置にあると考えられる。

　環状の三角突起部分は7個あるものと考えられることから、盤状部の左側部分はNo1の三角突起部分の中央を通る上下中心線をはさみ右側図柄を反転した文様であると推察される。

　文様の全体像について、外側から内側に向かって説明をする。文様は、はじめに外郭部の三角突起部分を赤色で縁取り、底辺を赤色環状帯で囲んだ黄色の環状連続三角文でとりかこんでいる。以下、内側に向かって、黄色の環状帯、赤色顔料の逆三角形の環状連続三角文、黄色の環状連続三角文とつづいている。次に、下部をすべて赤色で、上部は外側の環状帯を黄色、内側を赤色の環状帯でかこんだΩ形図文がとりまいている。いちばん中心部は黄色の顔料を塗布した左右が約8cm、上下が約10cmの玉子形の文様となっている。このように復元された文様を図40に示した。

4. 文様の構成

　ここでは復元した文様構成の基本的事項について考察する。図文は次の3つの構成要素から成り立っている。

（1）三角文を主体とし円文を加味した図文構成
　文様の図柄は三角（三角文・環状連続三角文）と円（環状帯）により構成されている。なかでも中北部九州の伝統を受けつぎ辟邪の文様とされる三角文が中心となった図文配置に特色を認める。神谷作101号墳双脚輪状文形埴輪の三角文は、双脚輪状文の祖形であるスイジガイの管状突起を示す外郭部の環状連続三角文部分だけでなく、その内側を一周する二重の環状連続三角文を描いている。

　内側の環状連続三角文は次項で述べるとおり、壁画双脚輪状文や西日本型双脚輪状文では円孔または中央の円文から外郭の連弧文頂点に向かって放射状に延びる線である。この線は各地の事例により異なるが、4本（釜尾古墳）から12本（荒蒔古墳）であり、王塚古墳では4本から8本である。神谷作101号墳双脚輪状文形埴輪では、この放射状の線を外へ向かった14個の三角文に替えて文様化している。

（注）網かけ部分は赤色顔料、白抜き部分は黄色顔料を塗布。
図40　神谷作101号墳双脚輪状文形埴輪復元図

　内側の２つの環状連続三角文のうち、外側の赤色顔料塗布の環状連続三角文は黄色顔料塗布の環状連続三角文を引き立たせるためのものである。主役は放射状の線を意味する黄色顔料塗布の環状連続三角文である。この三角形は外敵を防御するための第２陣として、その切先（三角形の頂点）を外に向ける形をとっている。さらに、双脚輪状文の呪術面でいちばん重要な部分である双脚部にも三角文を入れて、その効果をさらに高めている。

（２）黄色を主体とした文様

　文様の表現方法は、原則として個々の図柄ごとに輪郭を線刻したうえで、黄色顔料や赤色顔料により塗彩している。文様の中心は黄色顔料を塗布した部分であり、赤色顔料は黄色の部分を強調するための手段として使用している。この埴輪は赤色顔料を盤状部分だけでなく、基台部分にも塗布していたと考えられる。こうした事例は公文山１号墳や荒蒔古墳の双脚輪状文形埴輪にもみられる。また、図柄輪郭を線刻したうえで、顔料により塗彩する方法は肥後を中心とした中北部九州において多く見られる手法である。

（３）双脚部を真下にした図文

　双脚部は文様の上下中心線の左右の下部に各一脚を取り付けている。この詳細は次項で取り上げ

ることとする。

第3節　文様の特徴

　神谷作101号墳の双脚輪状文形埴輪は、中北部九州の壁画双脚輪状文や西日本型双脚輪状文形埴輪などと比較して、多くの点で特徴的な事柄が見出される。これよりこの観点から検討を進め、整理してゆく。具体的には、スイジガイ由来の辟邪の効果を強く意識していること、辟邪のための三角文を多用していること、文様の簡略化が進んでいること、表現方法に中北部九州の影響が色こく見られることなどがある。

1.　文様の図柄について

　文様は大きく分けると、外郭部の環状連続三角文、中央部の環状連続三角文、内郭のΩ形環状帯、双脚部の4つの要素から成立している。

（1）外郭部の環状連続三角文について

　中北部九州の壁画双脚輪状文や西日本型双脚輪状文形埴輪においては、外郭部の環状連続三角文にあたる部分を、図28や図41に示すとおり連弧文で取り巻いている。この部分の祖形はスイジガイやスイジガイ製利器、スイジガイ釧にある管状突起である。甲斐銚子塚古墳のスイジガイ釧は管状突起部分を短く切り詰め、連弧状に加工して腕輪としている。この形を忠実に文様化したものが、中北部九州の壁画双脚輪状文や西日本型双脚輪状文形埴輪である。

　ひるがえって101号墳の双脚輪状文形埴輪の外郭部を観察すると、管状突起部分が連弧文ではなく環状連続三角文により構成されている。これは原形である連弧文からの簡略化、図柄化がより進んだものである。

（2）中央部の環状連続三角文について

　双脚輪状文の先駆けとなった釜尾古墳の壁画双脚輪状文には、中央の円文から外郭の連弧文の各頂点にむかって放射状の線が描かれている。この線は中央の円文側が太く連弧文に向かって徐々に細く描かれ、いわば細長い三角形ともいえるものである。

　双脚輪状文の祖形であるスイジガイは腹面の中央部に大きく開いた殻口（円孔）があり、これより6本の鉤状の管状突起が出ている。管状突起は貝殻が筒状になったものであり筒状部分は腹面側中央部で合わさっている。この合わせ目は突起先端に向かって線状になったものと、少し開いて殻口部を底辺とした三角形状になったものがある。これを本書では溝状線という。釜尾古墳の中央の円文から放射状に発する三角形の線（図28-1～5）は、この溝状線を示したものである。溝状線は王塚古墳の壁画双脚輪状文（図28-8～12）や西日本型双脚輪状文形埴輪（図41-1～3）になると、

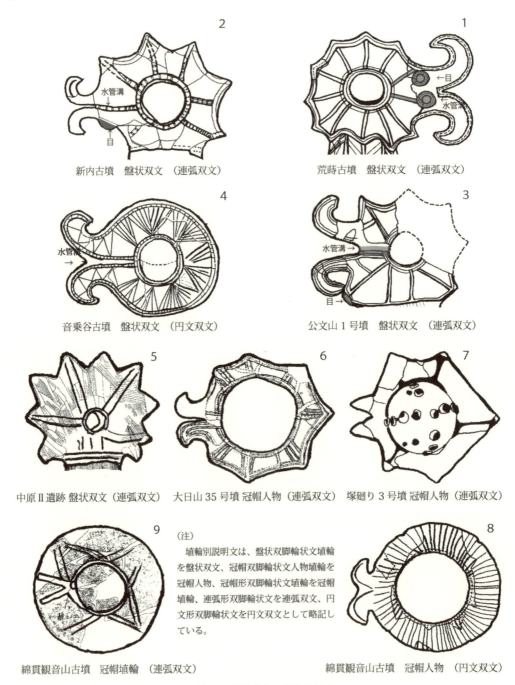

図41 双脚輪状文形埴輪図文

中央の円文や円孔から連弧文の各頂点にむかって発する放射状の線に変化している。放射状の線は各文様により異なるが、4本から12本の数で描かれている。

このような諸例から考えると、101号墳双脚輪状文形埴輪の中央部の環状連続三角文は王塚古墳の双脚輪状文や西日本型双脚輪状文形埴輪の連弧文にむかう放射状の線が14本の三角文に変化したものである。釜尾古墳の中央部の円文から放射状に発する線を三角文と考えると、101号墳双脚

第6章　神谷作101号墳の双脚輪状文形埴輪　111

図42　双脚輪状文の図柄一覧

輪状文形埴輪の内側の環状連続三角文は、いわば祖先返りしたものであるともいえる。しかし、一部例外はあるものの、釜尾古墳・横山古墳の双脚輪状文や西日本型双脚輪状文形埴輪の放射状線は連弧文の頂点に接続している。101号墳双脚輪状文形埴輪においては、この関係が見られず、ただ形式的に三角文の頂点が外郭を向いているのみであり、その数も多くなっている。

　この点においても、101号墳双脚輪状文形埴輪の文様の簡略化が垣間見られる。中北部九州のなかで放射状線が連弧文の頂点に接続していない例は、王塚古墳の文様に多く見られる。

（3）内郭のΩ形環状帯について

　内郭のΩ形環状帯は2つの部分から構成される。1つはスイジガイやスイジガイ製利器、スイジガイ釧の伝統を引き継ぐ殻口部（円孔）をしめす中央の玉子形の円文部分である。2つめは水管溝と目の部分を示すΩ形の下部部分である。以下それぞれについて考察していく。

　まず、円孔相当部分についてであるが、神谷作101号墳の文様には双脚輪状文形埴輪でありながら、ほかの埴輪に必ずある円孔が見当たらない。円孔は双脚輪状文の呪術的効果を高めるという側面から考えると重要な部位である。ここではそれに代わるものとして、中心部に黄色の顔料を塗布

した玉子形の文様があり、ここが他の双脚輪状文形埴輪と異なる点である。

　神谷作101号墳のみが異なる理由について1つ考えられることは、王塚古墳との関係である。これまでも文様の内容、製作手法などで王塚古墳との類似性を述べてきたが、円孔についてもそれがいえるのではないか。王塚古墳では連弧文の内側をいくつかの円文がとりまき、中央の円孔と考えられる部分は5例中4例が黄色や黒色の円文となっている。王塚古墳の双脚輪状文文様で黒色を使用している個所はこの部分のみであり、黄色や黒色を特別視していることがわかる。王塚古墳と図柄上類似点の多い神谷作101号墳では、王塚古墳における黄色や黒色の円文の意味を重く受け止めたうえで、円孔としたのではその部分を強調できないと考え、彩色による表現としたのではないか。彩色にあたっては、神谷作101号墳において重要視していた黄色顔料の塗布とした。

　次に、水管溝や目の部分について述べる。スイジガイには食物等を摂取するための水管や目を外に出すため、2つの溝が双脚部付近についている。この水管の溝は水管溝という。双脚輪状文形埴輪にはこの水管溝や目を文様化したものが多い。図41-1〜4はその代表的事例である。図41-1の荒蒔古墳の文様は、円孔（殻口）から双脚部に向かう放射状の2本の線と、その先端の二重丸の線刻により、水管溝と殻外に飛び出した水管溝の先端部分や、目の管状部分と殻外に飛び出した目の先端部分をあらわしている。図41-2の新内古墳と図41-3の公文山1号墳第1個体は円孔（殻口）から双脚部中心に向かう放射状の線が水管溝を、双脚部根元の下部にある半円形の突起が目をあらわしている。101号墳の双脚輪状文形埴輪では内郭のΩ形環状帯の下部が水管溝と目に相当する部分と考えられる。内郭のΩ形環状帯の上部の円形は円孔の主体部分に相当するものであり、その下の両脇に左右に飛び出している部分が水管溝と目である。右側が目の管状部分と目の先端部分を、左側が水管と殻外に飛び出した水管の先端部分を表している。基本的には荒蒔古墳の文様と同じ視点で文様化をしている。しかし、左側の水管溝部分は本来の形としては双脚部の中心に位置しなければならないものであるが、101号墳の文様は簡略化や図柄化が進んでいることから左右対称の文様となったと考えられる。

（4）双脚部について

　双脚部は西日本型双脚輪状文形埴輪ではすべて横向きの位置であるが、101号墳では真下の位置についている。壁画双脚輪状文や双脚輪状文形埴輪で双脚部が下にある図柄をとっている例は、王塚古墳のみであり、関係があったのではないかと考えられる。101号墳の双脚部に描かれている三角文の手法は図41-4の音乗谷古墳の双脚部の三角文と同じであり、中央部の環状連続三角文についても類似点が多い。

2. 中心文様の三角文に円文を付加することで、辟邪の効果を高めた図柄

　神谷作101号墳の双脚輪状文形埴輪は、三角文を文様の中心に据えたうえで、円文（環状帯）を有機的に結び付けることによって、構図に安定感をもたせるとともに、2重の環状連続三角文を可能とした。このことにより外郭環状連続三角文だけでは得られなかった、辟邪の効果を増幅し高め

ることに成功している。また内側の環状連続三角文は前述のとおり、中央の円文から放射状に発する線、すなわち溝状線の図案化を進めた結果と考えられるが、これは辟邪の効果の増幅を狙った側面もあったのではないか。円文と三角文は肥後を中心に5世紀から石棺や壁画に描かれてきた文様である。三角文は外敵から身を守るためや、辟邪の効果を高めるための文様として中北部九州の壁画古墳で多用されている。

双脚輪状文がはじめて創り出された6世紀初頭の釜尾古墳では、双脚輪状文が描かれている石屋形を中心に三角文、円文が多用されており、円文の外周にいくつかの三角文が接続されたものも複数見受けられる。このような三角文と円文の多用例については、神谷作101号墳双脚輪状文形埴輪の文様や製作手法に類似例の多い王塚古墳をはじめとして、横山古墳、千金甲1号墳、チブサン古墳、永安寺東古墳、弁慶ガ穴古墳など中北部九州の6世紀代壁画古墳に多く見られる。

3. 各種双脚輪状文図柄のなかで簡略化が最も進んだ図柄

これまで主として外郭部の環状連続三角文、内側の環状連続三角文、内郭のΩ形図柄環状帯などの特徴について整理してきた。ここで気づくことは、101号墳の双脚輪状文の図柄が中北部九州や西日本の双脚輪状文とくらべて、きわめて簡略化が進んでいることである。このことは、とりもなおさず101号墳の双脚輪状文図柄が他の双脚輪状文の図柄を前提として改変されてきたことを物語り、後発の文様形態であることの証と考えてよい。

4. 双脚輪状文の系譜における位置づけ

双脚輪状文は壁画や埴輪を表現手段として用いている。表現方法としては双脚輪状文の図柄そのものをテーマとしたもの、人物埴輪の冠帽に双脚輪状文を入れるもの、冠帽埴輪に双脚輪状文を入れるものなどがある。その概要は表10のとおりである。

神谷作101号墳の双脚輪状文形埴輪は双脚部が盤状部と基台部が接続する付近の最下部に位置している。2基の双脚部は上下中心線をはさんで左右についている。表10でわかるように、西日本や東日本の双脚輪状文形埴輪のなかに類例を見出すことはできない。ただ1つ壁画双脚輪状文である王塚古墳の双脚輪状文群のなかに、基本的構成が同じものを見出すことができる。図28、図41でわかるとおり、図柄には双脚部が上にあるもの、横にあるもの、下にあるものがある。

神谷作101号墳双脚輪状文形埴輪は双脚部が下についている。また、神谷作101号墳双脚輪状文形埴輪では円文をいくつも使って文様を作り上げているが、このような手法を使っているのは王塚古墳の壁画双脚輪状文のみである。次項に述べる顔料の処理手法の類似性などを念頭に考えると、神谷作101号墳双脚輪状文形埴輪の系譜を主として王塚古墳の壁画に求めることが至当であるといえるのではないか。もちろん音乗谷古墳双脚輪状文形埴輪の三角文手法や、荒蒔古墳双脚輪状文形埴輪の水管溝、目の処理方法などの影響も考えられるが、王塚古墳のそれが大であったといえる。

表10　双脚輪状文概要一覧

種　別	形　態　別	型　式　別	双脚部の位置	図番
壁画双脚輪状文 (中北部九州)	壁画双脚輪状文	連弧形双脚輪状文 円文形双脚輪状文	王塚古墳・下部5 釜尾古墳・上部1、横位4 横山古墳・上部2 弘化谷古墳・横位2 鬼の岩屋第2号墳・横位1	図28
西日本型双脚輪状文形埴輪 (西日本)	盤状双脚輪状文埴輪 冠帽双脚輪状文人物埴輪	連弧形双脚輪状文 円文形双脚輪状文 連弧形双脚輪状文	荒蒔古墳、新内古墳、公文山1号墳・横位3 音乗谷古墳・横位1 大日山35号墳・後部2	図41
東日本型双脚輪状文形埴輪 (東日本)	盤状双脚輪状文埴輪 冠帽双脚輪状文人物埴輪 冠帽形双脚輪状文埴輪	連弧形双脚輪状文 連弧形双脚輪状文 円文形双脚輪状文 連弧形双脚輪状文	中原Ⅱ遺跡・横位1 塚廻り3号墳・後部1 綿貫観音山古墳・後部1 綿貫観音山古墳・後部1	

5. 文様の表現方法

　ここでは塗彩に関連する事柄について検討することにする。神谷作101号墳双脚輪状文形埴輪では文様の表現方法として、文様を線刻のうえ塗彩する手法が認められる。一般的な双脚輪状文形埴輪の場合、このような表現方法をとっている類例は見出すことができない。
　しかし、双脚輪状文壁画を含め、壁画の文様表現については表11に示すとおり、いくつかの類例が確認できる。そこで、神谷作101号墳双脚輪状文形埴輪の検討にあたっては壁画の研究成果を加味しながら整理することとしたい。

（1）文様の表現方法

　神谷作101号墳双脚輪状文形埴輪の文様の表現方法は、次項で説明するように、最初に図柄の輪郭を線刻したうえで、顔料による色付けをするといった手法をとっている。この手法は表11で説明したとおり、中北部九州の壁画古墳のなかで、円文や三角文などの文様表現手法として取り入れられているものである。
　装飾古墳は、熊本県八代の大鼠蔵や田川内などの古墳において、円文や三角文、靱等の陰刻・線刻がなされたことにはじまる。これに彩色したのが井寺古墳、千金甲1・3号墳の文様である。その後、線刻彩色の伝統は、中北部九州の多くの壁画古墳に受け継がれた。その陰には専門の工人の存在も考えられる。茨城県から東北にかけては、円文や三角文、靱などを描いた横穴式石室や横穴墓が多く存在する。これら図柄の処理方法として、線刻彩色手法を用いたものがいくつか見られる。
　101号墳双脚輪状文形埴輪は、この線刻彩色手法により作られている。この表現手法を詳細に観察すると、塗彩と線刻部分が食い違っている場合（はみ出している事例）が目立つ。このようなこ

表11 主要壁画古墳の壁画概要

古墳名	所在地	築造年代	図文の場所	図文の種類と表現方法	色の種類と素材
王　塚	福岡県嘉穂郡桂川町寿命	6世紀中期初頭	壁面、石屋形	双脚輪状文、三角文、円文、靫、蕨手文、騎馬像など。石屋形の蓋石上面の三角文は線刻のうえで塗彩。	赤（ベンガラ）、黄（黄土）、緑（海緑石）、白（白土）、黒（非晶質のマンガン化合物を含む粘土）
釜　尾	熊本県熊本市釜尾町	6世紀初頭	石屋形	双脚輪状文、三角文、円文	赤（ベンガラ）、青灰または灰色（不明・青色岩石の粉末の可能性がある）、白（白土）
横　山	熊本県鹿本町植木町有泉横山	6世紀前期	石屋形	双脚輪状文、三角文、円文	赤（ベンガラ）、青灰または灰色（不明・青色岩石の粉末の可能性がある）、白（白土）
弘化谷	福岡県八女郡広川町広川	6世紀中期	石屋形	双脚輪状文、三角文、円文 彩色と線刻を併用。	赤（ベンガラ）、緑（不明）
千金甲1号	熊本県熊本市小島下町	6世紀初頭	石障	同心円文、対角線文、靫 線刻などをしたうえで塗彩。	赤（ベンガラ）、黄（黄土）、青
井　寺	熊本県上益城郡嘉島町井寺	5世紀	石障	直弧文、円文 線刻のうえで塗彩。	赤（ベンガラ）、青、緑、白（白土）
永安寺東	熊本県玉名市玉名永安寺	6世紀後期	壁面	円文、三角文、船、馬円文、三角文は線刻のうえで塗彩。	赤（ベンガラ）
大　坊	熊本県玉名市玉名岡	6世紀前期	壁面	三角文、円文 線刻のうえで塗彩。	赤（ベンガラ）青（群青）
宇賀岳	熊本県下益城郡松橋町松橋	6世紀前期	壁面	円文、三角文 線刻のうえで塗彩。	赤（ベンガラ）、緑（海緑石）
五郎山	福岡県筑紫野市田原	6世紀後期	壁面	同心円文、靫、鞆、船、家、騎射人物、馬、人物など	赤（ベンガラ）、黒（炭素）、緑（海緑石）
桜　京	福岡県宗像市牟田尻	6世紀	石屋形	三角連続文 線刻のうえで塗彩	赤（ベンガラ）、黄、緑
原	福岡県吉井町富永	6世紀後期	壁面	円文、同心円文、人物、船	赤（ベンガラ）
鳥船塚	福岡県吉井町富永	6世紀後期	壁面	人、鳥、船、靫、大刀	赤（ベンガラ）

（注）・本表は永嶋 1999、山崎 1951、江本・関野 1975、乙益 1974、をもとに作成した。
　　　・「色の種類と素材」欄のなかで素材名が入っていないものは、確認できなかったため省いたものである。

とであれば、何も線刻をしないでフリーハンドで塗彩すればよいのではないかと思われる。

　しかし、あえて線刻彩色手法を用いているということは、この方法が他の地域から伝播し、この地に移住した工人や在地の工人間で貴重な技術として堅持されていった結果ではないかと考えられる。101号墳の南、約1.5kmには、中田装飾横穴墓がある。この横穴の年代は101号墳より少し遅い6世紀後葉であるが、中北部九州との関係が取りざたされている（乙益 1988）。この横穴墓後室4周壁には、線刻したうえで赤、白の顔料により塗彩されている連続三角文がみられる。ここでも線刻からはみ出して色付けされているところが目に付き、101号墳の双脚輪状文形埴輪と相通じるものがある。

　これらの状況を総合的に考察すると、101号墳の双脚輪状文形埴輪における線刻による彩色手法は、中北部九州に由来するものであり、工人の交流なども考えてよいのではないか。ただ、中北部九州の線刻手法は、同一古墳でも円文や三角文に限られる場合が多い。しかし、101号墳の双脚輪状文形埴輪においては、この手法が文様全体に及んでおり、この点において101号墳の独自性が感じられる。

（2）塗　彩

　塗彩に使われている顔料は赤色と黄色である。黄色は淡黄色の系統ではなく、明黄褐色に近い色をしている。赤色顔料はベンガラ（酸化第二鉄）が考えられる。永嶋正春によると「九州地方及び関東・東北地方の装飾古墳にあっては、壁画あるいは石室、石棺などへの朱（HgS、赤色硫化水銀）による塗彩が認められないことである」（永嶋 1999：339頁）と述べている。黄色を使用した壁画は関東・東北地方の古墳では見られず、類例を探すことはできない。ただ九州地方では王塚古墳、桜京古墳、五郎山古墳、千金甲1号墳などに使用例がある。ここでの黄色顔料はすべて水酸化物を含む粘土である黄土（黄色粘土）が使われている。また黄土や淡黄褐色土は装飾古墳において、石材間の隙間を埋めるための素材として使われている（江本・関野 1975、永嶋 1999、山崎 1951）。これらのことから黄色顔料は黄土（黄色粘土）と考えられる。101号墳で使われた黄色顔料は黄土でも淡黄褐色土に近いものであったと思われる。

　一部顔料の剥離状況から判断すると、神谷作101号墳双脚輪状文形埴輪の塗彩方法は、最初に黄色顔料を塗布し、次に赤色顔料を塗ることにより、黄色の文様を浮きあがらせている。この手法は九州地方の壁画古墳である王塚古墳、五郎山古墳、千金甲1号墳や岩戸山古墳の石人などの着色方法と通ずるものがある。これらの古墳では、必要に応じて下層に黄色顔料、中層に緑色顔料、上層に赤色顔料を塗り重ねることにより、文様の効果を高めている。

　神谷作101号墳双脚輪状文形埴輪の赤色顔料は、強調したい部分や主要テーマをより浮き上がらせるために使用している。具体的には、双脚輪状文の重要部位のひとつである外郭の環状連続三角文の三角形の外周を赤色顔料で帯状に塗り、なかの黄色の三角文をより強調している。また、内側の黄色の環状連続三角文の上に、赤色の逆三角形の環状連続三角文をつけることにより、黄色を際立たせている。さらに、円孔に代わる中央の玉子形黄色部分を、外側の赤色環状帯によって強調している。この手法は、王塚古墳の壁画双脚輪状文の表現と同一であり、音乗谷古墳の双脚輪状文形埴輪の三角文表現手法と通ずるものがある。この手法に似たものは千金甲1号墳、永安寺東古墳などの装飾古墳にも見られるが、普遍的なものではなく、めずらしい手法と考えられる。具体的な描法は、主目的部分を含めた周囲をまず主目的部分の顔料で塗布し、その上に図柄の外郭にそってその外縁に赤色顔料を塗布して主目的部分を浮き上がらせるものである。赤色顔料は、公文山古墳や荒蒔古墳と同じように、盤状部のみでなく基台部にも使用された。

第4節　神谷作101号墳例成立の背景

　神谷作101号墳双脚輪状文形埴輪については、これまでの作業とおして全体文様を復元することができた。この復元により、図柄の構成としては三角文と円文とを組み合わせることにより、双脚輪状文の本来の目的である呪術面での効果をより高めることに成功しているのがわかる。双脚輪状文の祖形であるスイジガイの外形要素を巧みに表現するとともに、この呪術的伝統において重要な双脚部、円孔、管状突起、水管溝などの部位を適格に押さえた図文となっている。また、文様型

式としては双脚輪状文形埴輪のなかで最も簡略化されたものである。双脚輪状文の図柄の系統としては最終段階に位置する文様といえる。神谷作101号墳双脚輪状文形埴輪は西日本型双脚輪状文形埴輪や東日本型双脚輪状文形埴輪と別系列の双脚輪状文形埴輪であり、その系譜はむしろ壁画双脚輪状文に求められることなども判明した。

　そこで、神谷作101号墳双脚輪状文形埴輪の成立の背景となった事柄として2つのことが考えられる。1つめは文様や文様処理方法における壁画双脚輪状文、とりわけ王塚古墳からの影響である。2つめは双脚輪状文の伝播の契機となった社会的背景、すなわち磐城地域と中北部九州との関係である。この2点について整理検討することにより、神谷作101号墳双脚輪状文形埴輪の位置づけが浮き彫りにされてくると思われる。次にこの2点について述べることにする。

1. 王塚古墳からの影響

　これまでの考察では、神谷作101号墳の双脚輪状文形埴輪の全体像をつかむため、出土埴輪片の整理と文様の復元、文様構成の把握、文様の特徴などについて検討を行ってきた。この検討をとおして次のことが判明した。

①双脚部は真下についている。双脚輪状文壁画や双脚輪状文形埴輪で双脚部が下に付く図柄は王塚古墳の5例のみである。

②文様を区画する部分は線刻がなされ、それにもとづいて塗彩されている。王塚古墳を含めた中北部九州の壁画にいくつかの事例がある。

③全体を円文と三角文、連続三角文で構成している。双脚輪状文の文様で円文を多用しているのは王塚古墳のみである。

④内側の環状連続三角文は他の双脚輪状文における円孔（円文）から発する放射状線に相当するものであるが、外郭環状連続三角文の頂点に接続していない。放射状線が連弧文（神谷作101号墳双脚輪状文形埴輪の外郭環状連続三角文に相当する部分）の頂点に接続していない例は王塚古墳の双脚輪状文に多く見られる。

⑤文様は強調したい部分の周囲を赤色顔料で塗りつぶし、主体部を浮き上がらせている。中北部九州でこの手法をとるのはあまりないが、王塚古墳ではこれが顕著である。

⑥全面を黄色で塗布し、その上に赤色を塗っている。王塚古墳では色を塗り重ねる場合下層を黄色、中層を緑色、上層を赤色で塗り重ねている。

⑦中北部九州で黄色顔料を使用している壁画古墳は王塚古墳、千金甲1号墳、桜京古墳など限られている。

　101号墳の双脚輪状文形埴輪は文様の簡略化が最も進んだ後発の形態であることから、その基本形が他の地域から伝播し、変化したものと考えられる。また、上記①から⑦の事項から神谷作101号墳と王塚古墳の間に多くの類似点が見出せる。このようなことを総合し、双脚輪状文の図柄といった観点から考えると、101号墳双脚輪状文形埴輪は王塚古墳の壁画双脚輪状文の影響下に創り出された双脚輪状文形埴輪であると思料される。王塚古墳は6世紀中葉初頭の古墳と考えられる

が、阿蘇凝灰岩を使用した石屋形や線刻をしたうえで彩色した連続三角文壁画、屍床など肥後の影響を受けたと考えられる点が多い。火君は527年の磐井の乱の後、肥前、筑前などにその勢力を広げたとされており、王塚古墳はこの初期のものである。したがって、101号墳双脚輪状文形埴輪は、王塚古墳をとおして肥後の伝統をも受けついでいるといってよいのではないか。

2. 磐城地域と中北部九州との関係

　磐城の地域は肥後を中心とした中北部九州との関係が考えられる地域である。『古事記』神武天皇の段において、神八井耳命は石城国造、火君、仲国造、長狭国造の祖であるとしている（西郷2005）。また、『日本書紀』綏靖天皇の条において、神八井耳命は多氏の始祖であるとしている（坂本・家永ほか1965）。『先代旧事本紀』によると石城国造は多氏であるとしている（大野2001）。これら先行研究の成果に依拠すると、磐城地域が多氏と深い関係にあるとみてよい。天草、上益城郡、下益城郡、阿蘇郡等を中心に、この地域は神八井耳命や命の御子である健磐龍命を祭った神社が非常に多い。このことは多氏の本拠地であることの傍証の1つでもある。太田亮は神武天皇の皇子である神八井耳命が、神武天皇により北部九州の統治をまかされたと述べている（太田1928）。これらのことから火君や多氏一族は中北部九州を本拠地としていたことがわかる。また、『古事記』などの伝承からは、火君（多氏）が肥後を中心とする地域から磐城に進出してきたことを示唆しているともいえる。

　火君については『常陸風土記』行方郡の条で崇神天皇の時代に「東の垂（さかい）の荒ぶる賊（にしもの）を平（こと）けむと為て、建借間命を遣（つかは）しき。」とあり、割注には建借間命が那賀国造の始祖であるとしている（秋本1958）。また、『常陸風土記』によると建借間命の軍は霞ケ浦において国栖と戦い、肥前杵島地方の民謡である杵島唱曲（きしまぶり）を歌って賊をおびき出したと述べられている。これらのことから建借間命は多氏であり、火君と同族であったことがわかる。常陸と磐城はともに関係が深い地域であるといわれているが、こうした背景によるものであろう。

　考古学的視点からは、福島県の中田横穴と熊本県菊池川流域の永安寺東古墳、大坊古墳、福岡県王塚古墳等において連続三角文の使用や線刻をしたうえで彩色するといった手法の類似性が見られる。これは磐城地域と肥後との関係を物語るものであると考えられる。熊本を中心とした九州地域では山あいの小さな谷を迫（さこ）と呼んでいる。迫と呼ぶ字名は天草、上益城郡、下益城郡等に特に多い。東国の福島県から千葉県にかけては、同様な地形をもった地域の地名を作（さく）と呼んでおり、迫（さこ）が変化した言葉である。福島県双葉郡から相馬郡にかけては迫（さこ）という地名も見られる。これも迫や作と同じ意味の地名と考えられる。サク地名が福島県から千葉県にかけて多いことや、多氏についての伝承がこれらの地域に多いことは、多氏の中北部九州からの進出と関連があるものと考えられる。作や迫地名は福島県下に759カ所ある。そのうちの約80％が太平洋岸（浜通り）の地域にあり、特に、磐城地域には35％が集中している。このことからも多氏と磐城地域との相関関係がうかがえる。

　また、神八井耳命を祭神とする神社は熊本県に24社あるが、福島県には佐麻久嶺神社（いわき

市平中山）と田村神社（郡山市阿久津町）の2社がある。2社では少ないとも考えられるが、多氏の大和の拠点である田原本町多には多坐弥志理都比古神社しかないことを考えると福島県の2社はそれなりの意味があると考えられる。これらの文献史料、考古資料、関連資料を総合的に整理し考察すると、石城国であったいわき市域が多氏の本拠地である肥後（熊本）を中心とした中北部九州と人の移動も含めきわめて密接な関係にあったことが理解されるであろう。

＊　＊　＊

　神谷作101号墳双脚輪状文形埴輪が西日本型双脚輪状文形埴輪や東日本型双脚輪状文形埴輪と異なった独自の文様で誕生した背景には、王塚古墳からの影響や、磐城地域と中北部九州との関係で述べた事柄が大きく作用した結果と考えられる。考古学的にみると神谷作101号墳双脚輪状文形埴輪をはじめいくつかの事項で、中北部九州の伝統が改変され引き継がれている例が見られる。
　しかし、これらの事柄もよってたつ基盤は中北部九州の文化であったといえるのではないか。

第 7 章　双脚輪状文の伝播の背景

第 1 節　双脚輪状文の伝播に影響を及ぼした社会的背景と自然環境

　双脚輪状文は沖縄・奄美の呪術的伝統を受けつぎ、スイジガイを祖形として肥後の釜尾古墳の壁画双脚輪状文として創りだされ、中北部九州の壁画古墳に伝わっていった。釜尾古墳で創りだされた双脚輪状文はときをおかず紀伊の大谷山22号墳、大日山35号墳などの埴輪の文様として取り入れられて西日本各地に広まってゆく。この文様はさらに図柄の簡略化をともないながら、東日本の上毛野を中心とした地域に伝わり東日本型双脚輪状文形埴輪となっていった。

　ここでは肥後で生まれた双脚輪状文が紀伊や上毛野といった特定地域のみに伝わり、広まっていったことについて、どのような社会的背景が影響を及ぼした結果であるかを、いくつかの視点から見極めることとする。このことに多大な影響を与え、関係氏族間の交流の機会となったものとして、第1に古代において頻繁に行われた朝鮮出兵があるが、これと関連して大和朝廷と地方政権との関係の1つである国造軍も加味して考える。また、紀氏と上毛野君という氏族の出自や氏族伝承なども重要な要素である。さらに、各氏族が置かれた自然環境・文化的側面についても留意して検討が必要であると考えられる。

　本項では、このような視点から双脚輪状文伝播の社会的背景や、氏族間交流などに間接的に影響を与えた自然環境について、整理し考察していくことにする。

1. 朝鮮出兵・朝鮮外交

　朝鮮出兵や朝鮮外交・交流は4世紀から7世紀にわたって頻繁に行われたが、660年の新羅・唐の連合軍による泗沘城の攻略により百済が滅亡し、663年に百済復興軍・日本軍が白村江で新羅・唐の連合軍に敗れたこと、668年に唐が平壌を攻撃し高句麗を滅ぼしたことにより終結することとなった。わが国は百済の滅亡や白村江の戦いによって発生した数万人という大量の難民を摂津国に百済郡を設置するなどして受け入れた。高句麗の滅亡にともなう遺民の受け入れについては、『日本書紀』に記載されていないが、『続日本紀』霊亀2年（716）5月、駿河・甲斐・相模・上総・下総・常陸・下野の7カ国の高麗遺民1799人を武蔵国に移して高麗郡を設置したとしている。山梨県に巨麻郡、神奈川県大磯町に高麗の地名が残っていることから、霊亀2年に高麗郡に移された人

表12　朝鮮出兵と古代日朝関連事項一覧

年代	事項説明	双脚輪状文関係氏族
319	新羅へ出兵。新羅王は微叱己知波珍干岐を人質として差し出す。（紀・神功元年）	
366	倭国の斯摩宿禰、卓淳国へ行き、使者を百済におくる。（紀・神功紀46年条）	
367	百済、新羅より朝貢がある。新羅の不正が判明。千熊長彦を遣わし新羅を攻る。（紀・神功紀47年）	
369	荒田別・鹿我別（上毛野氏）を派遣し新羅を攻め、南加羅以下の7国を平定し此利以下の4邑を降伏させる。（紀・神功紀49年）	荒田別・鹿我別
382	襲津彦（百済記には沙至比跪）を遣わし、新羅を攻める。（紀・神功紀62年）	
391	倭、百済・新羅を破り、臣民とする。（広開土碑）	
392	百済辰斯王、倭国に欠礼。紀角宿禰らを派遣し、詰問。辰斯王殺され、阿花王が立つ。（紀・応神紀3年、三・百）	紀角宿禰
399	倭、新羅に侵入し、新羅は高句麗に救援を要請する。（広開土王碑）	
400	高句麗、兵を新羅におくり、倭を撃退する。追撃して任那加羅に至る。（広開土王碑）	
404	倭、もとの帯方郡の地域に出兵し、高句麗に撃退される。（広開士王碑）	
459	紀小弓宿禰、新羅に進撃する。（紀・雄略紀9年）	
479	百済文斤王没。天皇、昆支王の子、末多王を百済に送還し、東城王とする。（紀・雄略紀23年）	紀小弓宿禰・小鹿火宿禰
512	百済の要請により任那の上哆唎・下哆唎・沙陀・牟婁の4県を割譲する。（紀）	
515	物部連至至が率る倭国軍、帯沙江（蟾津江口）で伴跛国軍に敗退する。（紀、百済本記）	
527	近江臣毛野、6万の兵を率いて任那に向おうとするが、筑紫国造の磐井、毛野臣の軍をはばむ。（紀）	
529	近江臣毛野の派遣は失敗に終る。新羅、任那の4村を占領する。（紀）	
537	大伴連沙手彦、任那に渡り、百済を救援する。（紀）	
553	倭に百済、軍兵の派遣を要請。倭、百済に医・易・暦博士の上番を求める。（紀）	
554	倭に百済、軍兵を要請。百済、五経らを派遣。百済に兵千人・馬・船を送る。倭・百済両軍、新羅と戦う（紀）	
556	百済の恵、帰国。筑紫の水軍、筑紫火君の兵、恵を護送する。（紀・欽明紀17年）	筑紫火君
562	新羅、任那宮家を滅ぼす。紀臣男麻呂、任那で新羅と戦うが敗れる。大伴連狹手彦、高句麗と戦う。（紀・欽明紀23年）	紀臣男麻呂
583	紀国造押勝などを遣わし火葦北国造の子日羅を百済より召喚する。（紀・敏達紀12年）	紀国造押勝
591	任那復興のため、紀臣男麻呂らを大将軍とし、2万余の軍を筑紫に送る。新羅と任那に使を派遣する。（紀・崇峻紀4年）	紀臣男麻呂
602	来目皇子を撃新羅将軍に任ずる。国造・伴造らの軍2万5千人を動員する。（紀）	

びとは遺民のほんの一部であったと考えられ、高句麗滅亡時に渡来した難民は百済の例と同じくらいいたのではないかと考えられる。

　朝鮮出兵や朝鮮外交、交流の主な経過は表12のとおりである。主要な日朝関係について、年代と関連事項の説明、双脚輪状文に関係する氏族の関係者名にわけて記載した。この表から新羅との関係は13回あり、そのうち11回が出兵や攻撃に関するものである。他の2回は任那に関する記事である。新羅との関係は平時の交流や支援といったものはなく、敵対する関係であった。百済については10回の記事があるが、1回の攻撃記事以外は百済に対する援兵や任那割譲、護送など百済を擁護し、支援する立場を鮮明にしている。2回ある高句麗に関する事項はすべて撃退された記事

である。

　双脚輪状文に関連する氏族は火君、紀氏、上毛野君であるが、表12では火君が1件、紀氏が5件、上毛野君が1件、確認できる。筑紫火君（火君）は欽明紀17年（556）に阿倍臣などの百済王子恵の護送船団の別動隊として、勇士1千人を率いて参加したとしている。紀氏関係については、応神紀3年に紀角宿禰による百済の欠礼に対する詰問や阿花王の擁立、敏達紀12年に紀伊国造押勝による、日羅の召喚といった外交交渉にあたっている。
　また、朝鮮出兵については、雄略紀9年に紀小弓宿禰・小鹿火宿禰親子による新羅への進撃や欽明紀23年に紀臣男麻呂による任那での新羅との交戦、崇峻紀4年に紀臣男麻呂らを大将軍とした任那復興のための2万余の軍勢について取り上げられており、紀氏はこれらすべてにおいて将軍として出陣している。上毛野君関係については神功紀49年に荒田別・鹿我別が将軍となり、新羅を討ち破り南加羅、喙国、安羅、卓淳など7国を平定したとしている。
　火君や紀氏、上毛野君は朝鮮出兵のおり、たびたび派遣軍を指揮する将軍として出陣している。当時の軍隊は大和朝廷が兵員を直接に編成し戦闘に参加するといった軍隊ではなく、大和朝廷側は指揮部分のみであり、戦闘は地方豪族である国造が編制する国造軍の集合体により行われた（直木1968、篠川1985、笹山2004）。したがって、兵士の指揮監督は国造により行われ、個々の国造が独立する存在であった。火君や紀氏、上毛野君一族は氏族の代表として大和朝廷側の指揮者として全軍を統率した将軍ばかりではなく、国造軍の集合体には、火君や紀氏、上毛野君の一族に所属する多くの国造が個々に編制した国造軍が含まれていた。火君や紀氏、上毛野君の傘下にある多くの国造は、共同して推進した朝鮮出兵という軍事行動をとおして、各氏族間の交流が盛んになされたと考えられる。

（1）紀　氏

　朝鮮出兵において兵員輸送、兵站などに大きな役割を果たしたのが火君や紀氏の水軍である。紀氏の拠点となっていた紀の川下流域は「紀伊水門」「男の水門」といって、多数の細流によって縦横に分断された三角州の集合地帯であり、いちどに多数の船をもやうことのできる水軍の根拠地としては最適の条件を備えていた（日下1980）。大和から瀬戸内海を通り朝鮮へ出兵するには木津川・淀川経由と紀の川経由があるが、紀の川ルートはいちばん重要な経路であったと考えられる。岸俊男は、古代における瀬戸内海の2つの主要航路のうち、四国側を讃岐沖から備後灘を通り、来島瀬戸をへて周防の熊毛郡沖を通り室積や佐波の港にいたるルートが紀氏一族の内海における分布と一致するとしている（岸1966）。このことを勘案すると紀氏は朝鮮出兵に際して、紀伊水門から紀淡海峡を通り、四国沿いに進み北部九州の前進基地へと至ったものと推察される。
　兵站地としては、和歌山市善明寺に所在する5世紀前葉の鳴滝倉庫群がある。鳴滝倉庫群は桁行4間、梁行4間の総柱建物が7棟あり、総床面積は約452 m^{2}に達する。小笠原好彦は鳴滝倉庫群、難波倉庫群が、ともに同時代の豪族居館の倉庫と比較してかなり格差があることを重視し、高度な建築技術、津を前提とした立地、特定の一時期に限って営まれていることなどから、大和朝廷（倭王権）の対外政策の拠点という特定の目的のもとに置かれたとしている（小笠原1991）。5世紀後

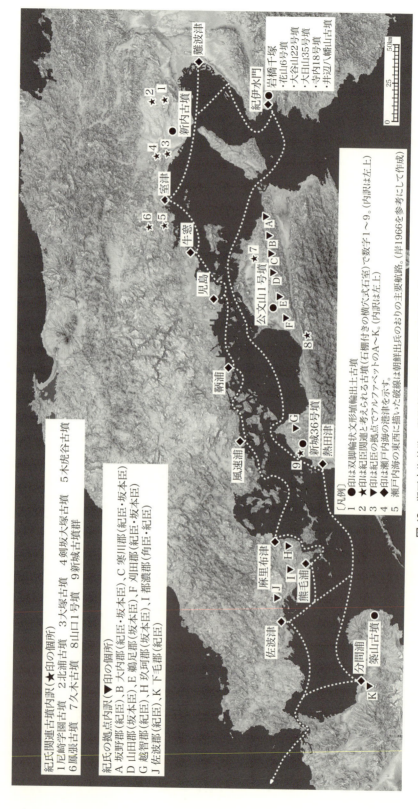

図43 瀬戸内海航路・双脚輪状文出土古墳紀臣拠点等図

葉には、ここから難波倉庫群に中心が移っている。このことは、政治の中心が大和から難波に移ったことと関連し、「紀伊水門」の機能低下が考えられる。

　海辺の民を「アマ」（海部、海人）と呼び、平時は海産物を採取して朝廷などに納めていた。海上生活を日常とする海辺の民である海部は自由自在に船をあやつり、近海および遠洋の航海の担い手となった。朝鮮出兵に際して、大量の軍隊や兵站の輸送にあたったのはこれら海部集団であった。紀の川河口の海側に海部郡があり、その東隣が名草郡である。名草郡は紀伊国造の本拠地であり、海部郡は紀伊国造と同族である海部直の本貫の地である。朝鮮出兵のおりの兵站基地となった鳴滝倉庫群は名草郡北部に設置されており、朝鮮出兵は海部直が指揮する水軍が、紀伊国造をはじめとする近隣の国造軍兵士や兵站を輸送していたと思料される。

（2）火　君

　紀氏とともに大和朝廷の水軍の主力となった火君は、朝鮮出兵のはるか以前から船に乗り海で活躍した集団である。『肥後国風土記』逸文には崇神天皇が肥君らの祖先である健緒組に逆族を滅ぼすように命じ、平定の結果を報告にあがった健緒組にたいして、崇神天皇は「健緒組は海の民なのに山の逆族を滅ぼし、この殊勲は他の誰とも比べようがない」と述べたという（植垣 1997）。有明・八代の内海にのぞむ宇土地方を本拠とする集団は崇神天皇より「海の民（海呂）」と呼ばれ、航海にたけた人びととして認識されていたことがわかる。

　4世紀後葉の向野田古墳からは緞子・錦などの高級織物と刀剣類や鉄斧などの鉄器が多く出土しているが、このことは朝鮮との関係や出兵との関係をうかがわせる。井上辰雄は宇土市笹原町の梅咲古墳や仮又古墳の石室、宇土城石垣の古墳石材にゴンドラ型船などの線刻画あること、肥後が楠の産地であることによる造船の発達、この地方の海洋性に富んだ気風、有明・八代の内海にのぞむ有利な地域であることなどから、向野田古墳を中心とした周囲の4世紀中葉から6世紀初頭にかけての古いタイプの古墳群を造った豪族が朝鮮出兵における水軍勢力であるとしている（井上 1970a）。『日本書紀』欽明紀17年正月条の筑紫火君の水軍としての活躍とも符合する。

　正倉院文書筑前嶋郡川辺里大宝2年（702）戸籍断簡には、嶋郡の大領として名がみえる「肥君猪手」を中心として74名の肥君姓と妻・妾など別姓の家族27名の合計102名の一族が記載されている。嶋郡川辺里は現在の福岡県糸島郡志摩町馬場に相当し、糸島半島の先端部分に位置する。近くには朝鮮や中国に往来する内外使節のための宿泊施設である韓亭があり、朝鮮半島との海上交通の要衝である。「肥君猪手」の勢力がいつの時期から盤踞していたか不明であるが、鳥津亮二は『日本書紀』欽明紀17年正月条の筑紫火君の出兵との関連を指摘している（鳥津 2008）。

　嶋郡の大領である「肥君猪手」の祖先が筑紫火君の出兵時期まで遡ることができれば、律令により官僚国造制となる以前の国造であり、その祖先は国造軍の指揮者として朝鮮に出兵した可能性が考えられる。また、『日本霊異記』下巻第35話には肥前国松浦郡の人「火君」の伝承が述べられている（中田 1979）。このことから肥前国松浦郡にも火君一族が分布していたことがわかり、『日本古代史地名事典』においては、この「火君」は松浦郡の郡司であることが有力視されるとしている（加藤ほか編 2007）。松浦郡の東松浦半島の神集島（現在の唐津市神集島）は天平8年（736）に出

発した遣新羅使が停泊したとされる場所であり（加藤ほか編 2007：845 頁）、朝鮮半島への海上交通の要衝であった。「火君」はこのような要地に盤踞し、朝鮮出兵を行ったと推察されるが、嶋郡川辺里の「肥君猪手」の一族のことも含め、大和朝廷による朝鮮問題に備えるための配置とも考えられる。

（3）上毛野氏

　上毛野君には神功紀 49 年 3 月条の荒田別・鹿我別が新羅を攻めて南加羅、喙国、安羅、卓淳など 7 国を平定したという伝承がある。また仁徳紀 53 年 5 月条には竹葉瀬・田道兄弟の朝鮮関連の伝承がある。上毛野君は水軍をもたないため、朝鮮出兵にあたっては水軍関連豪族との連携が必要となる。上毛野君が朝鮮に出兵するにあたっては上毛野から利根川水系を経て東京湾にいたり、太平洋岸を通り紀淡海峡から瀬戸内海へと向かうルートが考えられる。こうした観点から東京湾ルートをみると、上毛野君と火君の拠点が次のように配置されており（太田 1928、大場 1975）、上毛野君は火君の協力のもとに朝鮮出兵をしたことがわかる。

【毛野氏の拠点】
　　大野朝臣　　　　　　　（武蔵国埼玉郡埼玉古墳群附近、上総国海上郡大野）
　　藤原部（茯原部）　　　（武蔵国埼玉郡、下総国葛飾郡・相馬郡、上総国周准郡）
　　藤原部直（茯原部直）　（上総国望陀郡、常陸国）
　　吉彌候部　　　　　　　（常陸国久慈郡・茨城郡）
　　軽直　　　　　　　　　（常陸国久慈郡）
　　軽部　　　　　　　　　（下総国海上郡）

【火君（多氏）の拠点】
　　小長谷部　　　　　　　（上野国邑楽郡・下総国葛飾郡）
　　多臣　　　　　　　　　（下野国安蘇郡意部郷［大部］、都賀郡［大神社］、上総国望陀郡飫富郷
　　　　　　　　　　　　　　［大部］、下総国相馬郡［大部］・印旛郡［印波国造・大部直］、安房国安
　　　　　　　　　　　　　　房郡太田郷・長狭郡［長狭国造］、常陸国茨城郡・行方郡）
　　阿蘇氏　　　　　　　　（下野国安蘇郡）
　　豊島氏　　　　　　　　（武蔵国豊島郡、下総国葛飾郡）
　　小子部　　　　　　　　（武蔵国）
　　飫富神社・意富比神社　（上総国望陀郡［飫富神社・現飽富神社］・下総国葛飾郡［意富比神社］）
　　雀部　　　　　　　　　（下総国結城郡、常陸国那賀郡・多珂郡）
　　鹿島臣　　　　　　　　（相模国御浦郡）

2．氏族の出自（紀氏と上毛野氏）

　『古事記』崇神天皇段には「木国造、名は荒河刀弁の女、遠津年魚目目微比賣妙媛を娶して、生みませる御子、豊木入日子命。」とある。『日本書紀』崇神紀元年 2 月条には「又妃紀伊国の荒河戸

畔の女、遠津年魚眼眼妙媛、一に云はく、大海宿禰の女八坂振天某辺という。豊城入彦命・豊鍬入姫命を生む。」とある。『先代旧事本紀』天孫本紀には、「弟大新河命。此命は纏向珠城宮に御宇天皇の御世に元て大臣と為る。次に物部連公の姓を賜る。則、改めて大連と為て神宮に斎奉る。其大連の號始て此時起る。紀伊の荒川戸俾の女中日女を妻と為し四男を生む。」とある。天孫本紀の伝承は崇神天皇ではなく物部連となっていて異なるが、記紀の伝承は基本的に同じ事柄を述べている。

　この崇神天皇と荒河戸畔の女とのあいだに生まれた皇子が、上毛野氏の始祖である。荒河戸畔の勢力は紀の川中流域の紀伊国那賀郡荒川郷を中心とした地域が本貫地と考えられている。荒河戸畔の勢力はここから茅淳の海から和泉にかけての地域に進出してしたうえで、毛野へ転進していった。

　紀伊の在地勢力は当初、「紀の川下流の北岸から加太にかけての勢力」と「泉南の淡輪地域の勢力（北岸勢力）」、「紀の川下流の南岸の平野部の勢力（南岸勢力）」、「紀の川中流の勢力」、「沿岸地域の勢力（沿岸勢力）」があり、これらが連合して「原紀氏集団」となっていた。この「紀の川中流の勢力」が荒河戸畔を首長とし、上毛野氏の母体となった集団である。5世紀の段階になると北岸勢力が平群谷や山背の紀伊郡などに同族を配置して、紀臣となり中央貴族化していった。他の一派はそのまま紀伊に残って紀伊国造となり在地化していった（黛1985、栄原2004、熊倉2008）。

　上毛野氏の始祖とされる豊城入彦命はその出身母体が荒河戸畔の勢力（紀の川中流の勢力・那賀郡荒川郷（現桃山町一帯））である。荒河戸畔の勢力はもともと原紀氏集団に属していたものであり、紀臣集団や紀直（国造）集団と地域的に接し、同盟関係にあったことがうかがわれる。上毛野氏の母体集団が原紀氏集団であったということは、その後の紀氏と上毛野氏の関係に良好に作用したものと考えられる。上毛野氏の系譜は図44のとおりである。

　上毛野氏は初代から3代まで毛野の地域に赴いていない。荒河戸畔との関係から考えると紀の川中流から紀の川北岸、泉南の地域が居所の候補にあがるが、裏付ける資料はない。しかし、毛野氏の同族の軽部君、佐代公、茅淳縣主などが和泉国に、上毛野氏が紀伊国に在住したことから推測すると、紀臣勢力が大和へ転出したあと荒河戸畔の勢力が和泉国に進出し、上毛野氏の拠点としたとも考えられる。『新撰姓氏録』和泉皇別には「軽部、倭日向建日向

図44　上毛野氏の系譜

八綱田命之後也」とあり、2代目八綱田の子孫が和泉国にいたことがわかる（太田 1928、太田 1974）。

『日本書紀』景行紀55年2月条によると、3代目の彦狭嶋王は東山道の15国の都督となるが、任地に行く途中で亡くなる。その子の4代目御諸別王が天皇の命により父の後を継ぎ、東山道15国の都督となり、はじめて現地に赴き統治した。その子孫は今も東国にいるとしている。この伝承と荒河戸畔の伝承から上毛野氏の初期、3代目までは紀氏と同じ紀伊から和泉周辺に基盤を置き、紀氏と交流を重ねていたと考えられる。そうした背景のもと4代目の御諸別王の代になって初めて東国に移り、対蝦夷政策の前面に立った。蝦夷対策については和銅元年（708）陸奥守に就任した上毛野朝臣小足、上毛野朝臣安麻呂、陸奥按察使の上毛野朝臣広人などの事績からうかがい知ることができる。

また上毛野氏と紀伊との関係を示すもののひとつとして、『日本霊異記』の伝承がある。『日本霊異記』中巻第11話の「僧を罵むと邪婬するとにより、悪病を得て死にし縁」という伝承である。紀伊国伊刀郡桑原（現在のかつらぎ町佐野附近）の狭屋寺の法事の条で「上毛野公大椅の女有り」とある。紀伊国伊刀郡桑原は荒河戸畔の勢力圏内にあったと考えられる地域である。ここに上毛野公に関係する伝承があるということは、『日本霊異記』中巻の年代である奈良時代中期においても豊城入彦命の一族が紀伊に存在したことの傍証となるものである。この点でも紀氏と上毛野氏の長期にわたる接点があったと考えてよいのではないか。上毛野の初代国司は紀瘷利耆拕臣である。紀臣の上毛野国への着任は、上毛野氏と友好関係にある氏族を配置することにより、統治の実を上げるための配慮があったと考えられる。

3. 火君や紀氏が置かれた自然環境・文化的側面

4世紀から7世紀にわたって頻繁に行われた朝鮮出兵や朝鮮外交・交流のためには、兵員や兵站物資を輸送する輸送手段が重要となってくる。大化改新以前の軍隊は地方豪族である国造がその傘下の農民を統率して戦った国造軍によるものであった。大和朝廷から派遣された将軍によって指揮されてはいるが、律令の軍団制のように兵員に対する直接指揮権はなかった。国造軍の指揮権は国造にあった。

天平宝字5年（761）の藤原仲麻呂が計画した新羅征討軍の例を基準にすると、兵士・子弟・水手の1艘あたりの乗組員は147人となるが、5、6世紀の造船技術から推測すると1艘あたり100人から80人となる（薗田 1992）。朝鮮出兵などにおいては1,000人から6万人の兵員が動員されており、1艘あたり100人としても10艘から100艘の船が使われたことになる。広開土王碑には「永楽十四年（404）倭は謀反をおこして、帯方の界に侵入し、□□□□□石城□連船□□□した。大王は、自ら官軍を率い、親征して□□し、平穣より□□□鋒して、たがいに王幢にめぐり遇うや、待ち伏せして切りつけ、洗い流すように刺し殺した。倭寇は潰え敗れ、惨殺されたものは無数に上った」とある（武田 2007：330頁）。連船という表現は倭の水軍の船がいく艘も連なってつづいている様を表現しており、朝鮮出兵のおりに使われた船の数とも符合する。肥後や紀伊において

これら多くの船をもやうことができる港についての自然環境やそこで培われていた文化的側面について、いくつかの視点から検討することにする。

(1) スギ・クス材

　文化的側面のひとつとして朝鮮出兵のさい兵員や物資を運んだ船舶の問題がある。古墳時代の船は大型刳舟の準構造船である。大阪市内から発見された4例のうち、大阪市東成区今福鯰江川から出土した船は、鉄釘をつかった準構造船で前後二材が印籠継ぎにより接合されており、完形ならば全長20mはあったであろうとされている。船材については『日本書紀』神代紀第8段宝剣出現章第5の一書に、素戔嗚尊が「鬚髯を抜きて散つ。即ち杉に成る……眉の毛は是櫲樟に成る」「杉及び櫲樟、此の両の樹は、以て浮宝とすべし」(坂本・家永ほか 1967) という神話がある。古くはもっぱらクス・スギが用いられたようだが、神代紀第5段四神出生章の天磐櫲樟船・鳥磐櫲樟船の話が示すようにクスの巨材を最上としたとされる。

　古代の大型船建造には、単材であれ複材であれ、刳船である以上クスあるいはスギの巨材が必要であり、外征には大型船を多数建造しなければならなかったから、巨大な船材が豊富に確保できることが必要条件であった。紀伊国でスギが豊富に産することは現在も変わりないが、クスについても神代紀第6段瑞珠盟約章の熊野櫲樟日命に象徴されるように巨木が豊富に産出していた。

　『日本霊異記』下巻 (中田 1980) 第1話には「熊野の村人、熊野の河上の山に至り、樹を伐りて船をつくる」とありクス材の船を造ったことが想定される。また、2011年 (平成23) 9月の台風12号にともなう豪雨によって、紀の川の川底に沈んでいたクスの巨木 (高さ約7m、直径約4m、推定重量40t、樹齢350年) が発見された。和歌山県教育委員会がこの巨木について調査したところ、「放射性炭素14年代測定法」により古墳時代のものと判明した。これらのことから古代の紀伊国ではスギとともに、クスが多く繁茂していたことが推測できる。

　紀氏とともに朝鮮出兵のおり水軍の中心となった火君のお膝元である肥後もクスの産地である。熊本市中央区宮内2に所在する、天然記念物「藤崎台のクスノキ群」は7本のクスの大木があり、目通り12m、高さ28m推定樹齢1,000年から目通り7m、高さ20m推定樹齢400年のものである。このことから古代において暖地性の樹木であるクスが肥後には多く繁茂していたことがわかる。梅咲山古墳の石室にはゴンドラ型の船の線刻壁画があり、準構造船を描いたものであると考えられるが、これもクス材を使用したのではないか。

(2) 鉄素材

　クス・スギなどの木材とともに重要なものに鉄素材がある。鉄素材は造船のための釘や金具、武力行使のための刀剣や刀子・甲冑、矢の先端の鉄鏃などとなり、朝鮮出兵を支える重要な素材となった。『続日本紀』神護景雲2年 (768) 条によれば、紀氏の同族が分布する四国北岸の讃岐国寒川郡の韓鉄師毗登毛人・韓鉄師部牛養ら127人に坂本臣 (紀氏一族) の氏姓を賜ったとしている。名前から鉄素材を扱う集団と考えられる。その坂本臣の本拠地である和泉国において、『新撰姓氏録』は紀氏同族として紀辛梶臣を掲げており、紀韓鍛冶臣の意である。紀氏は朝鮮から多くの鍛工

を率いて帰り、その本拠地や勢力圏に配置していたと考えられる。そして工人のみでなく、南朝鮮に豊かに産出する鉄を鉄鋌として持ち帰り、それらの鉄鋌と韓鍛冶の新しい技術によって製作された刀や甲冑などの武器は逆に紀氏の軍事力を増強し、その朝鮮における活躍を華々しいものとしたと推察される。

　次に、火君のお膝元である肥後の鉄素材について検討する。玉名や天草で鉄斧が発見されている。アルミニウム・カルシウムなど四元素の含有比をみた定性分析からは、南朝鮮の昌寧の鉄鋌は夾雑物の少ない良質な鉄素材であるが、熊本県出土の2つの鉄斧は倍以上の夾雑物をもったものである。したがってこれら鉄製品は南朝鮮の昌寧の鉄鋌を用いて作られたものでなく、熊本県産の砂鉄を用いて作られたものとされる。熊本県の製鉄遺跡としては、製練滓・鉄滓や玉鉄、フイゴ羽口などが出土した、古墳時代後期の荒尾市と玉名市にまたがる小岱山麓の製鉄遺跡群、玉名市蛇ヶ谷の銑鉄炉跡や、これら地域に連なる菊池川流域の5世紀後葉から6世紀中葉の梅林古墳やその周辺の遺跡がある（図66参照）（井上 1970a：81頁、村上 2007：191～195頁）。火君が水軍という武力集団となり、多くの兵員を朝鮮半島に送り込むためには、大量の武具を用意する必要があり、これを支えたのがこれら製鉄遺跡群である。

（3）自然環境

　次に、紀氏と火君の勢力基盤となった本拠地である紀伊と肥後の自然環境について考察することにする。紀氏と火君の本拠地は内海に面した場所に位置している。紀氏は紀伊水道から関門海峡にいたる広大な内海の東端に位置し、紀の川河口を本拠地としている。このため朝鮮出兵にあたっても航路の大半を比較的安全に航行することができた。先に述べたように岸俊男によれば、瀬戸内海航路は中国地方沿岸沿いと四国沿岸沿いの2ルートがあり、紀氏は讃岐沖から備後灘を通り、来島瀬戸をへて西進し周防の熊毛郡沖で合し、室積や佐波の港に至るルートをおさえ、紀氏とその同族

図45　瀬戸内海における紀氏関係要地図

が、紀伊・和泉から讃岐・伊予・周防、あるいは豊前と瀬戸内海の要地を占拠し、内海航路の1つを掌握していたと述べている（図45、岸 1966）。紀氏は瀬戸内海という恵まれた自然環境を生かして、海部や水軍の活動に役立てていたわけである。

この他に紀氏の活動に重要な役割を果たしたものとして、紀の川河口の自然環境がある。古墳時代の紀の川河口部は図46に示すとおり、海にでる直前で180度屈曲し、現在の和歌川にそうかたちで和歌の浦に至り海とつながっていた。この屈曲部から和歌の浦に至る区間は船をもやうに都合がよく、吉田津、平井津、徳勒津など多くの河港が集まっており紀伊水門（きのみなと）といわれ、多くの船を収容できるスペースとなっていた。

火君の本拠地は宇土半島基部にあり、宇土半島をはさみ北に有明海、南に八代海という内海に抱かれた地域である。井上辰雄は「（古代においては）当時の航海技術や造船技術などから見て、内海にのぞむ地域が、その（水軍の）発祥地として、伝統的にその集団を育てていった。北九州地方の場合、とくにその周辺を見まわすとすれば、有明・八代の内海が着目されたのはいうまでもない。宇土地方を本拠とする集団は有明海にも八代海にものぞむ有利な地域を占めていただけに、その勢力はつよかった」（井上 1970：75頁）としている。宇土半島基部は早崎瀬戸、本渡瀬戸、長

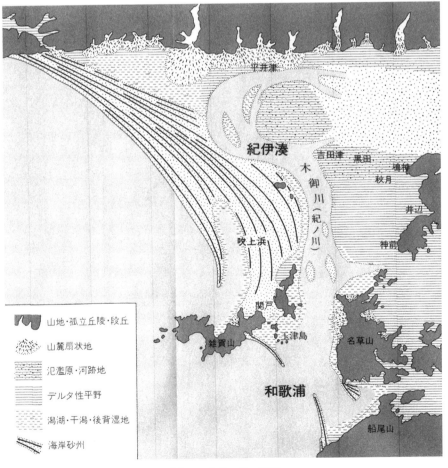

図46　古代の紀の川図

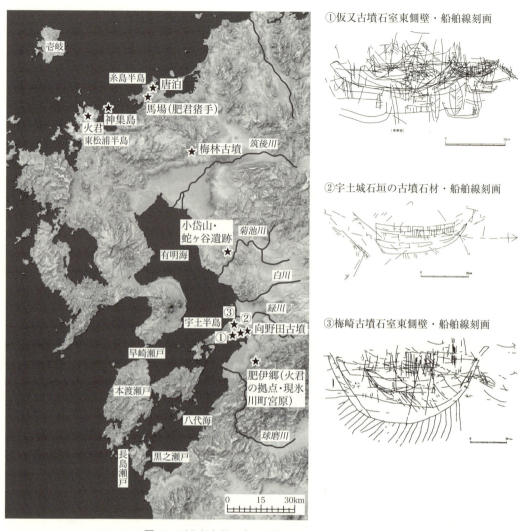

図47　西北部九州の自然環境・歴史的事項説明図

島海峡、黒之瀬戸という狭い水路の内側に広がった有明海、八代海という内海にはさまれており、船舶を数多く安全に係留することができ、航行の安全も確保されていた。

　この状況を推測できるものとして、宇土半島基部にある、仮又古墳（図47の①）・梅崎古墳（図47の③）の石室東側壁や宇土城石垣にある古墳石材（図47の②）に描かれた船舶線刻画がある。仮又古墳石室東側壁に描かれた装飾文様は櫓辺からでた櫓の数から海を航行する構造船であり、簡略化されて描かれている船を含めて数隻がもやっている様が見てとれる。梅崎古墳の石室東側壁に描かれた装飾文様は、手前に20本余の櫓の線刻があり海をゆく構造船をしめしており、その後に2～3隻の船を描いている。宇土城石垣にある古墳石材（宇土小学校保管）には船底に櫂、船尾に舵らしい線、船上いっぱいに長方形の棚か屋形と思われる線があり、全体の形状から構造船であることがよくわかる。このようなことから、内海の中心である宇土半島基部の海岸には常時、非常に多数の外海用の船舶が係留されていたと推測できる。

朝鮮出兵の拠点となる東松浦半島の神集島、肥君猪手の根拠地である志麻郡川辺里（東京大学史料編纂所編 1901a）、糸島半島の先端部分の唐泊へは、火君の本拠地である宇土半島基部から至近の距離にあり、火君の水軍はこのような自然環境に守られて朝鮮出兵をすることができた。

第2節　豪族間の多角的交流——火君、紀氏、上毛野氏——

1．火君と紀氏の交流痕跡

　火君と紀氏はいくつかの点で共通する側面を持っている。これらは単に偶然に符合したといったことではなく、両氏の交流のなかで意図的に作りだされたと考えられることが多い。また、火君とその同族の大分君の地域である大分県から熊本県、佐賀県にかけて、紀氏の拠点が散在することも、この流れなかでの1つの事象として捉えてよいのではないか。次にこの代表的事例を個々に説明することにする。

（1）葬　制——開かれた棺——
　第3章で詳述したように和田晴吾は、横穴式石室と棺との関係について、「開かれた棺」と「閉ざされた棺」に分類している。「開かれた棺」を置くか「閉ざされた棺」を置くのかは、葬制上に大きな違いをもたらす。肥後を中心に中北部九州に多い「開かれた棺」は、遺体を密封し納める容器としての機能ではなく、遺体を単に安置するための施設である。このため「開かれた棺」はのちに石屋形や屍床へと変化してゆく。肥後や筑紫に多い石室内部を彩色壁画で描く行為は、横穴式石室内の「開かれた棺」であって初めて意義をもつ。「開かれた棺」は九州地域や出雲地域などで、「閉ざされた棺」は畿内地域で主流となった葬制である（和田 1989：117頁、和田 2007）。
　紀伊の岩橋型横穴式石室では6世紀初頭の大谷山28号墳、6世紀中葉の天王塚古墳において、屍床、箱形石棺、石障などが見られることや、板石閉塞、玄門構造などにおいて、肥後や北部九州の葬制と類似する点が多い。また、岩橋系石室では、羨道に遺骸を安置した例は皆無であり、羨道は遺体を安置する場所ではなかった。玄室から木棺に使ったと考えられる、釘が見当たらないことから、木棺に遺骸を入れずに葬ったとされている。和田晴吾は特に取り上げていないが、岩橋型横穴式石室についても「開かれた棺」であったと考えられるため、肥後との関係がうかがわれる（末永 1989、中村 2010）。

（2）火君を含む多氏領域における紀氏の拠点
　肥後から豊後にかけての地域は、西部から東部にかけて火君、阿蘇君、大分君といった多氏同族が盤踞し、宇佐・国東で瀬戸内海にいたる。この地域での紀氏の拠点は次のとおりである。国造本紀によると肥前の藤津郡は、紀直同祖の若彦命が葛津立国造であるとしている。肥後の木部（熊本市南区御幸木部町）には紀氏同族の紀部氏が認められる。肥後から豊後に至る間には紀伊が発祥地

といわれる（河上 1977）石棚付きの横穴式石室をもつ鬼ヶ城古墳や千代丸古墳が点在する。これらは紀氏と関係のある古墳であると考えられる。現在、鬼ヶ城古墳に隣接して紀臣の祖である武内宿禰を祭った武内神社があり、紀氏との関係を証明する。

　宇佐・国東地域では宇佐市に木部、国東市に岐部という地名があり、紀氏同族の岐部氏の拠点である（太田 1974、竹内編 1982d）。また、田中裕介によると豊後高田市の真玉大塚古墳は2重の周溝をもち淡輪技法で作成された埴輪を樹立するなど、畿内政権を構成する紀伊の勢力との密接さを示すものであるとしている（田中裕 2010）。豊前では『続日本紀』の天平12年（740）9月条に上毛郡擬大領紀乎麻呂とあり、ここにも紀臣の一族がいたことがわかる。豊前国上毛郡塔里大宝2年戸籍に海部龍手とある。海部龍手は多氏である大分国造と同族である海部直の一族であり、大分君の勢力が大分郡だけでなく、国東半島一円にまで及んでいたこともうかがわれる。ここでも、また多氏と紀氏との関係が裏付けられる。

（3）横穴式石室の構造（表13参照）

　紀国造の奥津城とされる岩橋千塚の岩橋型横穴式石室と肥後型横穴式石室[2]を比較すると類似点が多い。いずれもその祖形は朝鮮半島にあるといわれることが多く、肥後と紀伊との交流があった結果ではあるまいか。岩橋型横穴式石室と肥後型横穴式石室とを比較すると表13のようになる。

（4）横穴式石室の石棚・石梁

　岩橋千塚の石棚・石梁は当初、石室を強固にするための構築技術上の必要性から取り入れられたといわれ、6世紀の初めに出現する。一方、肥後の横穴式石室は岩橋型横穴式石室とは異なる構築方法をとっているため構造上の石棚や石梁を必要としない。肥後の石棚は石屋形から変化して両袖の側壁がなくなり、屋根部分が石棚として残ったものといわれる[3]。

　このように両者の石棚は異なる目的のため発生したものであるが、その後、岩橋型横穴式石室では構築技術上での石棚・石梁は必要としなくなった。にも関わらず石棚・石梁は引き続き造られており、その目的も肥後的性格に変化していったと考えられる。反面、火君の本拠地と考えられる地域で築造された今城大塚古墳・大野窟古墳や磐井の乱後に火君の勢力下に入ったと考えられる王塚古墳では、いわゆる肥後型横穴式石室ではなく岩橋型横穴式石室に近い形態をとり、石棚も奥壁や側壁に食い込んだ形で作られている。肥後では基本的に石梁がないが火君の影響下に造られた王塚

表13　岩橋型・肥後型横穴式石室比較表

種　類	岩橋型横穴式石室	肥後型横穴式石室
玄門の袖の型式	両袖	両袖
玄門部分の型式	玄室前道	玄室前道に類似した形態が多い※
入口の閉塞	扉石	扉石
石障・屍床	6世紀初頭の大谷山28号墳に見られる	肥後の伝統として多く見られる

※玄室と羨道とを連結する玄室前道は羨道より幅が狭く、天井も羨道より一段と低くなっており、床には分厚い板石を基石として使用している。両側壁は板石を小口積みにしている。

古墳には石梁が存在する。このような状況から考えると、石棚・石梁についても両氏における情報の共有がなされていたと考えてよいのではないか（末永 1989、河上 2003、蔵富士 2010・2002、松下 1997）。

2. 阿蘇凝灰岩製石棺にみる火君と紀氏

紀氏と火君との交流をうかがわせるものに、西日本における阿蘇凝灰岩製石棺の出土状況がある。これよりこの視点に立って紀氏と火君の関係について検討していくことにする。

（1）阿蘇凝灰岩製石棺の製作地
阿蘇凝灰岩製石棺の製作地は肥後の地域であるが、主として、2つの地域で製作したといわれている。1つは肥後北部の菊池川下流域、他は肥後中部の氷川下流域である（図48）。

（2）阿蘇凝灰岩製石棺の搬送ルート
阿蘇凝灰岩製石棺の九州島外への搬送ルートは、おおまかにいうと、肥後の有明海沿岸から東シナ海・玄界灘・周防灘を通って瀬戸内海に入り畿内にいたるものである。古代における1日の航海距離は30～50kmであり（読売新聞西部本社 2006、高木恭 1987）、この間隔で停泊しながら目的地に向かった。九州ルートは火君を中心とする肥後水運が担当し、嶋門、到津または下毛郡分間浦を経由し瀬戸内海ルートに引き継ぐ。瀬戸内海ルートは紀氏勢力が中心となり瀬戸内海沿岸や畿内の各地点に搬送する。こうした火君と紀氏の連携により石棺は輸送されたものと考えられる。八幡茶臼山古墳へは淀川を遡上し山崎津で荷を下ろし、陸路を搬送したのではないか。また東乗鞍古墳へは淀川・木津川を遡上し、木津より陸路をつかい搬送したと思われる。

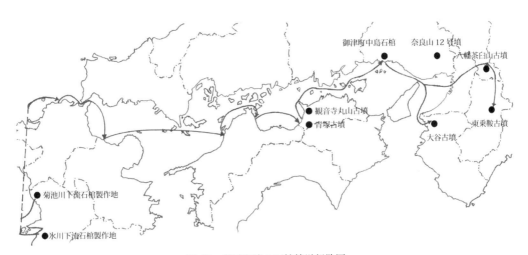

図48 紀氏関連の石棺輸送経路図

表14　紀臣関係古墳出土の阿蘇凝灰岩製石棺

	古墳名	所在地	石棺形式	石棺製作地
1	青塚古墳	香川県観音寺市原町	舟形石棺	菊池川下流域製
2	観音寺丸山古墳	香川県観音寺市室本町	舟形石棺	菊池川下流域製
3	御津町中島石棺	兵庫県たつの市御津町	舟形石棺	氷川下流域製
4	奈良山12号墳	兵庫県三田市貴志字奈良山	横口式石棺	（肥後的性格の古墳）
5	八幡茶臼山古墳	京都府八幡市男山笹谷	舟形石棺	氷川下流域製
6	東乗鞍古墳	奈良県天理市乙木町	刳抜家形石棺	氷川下流域製
7	大谷古墳	和歌山県和歌山市大谷	組合家形石棺	氷川下流域製

（3）紀氏と石棺関連古墳等との関係

　九州島以外における阿蘇凝灰岩製石棺の出土地は23例ある。このうち紀氏と関係があると考えられるものは次の7例である（高木 1994 ほか）。表14にもとづき、各地の阿蘇凝灰岩製石棺の状況と紀氏との関係、その地域の状況などについて個別に説明する。

青塚古墳

　所在地は古代の刈田郡紀伊郷である。紀伊の由来は『三代実録』貞観9年（867）11月20日条に「左京人従五位下直講刈田首安雄賜姓紀朝臣。安雄自言。武内宿禰之裔也」とあり、この紀氏の姓によるという（竹内編 1982a）。安雄の系統がこの地を治めていたと考えられる。紀伊郷は紀臣の拠点であり、南西が柞田川、東が山本郷、西が坂本郷であり、現在の観音寺市木之郷町・粟井町、大野原町丸井の地域であるといわれている（竹内編 1982c）。隣接の坂本郷は坂本氏の拠点であり、坂本氏は紀臣の中心同族のひとつである。したがって、紀臣は瀬戸内海水運の寄港地である刈田郡の主要地域を同族で押さえていたといえる。

　青塚古墳は紀伊郷の中でも東よりに位置しており、菊池川下流域製の阿蘇凝灰岩製石棺が埋葬に使用されている。菊池川下流域は火君の勢力範囲の中でも、火君の本拠地から北に離れた、火中君[4]の拠点とされる地域である。菊池川周辺の火中君は火君の本拠地の火兄君より枝分かれした火君であり、水運力を背景に勢力を拡大していったものと考える。

観音寺丸山古墳

　所在地は観音寺市室本町にある。古代の坂本郷（竹内編 1982c）にあたり坂本氏の支配地域である。古墳には菊池川下流域製の阿蘇凝灰岩製石棺が収められている。隣接する紀臣とともに坂本氏は火君系統の豪族との交流があったことになる。

御津町中島石棺

　この石棺は出土古墳から離れて保管されていたものであり、棺の身はなく、蓋のみが残っている。蓋の両側の短辺に半環状縄掛突起をつくった舟形石棺である。氷川下流域製であるから、火君の本拠地で作られたもので、火君の本拠地（火兄君）との直接的交流が考えられる。出土地の御津は瀬戸内海水運の中でも主要な港津である室津のある場所である。ここと紀臣との関係を示す直接的な資料はないが、播磨には紀臣の拠点が多くあることから、御津においてもその可能性があると推定される。水野正好はこの石棺を「紀氏とかかわるか、同様な水運・港津を利して彼の地と連なる者の石棺と考えてよいであろう」（水野編 1985：155頁）としている。

奈良山 12 号墳

　奈良山 12 号墳は兵庫県三田市貴志所在の円墳で横口式石棺が置かれている。高木恭二は、「奈良山 12 号墳を含め有明海沿岸地域と共通する葬制（石障系横穴式石室など）を採用した肥後的性格をもった古墳は石棺輸送の停泊地に築かれているが、奈良山 12 号墳は河口から 25 km 遡っており津としての性格とはやや趣をことにする」（高木 1987：304 頁）と述べている。

　奈良山 12 号墳が所在する三田市貴志は、紀氏との関係がうかがえる石棚付きの横穴式石室が 2 カ所ある。地名の「貴志」は紀氏からきたものであると考えられる。さらに、紀氏は港津の管理者として、瀬戸内海から畿内にいたる主要な船津を押さえ拠点を設けている。このような状況から考えると「貴志」は丹後地方へ往来する上で重要な地点であり、紀氏の拠点のひとつとなったのではないか。

八幡茶臼山古墳

　八幡茶臼山古墳は京都府八幡市男山笹谷にある。紀臣が歴代の宮司となっている石清水八幡宮と同じ峰にあり、その南側に位置する。ここは淀川と木津川、宇治川の合流点である。淀川の対岸は山崎津で、古代において単に船津としてだけではなく、政治的にも重要な地点であった。この一帯の地域は古代から紀氏と関係が深い場所であり、石清水八幡宮は貞観 2 年（860）紀臣出身の大安寺の僧侶行教が朝廷に奏請して勧進されたものである。石清水八幡宮の地域を含め、木津川を挟み東側の紀伊郡までが紀臣の拠点である。延暦 19 年（800）の「山城国紀伊郡司解」（『大日本古文書』編年文書之巻八、東京大学史料編纂所編 1904c）には木日佐新足の名が見え、紀臣との関係をうかがわせる。紀伊郡は天平 13 年（741）の「山城国司移」（『大日本古文書』編年文書之巻二、東京大学史料編纂所編 1901b）に書かれており、紀臣が拠点としたのはこれより前の 5 世紀代のことと考えられる。八幡茶臼山古墳の舟形石棺は氷川下流域製のものであり、ここも火君の本拠地から搬送されたものである。紀氏と火君との関係がここでも確認できる。

東乗鞍古墳

　東乗鞍古墳は 6 世紀後葉の古墳である。ここからは阿蘇ピンク石（ピンク色をした凝灰岩）製刳抜家形石棺が出土している。阿蘇ピンク石は宇土市網津町馬門で採掘されることから、火君の本拠地で作られたと推定される。ピンク石製石棺は九州島内では出土しておらず、岡山と畿内の 14 カ所から発見されている。5 世紀後葉から 7 世紀前葉の限られた時期のものである。継体天皇や推古天皇・竹田皇子の陵墓と推定されている今城塚古墳、植山古墳より出土していることから、限られた人しか使えないものであったと推測される。阿蘇ピンク石製石棺の所在地は、①造山古墳（岡山県岡山市）、②長持山古墳（大阪府藤井寺市）、③峯ヶ塚古墳（大阪府羽曳野市）、④鑵子塚古墳（奈良県天理市）、⑤兜塚古墳（奈良県桜井市）、⑥慶雲寺（奈良県桜井市）、⑦金屋ミロク谷（奈良県桜井市）、⑧築山古墳（岡山県瀬戸内市）、⑨野神古墳（奈良県奈良市）、⑩円山古墳（滋賀県野洲市）、⑪甲山古墳（滋賀県野洲市）、⑫今城塚古墳（大阪府高槻市）、⑬東乗鞍古墳（奈良県天理市）、⑭植山古墳（奈良県橿原市）の 14 カ所である。

　東乗鞍古墳は天理市乙木町にあり、大和国条理復元図（橿原考古学研究所 1981）によると、古墳に近接して紀氏に由来する木殿脇・西木殿脇の地名が見られる。ここが双脚輪状文形埴輪の出土

した荒蒔古墳（天理市）に隣接する喜殿町と同様に紀臣の拠点であったことをうかがわせる。天理市の喜殿町・木殿脇・西木殿脇の地域は、他の紀臣の拠点とくらべて広い地域を占めているため、ここが大和における紀臣の本貫の地とも考えられる。東乗鞍古墳の規模や格式などを考え合わせると、この古墳が紀臣当主の墳墓であったと推定することもできるのではないか。

大谷古墳

　大谷古墳は和歌山市大谷に所在する5世紀後葉の古墳であり、紀の川の北側に位置する。川の南側にある紀国造の奥津城とされる岩橋千塚とは様相が異なる観があり、紀国造とは別系統の紀氏、または紀臣の墳墓のように考えられる。

　副葬品は垂飾付耳飾、胡籙飾金具、四葉形金具、金銅飾金具、鉸板、馬具（馬冑、馬甲、杏葉、雲珠等）などがあり、これらは韓半島由来のものである。熊本県江田船山古墳との類似性が指摘されている（和歌山市教育委員会 1959）。『日本書紀』雄略紀9年5月条に、紀大磐宿禰が新羅征討の将軍となって朝鮮にわたり、蘇我韓子宿禰とともに馬に乗り、轡を並べて進軍したという伝承は、大谷古墳の築造年代とも符合し、現実味を帯びてくる。これら副葬品は墓の被葬者が水軍を率いて朝鮮へ出兵し、活躍したことの傍証ともなるものである。

　当時の朝鮮出兵は韓半島に近いことと、瀬戸内海水軍による大兵力の移動が可能なため、瀬戸内海以西の国造軍により行われたという（直木 1968）。このようなことから水軍の中心的存在であった紀氏と火君は、連携して事にあたる機会も多かったはずであり、これらの交流をとおして親密な関係を結ぶようになったのではないか。

　大谷古墳は組合家形石棺であるが、家形石棺と長持形石棺との両方の要素をあわせもっている点に、特色が認められる。阿蘇凝灰岩製で火君の本拠地である氷川下流域製のものである。ここにおいても紀臣と火君との関係がうかがわれる。

　以上、九州島外にある阿蘇凝灰岩製石棺をとおして、紀氏と火君との緊密な関係を検証してきた。ここで判明したことは、第一に、石棺搬送における両氏の連携がみられること。九州島内の搬送ルートは火君を中心とする地元豪族が受けもち、九州島外の搬送ルートは紀氏を中心とする勢力が主として受けもった。ときにより、相互乗り入れも考えられ、ここに紀氏、火君の連携が推測される。

　第二に、阿蘇凝灰岩製石棺の製作地の検討からは、紀氏が火兄君（火君の本拠地）だけでなく、その北部地域（菊池川下流域）の火中君および関連豪族とも緊密な関係をもっていたことも判明した。九州島外で出土した阿蘇凝灰岩製石棺の製作地は、2例が肥後北部の菊池川下流域、残りの4例が肥後中部の氷川下流域を中心とした地域である。このことから紀氏は宇土基部から氷川下流域に拠点を置いていた、火君中核である火兄君との交流がより深かったと考えられる。「肥後北部の船山古墳附近の勢力が雄略天皇やそれ以前から大王家と密接な関係をもっていた」（高木 1987：304頁）といわれている。しかし石棺の検討からは紀氏も菊池川周辺の豪族である火中君とも交流があったことがわかる。

　第三に、紀氏の本拠地と見られる東乗鞍古墳を除き、すべて、主要船津のある紀氏関連の古墳から阿蘇凝灰岩製石棺が出土している。このことにより各紀氏同族と火君勢力との関係が明らかにさ

れた。水野正好は、先に記したように「大谷古墳と茶臼山古墳、それはともに水運・港津の管理にあたる紀氏一族の卓越した者の奥城にふさわしい。朝廷の門戸を管掌し、水軍の中核として五,六世紀対韓交流のまっただなかで活躍する紀氏の動向と関連づけられる遺跡であり、西九州（肥後・加藤注）との深いつながりを語る資料といえるのである」（水野編 1985：154～155頁）と述べている。

3. 火君と上毛野氏

　火君と上毛野氏は共通する2つの伝承をもっている。1つは朝鮮出兵を含む朝鮮派遣伝承であり、2つめは蝦夷対策と蝦夷地の開拓に関するものである。ここではこれらの事柄をとおして、火君と上毛野氏の関係を考察することにする。まず、2つの事項を考える上で重要な資料となるのが両氏の同族集団の分布状況である。毛野地域を除く利根川・荒川流域、東京湾岸から陸奥南部に至る地域の両氏の拠点は次のとおりである（図49）。

【毛野氏の拠点】
大野朝臣	（武蔵国埼玉郡埼玉古墳群附近1、上総国海上郡大野2）
藤原部（葰原部）	（武蔵国埼玉郡3、下総国葛飾郡4・相馬郡5、上総国周准郡6）
藤原部直（葰原部直）	（上総国望陀郡7、常陸国8）
吉彌候部	（常陸国久慈郡9・茨城郡10）
軽直	（常陸国久慈郡11）
軽部	（下総国海上郡12）
吉彌候部「上毛野陸奥公」	（陸奥国宇多郡［浮田国造］13、耶麻郡14、磐瀬郡15）
吉彌候部「上毛野鍬山公」	（陸奥国安達郡16・信夫郡17）
吉彌候部「上毛野名取朝臣」	（陸奥国安達郡18・名取郡19）
吉彌候部「下毛野静戸公」	（陸奥国安達郡20・信夫郡21）
上毛野朝臣	（陸奥国行方郡22）
下毛野公	（陸奥国行方郡23）
車持	（上総国長柄郡24）
下毛野君	（上総国武射郡25）
君子	（相模国鎌倉郡26）

【火君（多氏）の拠点】
小長谷部	（上野国邑楽郡1・下総国葛飾郡2）
多臣	（下野国安蘇郡意部郷［大部］3、都賀郡［大神社］4、上総国望陀郡飫富郷［大部］5、下総国相馬郡［大部］6・印旛郡［印波国造・大部直］7、安房国安房郡太田郷8・長狭郡［長狭国造］9、常陸国茨城郡10・行方郡11）
阿蘇氏	（下野国安蘇郡12）

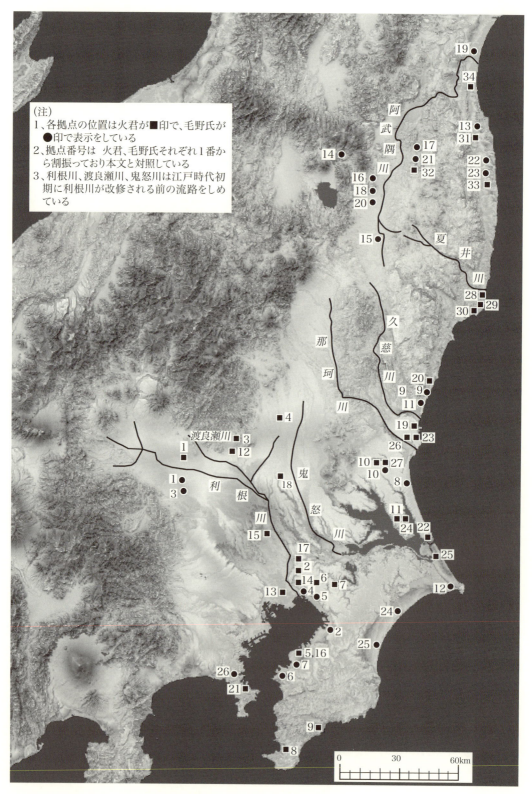

図49　火君・上毛野氏拠点分布

豊島氏	（武蔵国豊島郡 13、下総国葛飾郡 14）
小子部	（武蔵国 15）
飫富神社・意富比神社	（上総国望陀郡［飫富神社・現飽富神社］16・下総国葛飾郡［意富比神社］17）
雀部	（下総国結城郡 18、常陸国那賀郡 19・多珂郡 20）
鹿島臣	（相模国御浦郡 21、常陸国鹿島郡 22）
壬生直	（常陸国那賀郡 23・行方郡 24・鹿島郡［那珂国造］25）
宇治部直	（常陸国那賀郡 26）
島田	（常陸国茨城郡 27）
道奥石城国造	（陸奥国磐城郡 28）
於保磐城臣	（陸奥国磐城郡［大部］29）
鹿島神社	（陸奥国磐城郡 30・宇多郡 31・信夫郡 32）
鹿島御子神社	（陸奥国行方郡 33）
鹿島天足和気神社・鹿島伊都乃比気神社・鹿島緒乃太神社	（陸奥国亘理郡 34）

（注）各氏族の所在地の番号は図 46 の番号と対応する。太田 1928、大場 1975 文献より作成。

（1）朝鮮出兵を含む朝鮮派遣伝承等

　火君と上毛野氏はともに朝鮮出兵を含む朝鮮派遣伝承をもつが、その性格は異なるものである。火君は水軍としての戦闘部隊であるとともに、兵員や物資の輸送、後方支援など水運機能も果たしていたと考えられる。一方、上毛野氏は水運を保持しておらず戦闘部隊としての役割を担っていた。上毛野氏が朝鮮出兵をする場合、当時の道路事情、輸送手段、輸送効率から考えると、東山道ではなく河川を使った経路を利用したと思われる。大量の輸送が可能な利根川などの河川を経て東京湾に至り、海上水運を使い朝鮮半島に出兵したのではないか。水軍勢力として有力な豪族として紀氏、吉備氏、火君等が考えられるが、上毛野氏の出兵経路と考えられる地域には紀氏、吉備氏が拠点を設けていた形跡はなく、ひとり火君については色濃く残っている。火君（多氏）の拠点は図 49 でわかるように、利根川、渡良瀬川流域から東京湾沿岸まで多く存在した。また、上毛野氏の拠点は毛野の地域以外においても火君（多氏）の拠点に寄り添うように設置されている。

　火君（多氏）や上毛野氏の拠点がある地域からは、朝鮮半島との関係を推測できる多くの出土遺物が発見されている。両氏の拠点であった上総国望陀郡の祇園大塚山古墳からは銀製鎖付耳飾りや金銅製眉庇付冑など、金鈴塚古墳からは銀木実形垂飾や馬具などが出土し、上総国海上郡の姉崎二子塚古墳からは銀製垂飾付耳飾や甲冑、馬具などが出土し、武蔵国埼玉郡の埼玉古墳群からは馬冑・蛇行状鉄器などが出土している（千葉県史料研究財団 2003、埼玉県立さきたま資料館 1997）。旧利根川流域から東京湾沿岸周辺、常陸国にかけての地域からは朝鮮半島由来の文物が多く出土している。これら文物は熊本県江田船山古墳出土物とも相通ずるものであり、九州との相互交流をうかがわせる資料ともなる。

（2）蝦夷対策と蝦夷地の開拓

　上毛野氏には崇神天皇より豊城命が東国の統治を命じられたこと、御諸別王が東国を治めることを命じられ蝦夷を撃ったことなどの伝承がある。火君については第5章で述べたように霞ヶ浦で国栖を討伐した建借間命が火君と同族であることがわかり、これらの伝承から、上毛野氏と火君（多氏）は大和朝廷から蝦夷対策と蝦夷地の開拓を使命として、東国に送り込まれた氏族であると考えてよいのではないか。

　先に示した両氏の拠点（図49）は安房から陸奥南部にかけての太平洋岸に数多く点在する。蝦夷対策における火君（多氏）の拠点は、はじめ仲国造の領域を中心としていたが、その後磐城郡に拠点を移したと考えられる。『日本古代史地名事典』によると磐城郡からの移民に関連して、「磐城国南部で早くから国家の安定支配をうけており、人口にも比較的恵まれていたことから、蝦夷に対峙する北方への最前線へ移民を送り出す側とされ、現在の関東地方にあたる坂東諸国と同様の位置づけがなされたのであろう」（鐘江 2007：423頁）としており、海路での常陸国との強いつながりについても述べている。

　太平洋岸における火君（多氏）と毛野氏の拠点は図49でわかるように、片方の氏族に偏ったものではなく両者が混在している。特に、多くの地域で両者が隣接しており、旧利根川流域や東京湾沿岸における両者の関係と同じ形をとっている。したがって、この拠点配置状況から見えてくるものは蝦夷対策や蝦夷地の開拓においても、火君（多氏）と上毛野氏が緊密に連携してことにあたったという姿ではなかろうか。

第3節　各豪族の地域基盤

1．火君・大分君（多氏）の拠点

　火君（多氏）の地域基盤は2つの側面から考える必要がある。1つは磐井の乱以前の地域状況であり、2つめは磐井の乱以後の地域状況である。双脚輪状文壁画が肥後から北部九州に伝播していったのは磐井の乱以後と考えられる。まず、磐井の乱以前の地域状況について考えることにする。火君の本拠地は氷川流域中・下流域である。ここから益城郡などへ勢力を拡大していく過程で本拠地の火兄君と火中君、火弟君に分かれていった。火中君は菊池川中・下流域を本拠地として大王家と緊密な関係をもっていた（板楠 2003、小田 2007、高木 1987）。最初の双脚輪状文壁画をもつ釜尾古墳や横山古墳は、横穴式石室の平面形や構造面から菊池川中・下流域の石室と類似する点が多く、火中君の勢力が築造した可能性がある。大分県国東市に所在する築山古墳出土の双脚輪状文形埴輪は6世紀初頭に釜尾古墳の双脚輪状文が伝わり埴輪化されたものと考えられる。『古事記』神武天皇の段に大分君と火君は同族とされていることから双脚輪状文の情報が即時に伝えられたものではないか。

　次に、磐井の乱以後の地域状況である。各種文献史料によると火君一族は磐井の乱後に肥前国松

浦郡・養父郡、筑前国志摩郡、筑後国の国境などへ進出したことがわかる。肥前国松浦郡や筑前国志摩郡は朝鮮半島へ出兵するための基地として重要な場所である。井上辰雄は大和政権が火君の肥前国、筑前などへの進出を容認したことについて、「大和政権も……その乱後（磐井の乱・加藤注）の朝鮮経略にも九州最大の水軍を誇る火君の実力を抜きにしては考えられなかったからである」としている（井上 1970：246 頁）。

　文献史料にはないが、火君のこれら地域への進出については考古学的側面から2、3考えられる。まず、筑前国穂波郡に所在する王塚古墳である。この古墳は肥後由来の双脚輪状文や阿蘇凝灰岩製石屋形を始め肥後的要素が多い（川上 1935、梅原・小林 1940）。王塚古墳は、磐井の乱後に大和朝廷が中北部九州に設置した屯倉の1つである穂波屯倉に所在する。肥後的古墳の王塚古墳から考えると、屯倉を管理した豪族は火君の一族ではなかったかと思われる。また、筑後国上妻郡の弘化谷古墳の横穴式石室には双脚輪状文壁画や石屋形などがあり、肥後的古墳である。このことから、磐井の乱後に隣接する火中君の勢力が進出していったことと考えられる。火君一族は磐井の乱を契機として中北部九州の主要な地域を自己の拠点として確保したことがわかる。このことが西日本や北部関東双脚輪状文形埴輪に影響を与えたばかりではなく、火君同族の移動により福島県の双脚輪状文形埴輪へと引き継がれていった。

2. 紀臣の大和の拠点とキドノ地名

　ここでは紀氏と関係する地域について双脚輪状文の伝播の背景やその契機を探るため、基本的状況を把握する。対象の地域は大和と大和以外の地域に分け、その配置状況や双脚輪状文形埴輪との関係、地域の性格や状況について整理していく。

　キドノの漢字表記は、喜殿、木殿、貴殿、紀殿、城殿など多様である。紀臣に由来すると考えられるキドノ拠点は、木津から歌姫越、下ツ道、芦原峠を経由して大淀にいたるコース上にある（図50）。木津から歌姫越のあいだには双脚輪状文形埴輪を出土した音乗谷古墳があり、下ツ道沿いには、同じく双脚輪状文形埴輪を出土した荒蒔古墳がある。ここは荒蒔古墳があるばかりでなく、紀臣の大和における本貫の地と考えられるところである。飛鳥地方では飛鳥川をはさみ、紀寺跡と伝えられている場所や、木殿神社がある。下ツ道が吉野川につきあたるところには、槇ヶ峯古墳と岡峯古墳がある。両古墳とも紀氏特有の石棚付きの横穴式石室で、紀氏の拠点であると考えてまちがいない。ここは水上交通と陸上交通の結節点である。ここでは、はじめに平群のキドノ地名により、キドノ地名が紀臣の拠点であることを証明したうえで順次各拠点について述べていく。

（1）平群の紀臣関係とキドノ地名

　ここでは平群のキドノ地名を検討することにより、キドノ地名が紀臣の拠点を示す地名であることを証明する。紀臣の拠点を証明する上で、ここは文献史料、考古資料、歴史地理資料など多くの資料があり最適の場所と考える。『平安遺文』古文書編第1巻163、貞観12年（870）4月23日の某郷長解写（大和国平群郡）によると（竹内編 1964）、平群東条一里平群里13・14両坪の地を、

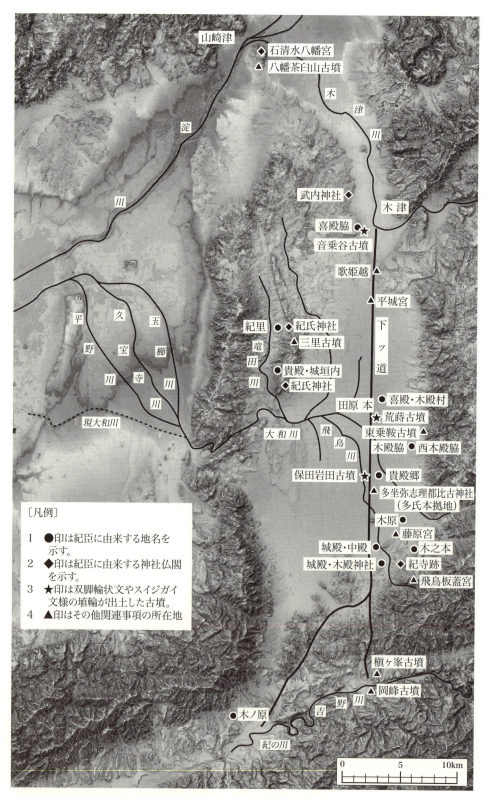

図50 大和・山城地域の紀臣関係図

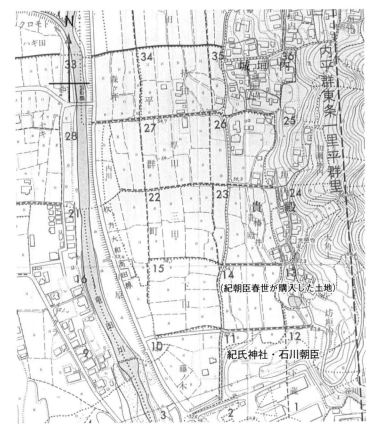

図 51　平群条里図

石川朝臣貞子が従七位上守少判事紀朝臣春世に売却したとしている。この隣接地は南限が石川朝臣黒主と紀氏神地、東限が山、北限と西限が道となっている。大和国条里復元図（橿原考古学研究所 1981）によると、図 51 で見られるとおり、平群東条一里平群里 13 坪・14 坪は東が山で北と西が道で限られている。南の神社は現在存在しないが、紀朝臣春世が購入した土地は某郷長解写に記載してあるとおりであることが図上で把握できる。また、この場所が紀臣の拠点のひとつであることもわかる。

次に、キドノ地名についてみると、同図の平群東条一里平群里 13 坪・14 坪の北側に接する 23 坪・24 坪の小字名が貴殿となっており、1 坪おいた北側の 35 坪 36 坪の小字名が城垣内となっている。平群北部には、紀氏神社や石棚付き横穴式石室をもった三里古墳などがあることから、紀臣はこの平群郡北部地域を拠点としたうえで、平群への関門というべき南部の貴殿を中心とした地域をも押えていたことが、これら資料でわかる。あわせて平安期に見える里名として平群町紀里がある。現在の平群町北部の上庄付近に比定される（竹内編 1982b）。

（2）木津の紀臣関係とキドノ地名

　紀臣は意図的に大和へ通ずる水上交通の要所を押さえており、木津は水路から陸路に変わる重要

な場所である（図50参照）。また、『類聚国史』巻第10・神祇部10・常祀の天長元年（824）8月丁酉（21日）の条において、紀朝臣百継が平群の紀氏神への幣帛を奏上したとされる（「依従三位右衛門督兼播磨権守紀朝臣百継。従四上行越前加賀守紀朝臣末成等奏。紀氏神□幣帛例。」［黒板編 1933：88頁］）。その紀朝臣百継の父の名は、木津魚という。木津魚についても木津との関係をうかがわせる。木津の名前は紀氏の津を意味する「紀津」から出た名前であると考える。紀氏は5世紀には平群谷や淀川水系の淀川・木津川合流点、山城紀伊郡を経由して大和中心部へのルートを確保していたと思われる。そのひとつの拠点が木津であり、紀氏の名前にちなんだ津名が付けられたと思料される。

その傍証の1つは木津から歌姫越えの途中にある、紀氏との関連が考えられる双脚輪状文形埴輪が出土した音乗谷古墳である。また、傍証の2つめは『角川日本地名辞典』京都下巻（772頁）の小字一覧によると、相楽郡精華町字山田に喜殿脇という地名がある。字山田は、木津市と境を接する地域であり、音乗谷古墳と至近距離にある。紀朝臣の拠点は少なくとも、木津市と精華町字山田の境界付近から音乗谷古墳を含む地域であったのではあるまいか。ここより北3kmに、紀臣の祖である武内宿禰を祀った武内神社があるのもこれら事項と符合する。

（3）天理の紀臣関係とキドノ地名

天理市にはキドノの地名が2カ所ある。1つは現在の喜殿町で双脚輪状文形埴輪が出土した荒蒔古墳から約1kmのところにある（図50参照）。慶長郷帳には木殿村とあり、興福寺雑役免田帳には北喜殿荘があり、ここの領域は現喜殿町を中心に上総町・石上町も含む（下中 1981、竹内編 1982b）。北喜殿ということは、少なくとも南喜殿が想定され、喜殿や木殿といわれた地域は現在の喜殿町よりはるかに広い範囲が推定され、荒蒔古墳のある地域もその範囲であったことが十分に考えられる。

2つめは乙木庄地名地図によると現在の天理市甘木町北部に木殿ノ脇・西木殿ノ脇があったことがわかる（服部 2000）。この場所は喜殿町や荒蒔古墳より南東3.6kmのところである。紀臣は荒蒔古墳を含めた非常の広い範囲をその拠点としていたことがわかる。

この拠点の性格は大和における紀臣の中心拠点ではないかと考えられ、経済的面と政治的面とを兼ね備えた、いわば宮家プラス屯倉といった性格の拠点であったのではないか。附近には阿蘇凝灰岩製石棺が埋葬されている東乗鞍古墳がある。このことも紀臣との関係を推定させる資料となる。

（4）飛鳥の紀臣関係とキドノ地名

大和国条理復元図によると、藤原宮大極殿跡の西南方100mから南方450mにかけて北城トノ・城殿・南城殿・中殿という小字名がある（図50参照）。北城トノ・城殿・南城殿はキドノのことであり、中殿は紀臣一族の氏族名である。ここは藤原京の右京六条西一坊あたりと考えられる。

附近には紀寺跡（小山廃寺）や現城殿町がある。紀寺跡（小山廃寺）は現在の小字名キデラであることから、古くから紀寺と想定する説がある（小澤 2003、竹内編 1982b）。『続日本紀』天平宝字8年（764）7月丁未の条（青木・稲岡ほか 1995）に紀寺の奴婢名が記載されていることから、

その時点で紀寺という寺院が存在したことはまちがいない（福山 1948、小澤 2003）。

　紀臣は紀伊から平群へ進出後すぐ、藤原京以前の飛鳥宮殿の関門というべきこの飛鳥川両岸の広い地域を、押さえていたのではないか。藤原宮の東側、天香久山との間は木之本町・木原町という地名が残っている。『日本歴史地名大系』30によると、喜殿庄（城殿町）が耳成山南麓から明日香岡付近にあったとしている。木原は大和国宇智郡にもあり、ここの平安期の荘園は紀臣と関係が深い石清水八幡宮領となっている（角川文化振興財団編 1999）。

3. 大和以外の紀氏の拠点

（1）周防地域

　岸俊男によれば、周防の都濃郡内に紀村が存在し、都濃郡の両隣の玖珂郡や佐波郡内にも紀臣の拠点があったという（岸 1966）。紀臣の同族として、坂本臣とともに角臣が挙げられる。『日本書紀』雄略紀9年5月条に小鹿火宿禰について「是の角臣等、初め角国に居り。角臣と名づけらるること、此れより始れり。」と記されており、周防国都濃郡が角臣の本貫の地であり、拠点と考えられる。周防国都濃郡は2つの瀬戸内海航路の西の合流点である佐波津（防府市）の隣の郡であり、水軍勢力の活動に重要な場所と考えられる。ここを拠点とすることにより紀氏の一族は、朝鮮半島への出兵に重要な役割を担うことができたと思われる。

（2）伊予・讃岐地域

　松山市南部に来住町（伊予国久米郡）があるが、来住は紀氏を意味するものとして、紀氏の拠点があったと考えられる。また、松山市下難波新城には40基以上を数える新城古墳群があり、新城36号墳からは双脚輪状文形埴輪が出土している。新城3号墳、新城5号墳には紀氏と関係が深い、石棚付きの横穴式石室が設置されている。新城古墳群における双脚輪状文形埴輪の出土、石棚付きの横穴式石室の存在、難波の自然環境などを勘案すると、紀臣は下難波の地に風待ち港としての拠点を設置していたと考えられる。

　愛媛県四国中央市妻鳥町山口にある山口1号墳には石棚付きの横穴式石室がある。古墳のある四国中央市妻鳥町は愛媛県東部の瀬戸内海沿岸の町で、香川県に隣接する地域である。石棚と紀氏との関係や地理的位置から考えると、ここにも紀臣の拠点があったのではないか。

　紀臣関係豪族の拠点は讃岐に濃密に分布する。讃岐国多度郡に所在する公文山1号墳からは2個体分の双脚輪状文形埴輪が出土している。岸俊男は紀氏と関連する地名・人物等について次のように述べている。『続日本紀』延暦10年（791）12月丙申条に、讃岐国寒川郡人外従五位下佐波部首牛養（紀田鳥宿禰後裔・紀臣）らが居住地の寒川郡岡田村にちなみ岡田臣を賜りたいと申出て、認められた。寛弘元年（1004）讃岐国大内郡入野郷（大川郡引田町坂元）戸籍断簡には、坂本元正以下22名や紀枝直ら6名も見える。『続日本紀』神護景雲2年（768）2月条によると讃岐国寒川郡人外正八位下韓鉄師毗登毛人ら127人に坂本姓を賜った。

　『三代実録』によると、刈田首が紀朝臣を賜っている（岸 1966）。また、和名類聚抄刈田郡には

紀伊郷があり、山田郡坂本郷（高松市川島東町坂元）、鵜足郡坂本郷（綾歌郡飯山町坂元）、刈田郡坂本郷（観音寺市植田町・出作町・木之郷町）なども確認される。これら岸俊男の資料などから、紀氏関連豪族の拠点としては、大内郡2（現大川郡引田町・坂本臣1、紀氏1）、寒川郡2（現綾歌郡飯山町岡田・紀臣1、郡内地名不詳・坂本臣1）、山田郡1（現高松市川島東町・坂本臣1）、鵜足郡1（現綾歌郡飯山町・坂本臣1）、刈田郡3（現観音寺市植田町ほか・坂本臣1、郡内地名不詳・紀臣1、紀伊郷1）の合計9カ所あったことがわかる。また、考古学的には公文山1号墳の双脚輪状文形埴輪、久本古墳の石棚付き横穴式石室や前述の青塚古墳、観音寺丸山古墳の阿蘇凝灰岩製石棺などが見られ、紀臣との関係が考えられる。

（3）播磨地域

播磨には、紀氏との関係があるといわれる石棚付きの横穴式石室が多く分布する。加古川流域には志方大塚古墳（加古川市）、剣坂古墳（加西市）という2つの石棚付きの横穴式石室をもつ古墳がある。これら古墳の近い地域に、伊豫国久米郡とおなじ来住（きし）という地名がある。千種川上流の木虎谷2号墳、鳳張古墳にも石棚付きの横穴式石室がある。これら古墳近くには木津という地名があり、山城の木津川沿いの木津と同じ紀臣との関連が考えられる。武庫川上流には尼崎学園内4号墳、竹内古墳、東仲古墳という、石棚付きの横穴式石室をもつ3つの古墳があり、この付近には貴志の地名が見られる。次に新内古墳では双脚輪状文形埴輪が出土している。このように播磨の石棚付きの横穴式石室や紀氏にちなんだ地名、双脚輪状文埴輪の出土は紀臣または紀臣関連豪族が関係したものと考えられ、ここに紀臣の拠点があったことはまちがいないと考えてよいのではないか。

（4）山城地域

戸田秀典によれば、「山城国紀伊郡の名は既に天平十三年（741）の山城国司移案に見えるが、郡名の濫觴は恐らく紀氏一族の居住に発するものであろう。延暦十九年（802）の山城国紀伊郡司解案には深草郷長として木日佐新足の名が見え、同じく弘仁八年（817）の紀伊郡司解案にも深草郷長木勝宇治麻呂の署名を記している」（竹内 1964『平安遺文』古文書編第1巻、戸田 1984：198～199頁）と述べている。したがって、紀伊郡に隣接する紀臣の拠点があることや、以上の事例から考えると紀伊郡は紀臣から出た郡名であり、ここにもその拠点が置かれていたといえよう。

石清水八幡宮は貞観2年（860）に、山城守紀魚弼の子、大安寺の僧行教の朝廷への奏請により、宇佐八幡宮より勧進されたものである。石清水八幡宮の中心となる神職は歴代紀臣の系統に引き継がれ、現在に至っている。紀臣が石清水八幡宮を造ることによって、改めてこの地域における権益を主張したと考えざるを得ない。先に述べた八幡茶臼山古墳はこの隣接地である。

（5）紀伊地域

紀氏は武内宿禰の後裔である紀臣と神魂命（かみむすびのみこと）の後裔である紀国造（直）の2系統がある。紀国造は名草郡の紀の川左岸を主な領域とし、奉祭する日前宮を中心に農業を主体とする大勢力であるが、同族と考えられる海部をも支配下に置いて水運・水軍を手中に収めていた。海部の拠点は名草

郡に隣接する海部郡である。岩橋千塚古墳群は紀国造の奥津城といわれ、双脚輪状文形埴輪が多数出土している。紀臣は本体が大和へ移った後も名草・那賀・有田・日高郡に散在していたが、11世紀まで在地支配層に加わることができなかった（薗田 1992、栄原 2004）。

4. 上毛野氏

双脚輪状文の伝播の背景と考えられる上毛野氏の地域的問題については、前項の紀氏と上毛野氏、火君と上毛野氏、において述べたとおりである。ただ、考古学的観点から上毛野国より出土の双脚輪状文形埴輪を観察すると、東毛地域、中毛地域、西毛地域ではそれぞれ異なる様相を示していると考えられる。

第4節 磐井の乱

『日本書紀』継体紀21年（527）6月条には「筑紫国造磐井、陰に叛逆くことを謨りて、猶預して年を経。事の成り難きことを恐りて、恒に間隙を伺う。新羅、是を知りて、密に貨賂を磐井が所に行りて、勧みらく、毛野臣の軍を防遏へよと。是に、磐井、火・豊、二つの国に掩ひ拠りて、使修職らず。外は海路を邀へて、高麗・百済・新羅・任那等の国の年に、職貢る船を誘り致し、内は任那に遣せる毛野臣の軍を遮りて、乱語し揚言して曰く、「今こそ使者たれ、昔は吾が伴として、肩触りつつ、共器しして同食ひき。安ぞ率爾に使となりて、余をして儞が前に自伏はしめむ」といいて、遂に戦ひて受けず。」（坂本・家永ほか 1965：34-35 頁）とあり、磐井の乱の詳細が述べられている。

『古事記』下巻には「此の御代に、竺紫君石井、天皇の命に従はずして、礼無きこと多かりき。故、物部荒甲之大連、大伴金村連二人を遣はして、石井を殺したまいき。」とある（倉野 1958）。『古事記』下巻の仁賢紀以降は系図のみであるが、継体紀のみに特に筑紫君磐井の乱のことを記述している。このことは、磐井の乱の二世代あとの為政者や王権にとって、磐井の乱が記憶にとどめるべき重大な出来事であったと認識していたことを示している。

これよりいくつかの視点に立って、磐井の乱について考察してゆくことにする。

1. 磐井の乱の原因

磐井の乱については、これまで長い研究史がある。主な流れは以下のとおりである。
①朝鮮侵略による人民の搾取とそれにたいする人民の不平が爆発したと捉えるもの（藤間 1951）。
②朝鮮問題の行きづまりとその打開のため北九州族長層に過重な負担がかかったことが直接的な原因であり、民衆の不満が族長層を通じて反映したもので全国的に勃発しても不思議ではない

段階にきていた。筑紫国造磐井のばあいにはその負担が特に直接的であり、この地域の国造の政治的権力がきわめて強大であったこと、さらに、地理的環境から国際関係についてはかなりの展望をもっていたことによる（林屋 1955）。

③この時代にあっては豪族が朝鮮と政治的に、また文化的に関係をもつことが中央、地方を問わず権勢伸長への途であって、彼らがひとしく切望したのである。したがって大和朝廷の外征負担に耐えかねた地方豪族の反乱という見解は古代的史実に遠いものである（三品編 1964）。

④反乱の直接の動機を、朝鮮派兵による効能と課役に耐えかねた北九州の族長層と民衆の自己防衛のための抵抗であったとみる観点は支持される。しかし、族長層と民衆の利害の一致は朝鮮派兵の重圧から逃れるという一点のみであり、族長層には大和朝廷にたいする別の利害関係があり、これが彼らを根本的にゆるがすものであった。そうでなければ北九州族長層の代表として支持は得られなかった。磐井はこれに加えて権勢伸長の道として新羅と結ぼうとする意図が重なっていた（小田 1985）。

⑤磐井は、自らが大和の大王の干渉や拘束から独立して、独自の外交権・交戦権を行使できる王として、九州の地に独立の国家を造ろうとしていたといってよい。それに対して大和朝廷から見た場合、対外的な交渉権の一括集中を軸として、強力な中央政府として地方を支配するシステムを造ろうとしていた。そうしてみると、「磐井の乱」というのは、大和朝廷の国土統一の権力的なくわだてと、磐井の九州独立構想が、正面から衝突した歴史的大事件であった（山尾 1998）。

　これらの説を含め、現在では反乱の原因として、次の5つのものが有力な説となっている。第1に大和朝廷の朝鮮出兵にともなう軍事的・経済的負担に耐え切れず、民衆の側から不満が爆発し、これに乗るかたちで各地域首長層や磐井が戦争をくわだてたという説、第2に大和朝廷の対外政策の破綻に対する、九州の豪族の批判とその朝鮮政策の変更を求めての行動という説、第3に従来は地方豪族の自治権をある程度認めたうえで、大和朝廷は間接的に地方を統治していたものが、直接統治に切り替えたことに対する、地方豪族の反発であるという説、第4に九州にとっては独立戦争であり、大和朝廷にとっては国土統一戦争であったという説。第5に朝鮮における百済と新羅の抗争と連動した日本における代理戦争であったという説である。これらのことを踏まえて以下、著者なりに磐井の乱の原因を考えてみたい。

　当時の地域統治は律令以前の国造制による地域統治であったため、大和朝廷は直接民衆を統治するのではなく、国造をとおしての統治であった。国造は軍事権、裁判権など広い範囲で自治権を認められていた。それだけに傘下の民衆との関係も緊密なものがあり、経済的なつながりも強かった。朝鮮出兵などの軍事行動においても、各地の国造軍があたり、国造はその傘下の民衆（農民）を兵員として組織し、武力行使にあたっていた（直木 1968、笹山 2004）。

　朝鮮出兵などの場合、日本全国の国造が一様に動員されたのではなく、九州から瀬戸内海周辺の国造が対象であった。斉明・天智朝における百済救援軍の参加者について出身地のわかるものをあげると筑紫（2）・筑後（1）・肥後（1）・伊予（2）・讃岐（1）・備後（1）・陸奥（1）であり（岸 1966）、西国国造軍はしばしば靱負部として朝廷に上番させられるばかりでなく、外征軍とし

て実戦にも参加させられた（直木 1968）。このような状況のなかで高句麗・新羅からの軍事的圧力をうけた百済は大和朝廷に依存する度合いが深まり、大和朝廷は、武器・食糧・兵士などを送り支援した。筑紫・肥・豊の民衆はこの当事者として、長期にわたって人的、物的負担を強制されることとなり、怨嗟の声が高まり爆発することとなった。

　筑紫君磐井は北部九州において祖父の時代より築きあげてきた、近隣地域の国造との関係において、婚姻や統属などの手続きによって族長層の上に君臨する地位を獲得していたが（小田 1985）、筑紫・肥・豊の民衆の苦難をかかえた族長層との関係から、磐井は大和朝廷に反抗する行動に出ざるをえなかったと考えられる。『日本書紀』継体紀21年（527）6月条には磐井の叛逆について「新羅、是を知りて、密に貨賂を磐井が所に行りて、勧みらく、毛野臣の軍を防遏へよと。是に、磐井、火・豊、二つの国に掩ひ拠りて、使修職らず。外は海路を邀へて、高麗・百済・新羅・任那等の国の年に、職貢る船を誘り致し、」とあるが、このことから、磐井は以前から新羅との交流があり、国際情勢の判断も適確にできる才能も兼ねて備え、これが反乱をおこす要因のひとつとなっていたと思われる。

　『日本書紀』継体紀22年（528）12月条には「筑紫君葛子、父のつみに坐りて誅せられむことを恐りて、糟屋屯倉を献りて、死罪贖はむことを求す。」（坂本・家永ほか 1965：36頁）とある。糟屋屯倉は筑前国糟屋郡にあったとされ、その中心施設は古賀市の鹿部田渕遺跡ではないかとされている。この遺跡は花鶴川河口にあり古代においては玄界灘が湾入して遺跡西麓の近くまで及んだ潟地形を形成し、港湾機能を備えた地形となっている。磐井の設営した外港比定地として最有力候補地である（小田 1970）。大和朝廷にとっては朝鮮出兵の母港ともなりうる場所であり、九州における重要拠点として直轄地にする必要があったと考えられる。磐井の乱の『日本書紀』の記述では大和朝廷側が受け身の形となっているが、真の目的は大和朝廷が糟屋屯倉の地を確保する目的での行動であったのではないか。

2. 筑紫君磐井の滅亡の意義

　筑紫君磐井の滅亡によってもたらされたものは、3つの事項がある。1つめは大和朝廷に対する北部九州の政治的文化的独立性の消滅である。北部九州は畿内にない石人石馬や装飾古墳などといった独自の文化をもち、朝鮮半島の新羅と外交関係をもつなど、独自の政治圏や文化圏をもっていたが、磐井の乱により失われてしまった。

　2つめとして、磐井の乱までは、北部九州が独自性ももった「中心地」であったものが、乱後は倭国の「一地方」という位置に転落してしまう。磐井の乱以前の北部九州は筑紫君磐井を頂点とした国造連合により、大和朝廷に干渉されることなく独自性を保っていた。しかし、磐井の乱後は、地域支配の拠点となる屯倉を筑紫國に2屯倉、豊國に5屯倉、火國に1屯倉（安閑紀2年（535）5月条）を設置した。こうして、大和朝廷は北部九州の支配を確実なものにし、統一国家への途を開くことになった。

　3つめは、国際関係における後退である。562年の新羅による大伽耶（高霊）への攻撃により伽

耶全体が新羅の支配下となり、任那の貢納体制は破綻してしまう。しかし、大和朝廷は任那の貢納体制の維持ないしは復興計画を放棄せず、対外政策をこの一点に絞り国家の命運をかけ、自己の敗北、新羅の勝利を認めようとしなかった。任那復興計画を放棄したのは、130余年後、白村江の戦いで新羅・唐の連合軍に完膚なきまで敗れてしまった後であった。大和朝廷は軍事的に磐井に勝利したが国際情勢をみる目はなく、筑紫君磐井の行動はこうした国際情勢を的確に把握し、先見性があったといえる。大和朝廷は筑紫君磐井の切り開いた外交路線に負けたということである。

3. 筑紫君磐井と火君

『日本書紀』欽明紀17年（556）正月条には「筑紫国の舟師を率いて、衛り送りて国に達らしむ。別に筑紫火君 百済本紀に云はく、筑紫君の児、火中君の弟なりという。 を遣して、勇士一千を率て、護りて弥弖 弥弖は津の名なり に送らしむ。」とあり、筑紫火君が筑紫君に婚入りした火中君の弟であるとしている。火中君は菊池川中流域の地名である「中」をとり入れて氏族名とした復姓豪族名と考えられ、菊池川中流域を拠点とした火君の一族である。ここから筑紫君磐井の本拠地であったとされる八女古墳群（福岡県八女市・広川町）までは、約30kmの距離であり、筑後から肥後北部の要地である菊池川流域への主要交通路上にあり（小田 1970）、地理的にも交流しやすい場所にある。筑紫君と火君の交流は5世紀後葉から6世紀初頭までおよんだ。

磐井の寿陵とされる岩戸山古墳の別区を中心に墳丘に立てめぐらしてある石製表飾（石人・石馬など）は、磐井の本拠地以外では磐井が勢力を伸ばしたとされる肥国・豊国を中心にみられ、特に火君総本家の奥津城とされる野津古墳群や火中君の菊池川流域に集中している。しかし、磐井の乱後は石製表飾が立てられなくなってしまう。このことは考古学的に筑紫君と火君との連携を物語るものである。

筑紫君と火君は、磐井の乱までは婚姻関係を結ぶなどして同盟関係の強化を図っていたが、火君は磐井の乱のおり磐井に加担せず、磐井が形勢不利とみるや、最終的には大和朝廷側についてしまった。その後、火君は肥前・筑前など磐井の故地へ進出することとなる。大和朝廷側は磐井にかわる朝鮮経略の柱として、九州水軍の統領としての地位を火君に与えたうえで、火君を活用する意味もあって、火君の肥前・筑前への進出に同意したものと推察される。

正倉院文書筑前国嶋郡川辺里大宝2年（702）戸籍断簡には嶋郡の大領として、「肥君猪手」の名がみえる。糸島半島は朝鮮半島への門戸となる重要な場所であり、火君一族がここに勢力を張っていたことは、磐井の乱後の火君の役割を示唆するものである。考古学的にも、ここには元岡遺跡・大原遺跡といった製鉄遺跡や製塩遺跡がある。これら製鉄や製塩施設は、紀伊や肥後において朝鮮出兵と関連した施設であったことから、同様なことが想定される。

『続日本後記』嘉祥元年8月条によると、肥前国養父郡の出身で太宰府少典の地位にあった「筑紫火公貞直」と、その兄で豊後大目の地位にあった「筑紫火公貞雄」とがみえる。この兄弟は『日本書紀』欽明17年正月条にみえる筑紫火君の後裔氏族と考えられ、磐井の乱後に肥後から肥前国養父郡に進出したのではあるまいか。『日本霊異記』下巻第35話には肥前国松浦郡の人「火君」の

伝承が述べられている。肥前国松浦郡の神集島は朝鮮半島への海上交通の要衝である。火君が肥前国松浦郡に盤踞することとなったのも、磐井の乱後であり、磐井の政治的立場を踏襲したものと考えられる。

北部九州の双脚輪状文壁画をもった古墳は火君と関係すると考えられるが、福岡県には広川町の弘化谷古墳（筑後国）と桂川町の王塚古墳（筑前国）の２つがある。ともに磐井の乱後の６世紀中頃の古墳であり、弘化谷古墳は磐井の祖父の墓とされる石人山古墳に接してつくられ、古代の幹線道路である西海道西路に沿っている。筑紫君一族にとっては最も重要な地域である。この重要な地域に火君は進出していったのである。

『日本書紀』安閑紀２年（535）５月条には「筑紫の穂波屯倉・鎌屯倉……を置く。」とあり、王塚古墳は穂波屯倉に含まれるか、接する場所にある。記録にはないが、ここは磐井の領地であった可能性があり、火君一族が磐井滅亡後ここに進出して、屯倉の管理者となったのではあるまいか。

これまで筑紫君磐井と火君との関係について考察してきた。筑紫君磐井と火君は当初、北部九州の主要豪族として友好関係にあったが、大和朝廷と磐井の関係が悪化すると、火君は大和朝廷側に立ち、大和朝廷が推進する政策に積極的に協力することとなった。磐井が滅亡すると、磐井の旧領域であった、筑前国嶋郡、肥前国松浦郡、肥前国養父郡、筑後国弘化谷古墳地域、筑前国王塚古墳地域などの要地に進出し、大和朝廷が推進する朝鮮出兵や各種政策に積極的に協力していった。

＊　＊　＊

双脚輪状文の伝播に影響を与えたと考えられる事柄について、４つの視点から個々に検証し整理してきた。１つめは社会的、自然的背景についてである。２つめは双脚輪状文の伝播に影響を与えた関係豪族間の交流についてである。３つめは双脚輪状文を受容する側である紀氏や上毛野氏の内部の地域状況である。４つめの磐井の乱は、火君と紀氏、上毛野氏との関係に影響を与える出来事ではないが、６世紀後葉において火君が、朝鮮半島へ出兵する上で、重要な拠点となる北部九州へ進出する契機となったものであり、重要な社会的背景となった出来事である。

１つめの双脚輪状文の伝播に寄与したと考えられる社会的背景としては、大和朝廷による朝鮮出兵がある。ここでは朝鮮出兵に関与した、九州最大の水軍勢力をもつ火君と、大和朝廷のなかで港津の管理にあたるとともに大きな水軍勢力をもつ紀氏、陸上部隊として中心的役割を果たした上毛野氏について、焦点をあてその伝播の背景となる遠因を考察した。自然的背景としては、火君や紀氏などのおかれた自然環境や水運上の伝統の類似性があり、それぞれが同一の歩調で活躍できる下地となっていた。また、東日本への伝播の背景としては、大和朝廷による蝦夷対策と蝦夷地の開拓が要因のひとつである。火君と上毛野氏、紀氏と上毛野氏の協力関係が大きく作用したと考えられ、この視点から考察を進めた。

２つめの双脚輪状文の伝播に影響を与えた豪族間の交流については、１つめの社会的背景と同じように火君、紀氏、上毛野氏の相互関係がある。特に西日本型双脚輪状文形埴輪の成立については火君と紀氏の精神面（葬制・開かれた棺）や構築物・物質面（横穴式石室・阿蘇凝灰岩製石棺など）における緊密なつながりがある。沖縄におけるスイジガイの呪術的伝統は火君により双脚輪状

文壁画となり、その文様を引き継いだ紀氏により西日本型双脚輪状文形埴輪となる。西日本型双脚輪状文形埴輪は、紀氏と上毛野氏との関係により東日本型双脚輪状文形埴輪となり、呪術的伝統も引き継がれたと考えられる。

横穴式石室に置かれた石棺は、畿内では密封された棺（閉ざされた棺）であり、九州や出雲では石室内に開かれた棺であるといわれる。紀国造の奥津城といわれる岩橋千塚の石室では火君と同じ開かれた棺であった。構築物・物質面では、火君と紀氏両者の比較検討や阿蘇凝灰岩製石棺の個々の状況をとおして、その背景を浮き上がらせることにつとめた。阿蘇凝灰岩製石棺の九州外への送致にあたっては火君と紀氏が共同して搬送したのではないかと考えられ、こうした共同作業の中に双脚輪状文の伝播の遠因が見出される。両者は自然環境や水運上の伝統においてきわめて似通った環境をもっている。自然環境としてはともに航海がしやすく港津を造りやすい内海に面していることや、船材の楠が入手しやすいことである。また海洋活動において火君は南島との交易、紀氏は紀伊の海部の活躍といった弥生時代からの伝統がある。このような自然環境や水運上の伝統の類似性が双脚輪状文の伝播に作用したのではないか。

3つめの双脚輪状文を受容する側である紀氏内部の地域状況は、大和を中心とした紀臣の拠点と、それ以外の瀬戸内海西部から畿内に広がる紀氏の拠点を地域グループごとに分けて整理した。ここでは双脚輪状文の伝播の受け皿となった背景に関係すると考えられる各拠点地域の社会環境、自然環境、考古学的側面、歴史地理的観点、紀氏同族の状況などを必要に応じてさまざまな側面から整理検討した。

大和における紀臣の拠点は主としてキドノ地名から推定した。初めにキドノ地名が紀臣の拠点を示すものであることを、平群郡を例に文献史料や歴史地理資料、考古学的資料（石棚つき横穴式石室）などから検証し確認した。そのうえで大和（一部山城国相楽郡を含む）の各キドノ地名について、双脚輪状文形埴輪との関係を含め、その状況を整理した。

大和以外の紀氏の拠点については、周防地域、伊予・讃岐地域、播磨地域、山城地域、紀伊地域に分けて、大和の紀臣の拠点と同様な方法によりまとめた。これらの検討をとおして双脚輪状文を受容する側からみた地域の背景がおぼろげながら見えてきたと考えている。これとあわせて火君、上毛野氏の内部状況についても双脚輪状文に絡む事項を中心に整理した。

4つめの磐井の乱は、大和朝廷に対する単なる反乱とも見えるが、双脚輪状文の伝播の観点からすると、重要な変換点となっている。これまで肥後・豊後以西にしか見られなかった双脚輪状文が、王塚古墳や弘化谷古墳といった筑紫地域に伝播することとなった原因をつくった事件である。双脚輪状文の伝播の社会的背景として特筆されるべきものである。

註
（1） ここで述べられている木国造は紀国造である紀直とは関係がなく、実在性も疑問視されている。
（2） 岩橋型横穴式石室の特徴は両袖で玄室前道・排水溝があり、玄室前道と玄門に扉石をそなえ、石棚や石梁を有するものが多く、平面形に対して天井が高いことである。肥後型横穴式石室の特徴は穹窿状天井をもち平面形が方形プランであり、石障や石屋形をもつことである。

（3） 石屋形は玄室の奥壁前面に板石の両側石をおき、その上に蓋石を乗せたもので、遺骸安置用の施設である。肥後を中心に中北部九州に分布し、石棺から変化したといわれ、さらに肥後型の石棚へと変化していった。

（4） 火君は最初宇土半島基部から氷川流域にかけて勢力をはり本拠地としていたが、その後一族は益城郡の内陸から菊池川流域へと発展していった。この本拠地を地盤とした本宗家が火兄君であり、菊池川流域を地盤としたのが火中君であるといわれる（板楠 2003、小田 2007）。

（5） 東山道を利用しての人や物資の移動は、険しい山道を長距離利用することとなり、多くの困難を伴う。これに対して河川を利用しての物資の輸送の場合、たとえば陸路であれば馬一頭で米2俵のところ、水路であれば船頭一人で25俵を運送できるというように、効率面で格段の違いがある。利根川水系は江戸時代初期まで、行田市酒巻から埼玉平野に入り東京湾に流入していた。近代の例であるが、利根川の上流下仁田まで荷物を運ぶ船が往来していた。渡良瀬川も江戸時代初期までは東京湾に流入していた。このように上毛野の東毛、中毛、西毛の豪族勢力や下毛野の勢力は比較的容易に利根川水系や渡良瀬川を利用して東京湾から朝鮮半島へ出兵できる環境にあった。これを裏付けるもののひとつが、この地域での上毛野氏と火君の拠点配置であり、朝鮮半島由来の金銀製鎖付耳飾りや馬具、刀剣類の出土遺物である。

第 8 章　多氏の東国への移住

　南島の呪術的伝統を受けついでスイジガイから創り出された双脚輪状文は、熊本県釜尾古墳の壁画として誕生した。この壁画双脚輪状文は1,000 km以上も離れた福島県神谷作101号墳に伝播し、翳形埴輪の文様に生まれ変わった。中北部九州から遠く離れた東国の地に突然姿を現したのはなぜか。その裏には、スイジガイから双脚輪状文を創り出した火君・多氏の東国への移住があった。移住を証明するものとして横穴式石室、横穴、壁画といった物質的側面があり、物質をとおして見えてくる精神的側面の類似性もある。さらに、これらは『古事記』や古文書などの文献史料や民俗・歴史地理資料により補足される。また当時の社会情勢、自然条件などを分析することによっても説明できる。本章では、諸資料を総合的に考察することにより、肥後から東国（東国の範囲は第9章参照）へのこれら文化の移動が、単なる伝播ではなくこれを支える特定集団（火君・多氏）の移住によりなされたことを考察する。

　本書では、鈴鹿関・不破関の以東を東国の範囲として考え、各種考察を進めているが、ここで扱う東国の範囲は、常陸から磐城までの地域を対象とし、主として磐城への多氏の移住に考察の中心視点を置いている。なお、この地域は、肥国から多氏が移住したことについて、考古資料、文献史料など多くの資料が充実しているばかりでなく、本書の中心テーマである双脚輪状文（双脚輪状文形埴輪）が、東国で唯一、発見されている地域である。

　取り扱う資料としては、東国と肥後の横穴式石室、横穴、これらに付属する屍床、石枕、玄門構造、神谷作101号墳出土埴輪、壁画など物質的資料と、これをとおして確認できる葬制といった精神生活上の諸資料を中心とする。これら資料に加え補足資料として文献史料、民俗学的資料、歴史地理的資料なども適宜加味しながら考察を進める。

　整理の進め方としては、1つめは、東国と肥後の考古資料を精査し、両者の関連性が確認できる資料であるかどうかを確かめたうえで、伝播の内容（範囲）、伝播過程での変容など肥後に対する東国の位置づけをも検討する。2つめは、考古資料から読み取れるソフトな面である葬制や壁画の意味について分析する。3つめは、考古資料、文献史料、民俗学的資料、歴史地理的資料、その他の資料を総合的に検討したうえで、このなかより見えてくる多氏の移住に関連するいくつかの事項について取りまとめる。

第1節　考古資料からみた中北部九州と東国との類似性

　ここでは、考古資料にもとづき中北部九州と東国との類似性を検討する。肥後などにおける多氏（火君）の根拠地と考えられる地域と、東国における多氏の拠点と確認できる地域について、比較し整理する。類似性を確認するにあたって、考古資料だけでは氏族の特定はできないが、これら資料と文献史料などを利用することにより可能である。取り上げる考古資料は本章の目的に資すると考えられる横穴式石室、横穴墓、壁画、出土品などである。

1. 横穴式石室

　ここでは肥後を中心とする地域と東国の横穴式石室についてその類似性を検証するため、石室構造について整理する。肥後型石室の類型については年代的変化や地域的特色などがあることにくわえ、研究者によりその捉え方に差異があるため、定説と考えられる基準はないのが現状である。しかし、ここで必要なことは、広い意味であるにせよ東国の石室に肥後や北部九州的要素が認められるか否かを確認することなので、学説が定まっていない特定の基準に依拠せず網羅的に考えることにする。

　北部九州型も加味しながら肥後型石室の構造上の特徴を示すと次のとおりである（杉井編 2009、柳沢 1980、古城 2000、山崎 2003）。
　A．穹窿状天井（北部九州は主として断面梯形天井）・隅角消し
　B．方形プラン（北部九州は主として長方形プラン）
　C．玄門立柱石（袖石）・楣石（まぐさいし）・梱石（しきみいし）
　D．石障・石屋形・腰石・石棚
　E．屍床（コの字形、川の字形）・屍床仕切り石
　F．扉石（板石）
　G．複室構造の石室

　これらのことを念頭に東国の主要横穴式石室をみると、いくつかの点で上記要件を備えた横穴式石室が抽出される（図52）。下記の古墳に代表される横穴式石室であり、肥後との関連を裏付けると思われる特徴は次のとおりである。古墳ごとに該当するA～Gの肥後型石室の構造上の特徴をカッコ書きで記載した。

（1）高崎山古墳第2号墳（B、C、E、F）
　茨城県土浦市小高字高崎536-1に所在する6世紀前葉の古墳。奥壁前面の屍床、屍床仕切り石、屍床右側の石枕、玄門立柱石（袖石）、梱石、扉石（閉塞石）を有し、棺は不使用（開かれた棺・石室）、天井の構造は不明。

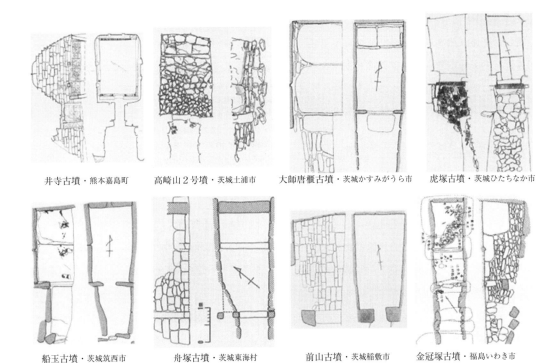

図52　肥後と東国の横穴式石室比較図

（2）大師唐櫃古墳（C、D、E、F）

　茨城県かすみがうら市安食字田子内2272に所在する古墳時代後半の古墳。玄門立柱石（袖石）、扉石（閉塞石・羨道にこれに相当する板石が置かれている）、壁画（珠文）、奥壁前面の屍床・屍床仕切り石・石障を有する。多くの資料では屍床仕切り石・石障の組み合わせが箱式石棺であるとしているが、屍床部分の隙間が左側ではなく右側で板石が入る程度のアキがある。奥壁側の板石は高く屍床前面の板石は低い。これらのことから箱式石棺ではなく石障や屍床仕切り石であると考える。

（3）虎塚古墳（C、F）

　茨城県ひたちなか市中根3494-1に所在する7世紀初頭の古墳。扉石（閉塞石）、玄門立柱石、楣石、楣石（冠石）を有する。遺体は頭部を北向きにして、やや北寄りの中央部に安置されていた。遺体や副葬品の状況から埋葬された当時のままの状態（勝田市史編さん会 1978）であったと考えられ、棺に入れないで安置されたものと思われる。石室前庭部より鉄釘、鉄鈕、鉄製環、笠鋲状鉄器が出土している。報告書では石室前庭部の鉄釘、笠鋲状鉄器に木質の付着物がある可能性を指摘しており、木棺の可能性についても言及している（勝田市史編さん会 1978）。これらのことから推察すると、遺体は木棺に納められて前庭まで運ばれ、木棺から玄室へと移されたものと思われる。いずれにしても虎塚古墳の埋葬方法は肥後由来の開かれた棺・石室であったと考えられる。

(4) 船玉古墳（C、E）

茨城県筑西市船玉字岩谷247に所在する古墳時代後半の古墳。玄門立柱石、梱石、楣石、屍床仕切り石、屍床を有する。奥壁前面に玄室床面より一段下げて河原石を敷きつめて屍床とし、玄室床面と屍床のあいだに屍床仕切り石を置いている（茨城県 1932）。玄門の閉塞方法、棺の有無については不明であるが肥後や北九州の影響を受けたものである。

(5) 舟塚古墳（C、F）

茨城県那賀郡東海村村松荒谷台に所在する6世紀中葉の古墳。玄門立柱石、梱石、楣石、屍床仕切り石、板石を敷いた屍床（『茨城県資料』［考古資料編古墳時代］ではこの部分を後室としているが玄門構造ではないため屍床仕切り石と考える［茨城県史編さん原始古代史部会編 1974］）を有する。石室からは直刀・刀子・鉄鏃・馬具が出土し、玄室前面に頭骨、屍床に1体の人骨があったと考えられている（茨城県史編さん原始古代史部会編 1974）。その他の石室の構造の詳細は不明であるが、肥後の影響を色濃く残している。

(6) 前山古墳（A、C、D、F）

茨城県稲敷市神宮寺前山869に所在する古墳時代後半の古墳。穹窿気味天井（天井は長方形プランのため完全な穹窿状ではないが、それに近い形状をしている。構築に使った切り石のなかには、切り込みをいれ他の石をはめ込む手法がみられ肥後の隅角消し手法に通ずるものがある）、長方形プラン（方形気味の形状）、玄門立柱石（縦に扉石をはめ込むための切り込みがある）、楣石、腰石、扉石。数世代前に開口されたため玄室床面の状況の把握や遺物が不明である。このため肥後との関係はより的確に指摘できないが、穹窿気味天井、扉石による閉塞、玄門立柱石、楣石などからその影響を受けたものと思われる。

(7) 金冠塚古墳（C、E）

福島県いわき市錦町堰下に所在する古墳時代後半の古墳。玄門立柱、梱石、楣石、屍床、屍床仕切り石（『福島県文化財調査報告書』第8集では玄室を前室、後室としているが玄門構造ではないため屍床仕切り石と考える［成田・梅宮 1960］）を有する。玄室の仕切り石より奥壁側は砂岩板石の上に頭蓋骨があり、板石の下に砂で保護された頭蓋骨・人骨、砂岩板石、砂で保護された頭蓋骨・人骨、砂岩板石という3層構造となっていた（成田・梅宮 1960）。これは砂岩板石を屍床として使用し、この報告書に鉄釘の記載がないところから木棺は使われていなかったと考えられる。この古墳の特異なところは、追葬する場合、遺骨を隅に寄せるあるいは羨道に出すことをせず、砂で覆い砂岩板石をその上に新たに置いて屍床とすることである。

2. 横穴墓

ここでは多氏（火君）の本貫の地である肥後の横穴墓と東国の横穴墓について状況の把握をする

とともに、その関係について整理することにする。

（1）肥後の横穴墓の概要

田代健二によると、横穴墓は「4世紀末頃南九州内陸部のえびの市周辺において、おそらく最初期の横穴式石室の影響により土坑墓に横口を付設したものが出現し、5世紀初頭には地下式横穴墓が成立する。（中略）5世紀中葉から後葉頃の中・北部九州の各地で、南部九州の地下式横穴墓の影響により横穴墓が出現する」という（田代 2005：43頁）。この延長線上にあると考えられる肥後型横穴墓は、乙益重隆によると熊本県北部の菊池川流域に集中し、さらに白川・緑川・氷川・球磨川等の流域にも及び、一部、宮崎県高千穂地方・大分県大野川上流地方に若干見られるとのことである。築造年代は一部に5世紀代の可能性も考えられるが、主として6世紀初めから7世紀後葉である（乙益 1988）。

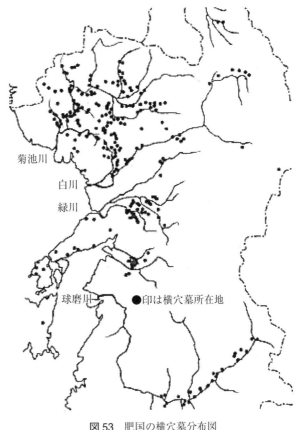

図53　肥国の横穴墓分布図

横穴墓の分布する地域は、図53に示すとおり菊池川から白川にかけての流域に集中しており、緑川流域、氷川流域、球磨川上・中流の人吉盆地などにもある程度のまとまりが見られる。肥後型の特色は次のとおりである（乙益 1988）。

- 羨門をアーチ形や長方形にし、周縁を2～3段に彫りくぼめた飾縁をつける。
- 羨道は短く、玄室は方形又は隅丸方形。
- 玄室は中央通路を中心に二区または三区の丸彫屍床を配置。屍床は縁高の舟形石棺状。
- 古式のものは奥壁側に石屋形を表現するものがある。
- 玄室天井は寄棟状が多く、垂木を彫ったり彩色するものがある。
- 複室（羨道・前室・後室）構造のものがあり、絵画・文様が見られるものもある。

横穴墓は単室構造と複室構造に大分類され、石屋形や屍床配置など要素によりいくつかのパターンにわかれる。横穴が初期横穴式石室などの影響を受けて成立したのと同じように、肥後においては単室構造、複室構造などの各類型の横穴もこれに対応する横穴式石室が確認できる。横穴と横穴式石室の平面形を比較したものが図54である。

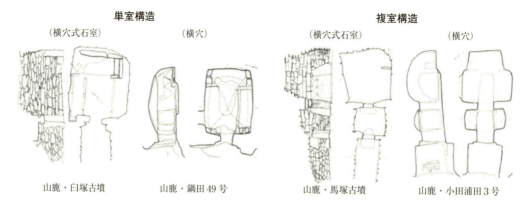

図54 横穴式石室・横穴比較図

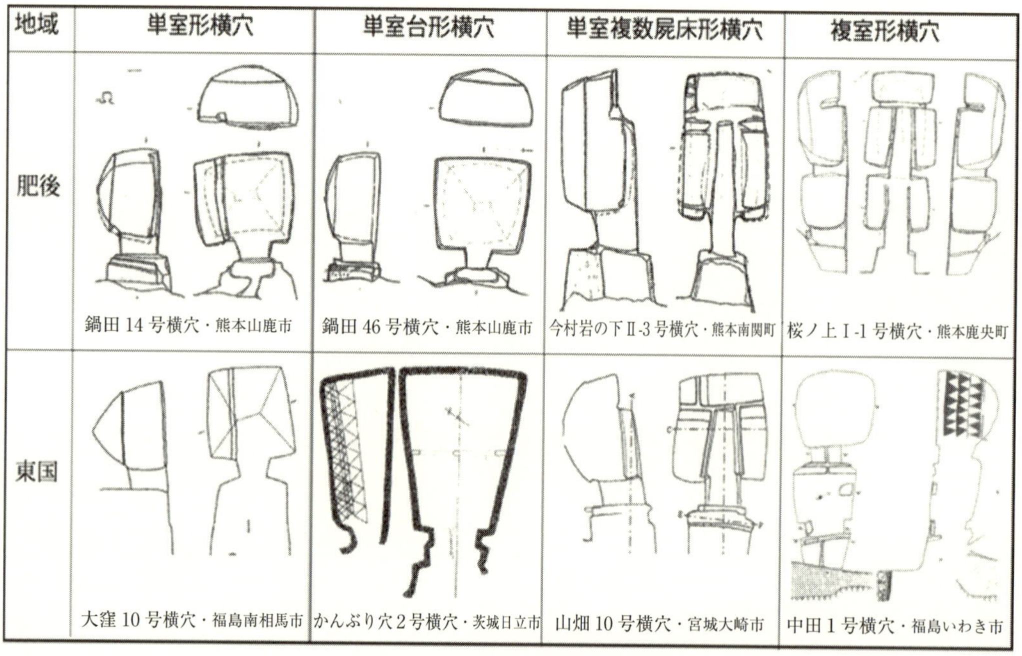

図55 肥後と東国の横穴比較図

（2）肥後と東国との類似性

　肥後と東国の横穴を比較するにあたって、横穴墓の伝播という観点からみて有効と考えられる分類として、単室形横穴、単室台形横穴、単室複数屍床形横穴、複室形横穴の4分類を考えた。この分類により、東国と肥後の代表的な横穴墓を抽出して平面形を対比すると、図55のようになる。

　図55に示した横穴は、類型ごとに肥後と東国の類似性がわかりやすい代表的事例を取り上げたものである。両地域のすべての横穴についてみると、それぞれの類型ごとに多少の変容が生じるものの、基本的には両者は共通の基盤に立っているといえる。装飾壁画や横穴の構造などにおいて東国との共通性が特に見られる地域は、肥後のなかでも菊池川・白川流域といった横穴墓が集中する地域であり、ここが装飾壁画の集中する地域でもある。このことから考えると、横穴墓の東国への

伝播は装飾壁画と横穴墓の2者がセットになって行われたものと考えられる。

横穴類型のうち単室台形横穴などについては茨城県の特定地域に集中しており、このことは同類型が伝播した段階でその地で発展したものか、あるいは肥後の特定地域の同族が常陸の地に集中的に移住した結果であると思われる。また、横穴墓の構造だけでなく後に述べる屍床、玄室・羨道の閉塞方法といった葬制につながる事柄も、これに伴い伝播している。

3. 神谷作101号墳出土の双脚輪状文形埴輪と中北部九州の壁画文様との類似性

双脚輪状文はスイジガイから案出された、きわめて呪術的意味合いの強い文様であり、文様が出現したのは熊本県熊本市所在の釜尾古墳石屋形の壁画である。この地域は貝の道の九州側の拠点であり南島交易の中心となった地域である。ここは、南島（沖縄・奄美）とともにスイジガイの呪術的伝統を共有していた地域でもある。双脚輪状文はこのような背景のもとに創出されたものと考えられる。

双脚輪状文はその後、双脚輪状文形埴輪として西日本や東日本に伝播していったが、神谷作101号墳双脚輪状文形埴輪はこれら双脚輪状文形埴輪の系譜をひく埴輪ではなく、中北部九州の壁画双脚輪状文の特徴を受けついだものである。すなわち神谷作101号墳埴輪の文様は釜尾古墳から横山古墳、王塚古墳への伝播の流れの延長線上にあるものであり、この双脚輪状文や埴輪は王塚古墳の三角文（連弧文）と円文を多用した図文構成をさらに発展させたものである（図56）。辟邪の図文

神谷作101号墳双脚輪状文埴輪（左）と天冠男子胡坐像埴輪（右）

図56　双脚輪状文の伝播の流れ

である三角文を幾重にも重ねてその効果を強めたものと思われる。

　神谷作101号墳天冠男子胡坐像埴輪は冠帽と胴、背、籠手部分に双脚輪状文形埴輪と同じように線刻したうえで赤彩した三角文を多用している。双脚輪状文形埴輪と同様に三角文を多用することにより辟邪の効果を高めている。同古墳出土の家形埴輪は屋根部分に三段の連続三角文があり、線刻・彩色されている。

　中北部九州の釜尾古墳・横山古墳・永安寺東古墳・桜京古墳・大坊古墳・千金甲1号古墳・王塚古墳などの多くの古墳の壁画では文様を区画する部分に線刻がなされ、それにもとづいて塗彩する、あるいは強調したい部分の周囲を赤色顔料で塗りつぶし、主体部を浮き上がらせるといった手法が用いられている。壁画ではないが神谷作101号墳の埴輪でもこのような手法が用いられ、近接する中田横穴墓の壁画でも同様のことが見られる。中北部九州の主要壁画古墳の概要は先に示した表11のとおりである。

　釜尾古墳など先にあげた壁画古墳をふくめ中北部九州の多くの古墳では、三角文、三角連文が非常に多く描かれている。中北部九州の壁画古墳の特色のひとつともいえる。神谷作101号墳埴輪、中田横穴墓壁画においても同様のことがいえ、このことは肥後を中心とした地域と東北南部地域との人的交流や人の移住を推測させるものである。

4. 肥後と常陸・磐城の壁画の類似性

　壁画について肥後と常陸・東北南東部の両者を比較すると、そのテーマ、文様の形などにおいて類似しているところが多い。その主要なものを整理したものが次の表15である。

　文様別に、肥後を中心とした地域と東国の常陸や陸奥南部太平洋岸を中心とした地域について対比したわけであるが、各古墳単位でみると東西地域とも、数種類の文様がセット関係をもちつつ描かれていることにきがつく。北部九州と東国の古墳ごとの壁画の組み合わせを比較すると、双方に同じパターンのものがいくつか見受けられる。

　表15により、幾何学文様だけのものをAパターン、幾何学文様と器物文様のものをBパターン、幾何学文様・器物文様・動物像文様のものをCパターンとして整理すると、一部省略された文様があるにせよ、それは一群の文様がセットになって伝えられたといえるのではないか。

5. 珠　文

　珠文は壁画文様のひとつであるが、描かれている地域が肥後と東国に集中している。このため珠文をとおして両者の類似性を説明するばかりでなく、その内容を分析することにより葬制といった精神的領域での同一性についても検討することにする。

　壁画に珠文（図57）が描かれている横穴式石室、横穴は表16のとおりである。

　珠文の描かれている場所は、中北部九州では横穴式石室と横穴墓が半々であるのに対して、東国では9例のうち大師の唐櫃古墳以外はすべて横穴墓である。各埋葬施設での珠文描画の個所は、中

表15 壁画に描かれたモチーフ

	種類	幾何学文様			器物文様				動物像文様		
		珠文	円文・同心円文	三角文・三角連文	靫	盾・弓	大刀	船	人物	馬	犬
A	大師唐櫃古墳　（茨城県かすみがうら市）	○									
A	花園3号墳　（茨城県西茨城郡岩瀬町）				○		○	○			
B	虎塚古墳　（茨城県ひたちなか市）		○	○	○	○	○				
B	船玉古墳　（茨城県真壁郡関城町）		○		○			○			
A	中田1号横穴　（福島県いわき市）			○							
C	清戸迫76号横穴　（福島県双葉郡双葉町）							○	○	○	○
C	羽山1号横穴　（福島県南相馬市）	○							○		
C	泉崎4号横穴　（福島県西白河郡泉崎町）	○						○	○	○	
A	山畑横穴　（宮城県大崎市）	○	○								
A	釜尾古墳　（熊本県熊本市）		○	○							
B	千金甲3号古墳　（熊本県熊本市）		○		○		○				
B	永安寺東古墳　（熊本県玉名市）	○	○	○				○			
A	大坊古墳　（熊本県玉名市）		○	○							
C	弁慶ガ谷古墳　（熊本県山鹿市）				○		○			○	
C	王塚古墳　（福岡県嘉穂郡桂川町）	○	○		○		○			○	
C	珍敷塚古墳　（福岡県浮羽郡吉井町）	○	○					○	○		
C	五郎山古墳　（福岡県筑紫野市）	○	○		○			○	○	○	○

（注）日下 1998、小林 1964、熊本県教育委員会 1984、国立歴史民俗博物館編 1993・1999をもとに作成した。

北部九州の横穴式石室が玄室奥壁・側壁、羨道側壁であり、横穴墓が羨門外側の飾り縁部分である。東国の横穴式石室は中北部九州と同じであるが、横穴墓は中北部九州と異なり玄室奥壁・側壁、玄室天井、羨道側壁である。

　珠文の意味については研究者によりさまざまな解釈がなされている。王塚古墳については「これを眺めると一面の赤ぐろい石面にあって半ば消えかかりながらもちらちらと浮き出した様な珠文の黄の色は、恰も夜空に星を仰ぐが如き観がするのである」（梅原・小林 1940：31頁）、あるいは「王塚古墳の後室は、その上半部には多数の星がちりばめられ、この空間が夜の世界、すなわち黄泉国であることを示している」（白石 1999：81頁）と、珍敷塚古墳については同心円文の部分だけでなく「これだけ画面のあちこちに描きこまれている以上、これはこの壁画作者独特の装飾方法と考えるのが妥当である」（日下 1978：57頁）とする。いっぽう五郎山古墳については「玄室西側壁の船のまわりには星と思われる珠文が描かれ、東側壁の上段の船の舳先にも星かと思われる珠文が二個描かれている。これら図文は被葬者に対する葬送あるいは供献の意を込めたものであろうか」（福岡大学考古学研究室 1998：67頁）としている。東国の羽山1号横穴については「天井部一面に、あたかも満天の星座の如くに散りばめられている」（渡辺編 1974：12頁）としている。珠文の認められる上記17カ所のうちで、その性格について言及されているものは5例であり、「装飾的なもの」や「供献的なもの」として捉えている。

　この17カ所において珠文が描かれている場所は必ずしも天空を想定できる場所だけでなく、側

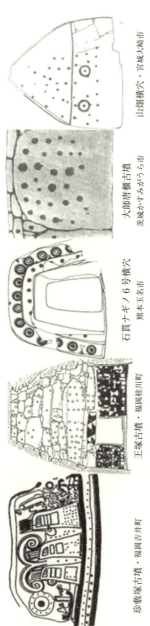

図 57　肥後と東国の主要珠文図

表 16　珠文壁画一覧

地域名	古墳・横穴名	年代	珠文の場所・位置	珠文の色・大きさ（直径）	他の図文の種類	石室・横穴の別
中北部九州	王塚古墳（福岡県桂川町）	6世紀中葉	主室奥壁・前室上部、主室西南壁・東北壁上部、前室正面（ほぼ全面）	黄（全壁面を赤彩下地）	双脚輪状文、三角文、同心円文、蕨手文、靫、大刀、騎馬像など	横穴式石室（石屋形）石棚
	珍敷塚古墳（福岡県吉井町）	6世紀後半	後室奥壁	赤・青	蕨手文、靫、船、鞆、円文ほか	横穴式石室
	五郎山古墳（福岡県筑紫野市）	6世紀後半	主室奥壁・西側壁・東側壁（合計24個）	黒（4〜8cm）	船、家、武具類、人物ほか	横穴式石室
	永安寺東古墳（熊本県玉名市）	6世紀中葉	羨道左右側壁部分	赤	連続三角文、船、馬など	横穴式石室（石屋形）
	石貫穴観音1号横穴（熊本県玉名市）	6世紀中葉	羨門前面の飾り縁部分	赤・白	盾	横穴
	石貫ナギノ28号横穴（熊本県玉名市）	6世紀後半	羨門前面と飾り縁部分	赤	なし（線刻・飾り縁部分）	横穴
	田崎1号横穴（熊本県玉名市）	古墳時代後期	飾り縁部分（外面上部・天井部）	赤	二重円文	横穴
	今村岩の下ⅡI-7号横穴（熊本県南関町）	6世紀後半	飾り縁部分	赤	なし	横穴
東国	大師唐櫃古墳（茨城県かすみがうら市）	6世紀末	玄室左側壁	赤（6cm）	なし	横穴式石室
	餓鬼堂30号横穴（福島県いわき市）	6世紀末	玄室左側壁天井（100個以上）	赤・白（3〜5cm）	渦巻、人物、馬、鹿など	横穴
	羽山1号横穴（福島県南相馬市）	6世紀末	玄室奥壁・左右側壁天井、前壁天井、左右側壁	白（赤下地）（8cm）	なし	横穴
	浪岩A12号横穴（福島県南相馬市）	6世紀後半	玄室奥壁・右側壁	赤（2.5〜3cm）	渦巻、人物、馬、鹿など	横穴
	泉崎4号横穴（福島県泉崎村）	6世紀後葉	玄室奥壁下部・右側壁・玄室天井	赤（2〜4cm）	円文	横穴
	愛宕山C地点1号横穴（仙台市太白区）	7世紀	玄室奥壁・左側壁・前壁、天井、玄門前壁	赤（8cm）	同心円文、条線	横穴
	山畑10号横穴（宮城県大崎市）	7世紀	玄室奥壁・左側壁・前壁、玄門前壁、羨道側壁	赤・白	船（線刻）	横穴
	高岩18号横穴（宮城県大崎市）	7世紀後半	東・西側壁（東15個、西34個）	赤（3cm位）	なし	横穴
	丸山塚古墳（山梨県甲府市）	5世紀初（注）				竪穴式石室

（注）斎藤忠によると丸山塚古墳は銚子塚古墳の1〜2世代後の首長で、築造年代は5世紀中葉から後半としている（斎藤 1989）。

壁下部や他の文様の間などさまざまな場所に描かれている。一方、珠文という文様の形式で描かれているということは、古代において珠文がひとつの共通した概念や思想のもとで捉えられていたためであると考えられる。

これらのことから考えると、一部事例においては当てはまるが他の事例では当てはまらないということは許容されないものであり、その性格の説明とはならない。そこで、この文様の意味、性格を考える上で参考になるのが、古代において円文や三角文は呪術的文様として使用されていたということである（国立歴史民俗博物館編 1999：77～78頁、小林 1964：3～35頁、乙益 1974：100～104頁）。珠文は天井部分に描かれたり、玄室側壁や羨道側壁、羨道飾り縁、重要人物の側面、天鳥船の脇など要所々々に配置されている。珠文は円文の延長上の文様であることを考えると、石室や横穴内外の守護、除魔辟邪の目的で描かれたと思われる。

第2節　葬制における肥後と東国との類似

和田晴吾は中北部九州と畿内の葬送思想からくる葬制の違いを、「開かれた石室・開かれた棺」と「閉ざされた石室・閉ざされた棺」として捉え区別している。閉ざされた石室・閉ざされた棺は棺と石室とで二重に密封してしまい、石室空間は無機的空間となり、そこには死者の世界は見えてこないものである。それにたいして開かれた石室・開かれた棺は基本的に棺が用いられず、玄室内部には棺に相当する施設として次の形式の施設が設けられた。これはすべて広い意味での屍床である。

- 仕切石型（仕切石により屍床を区画）
- 石障型（四周を石障で囲んだうえで、仕切石により屍床を区画）
- 石屋形型（屍床を石屋形で囲む）
- 石枕型（石枕のみを置いたもの）

これらは棺の内部空間と石室や横穴の空間との間に障壁を設けず一体化しているため、被葬者の魂魄はこの間を自由に行き来できる死者の世界となる。この空間は羨門で板石閉塞される（和田 2007～2009）。また、開かれた石室・開かれた棺という視点から考えると、彩色壁画が描かれた目的のひとつは被葬者の慰撫と鎮魂であり、他は被葬者の安寧と辟邪のためではないかと考えられる。このような事柄を前提に、この項では横穴式石室や横穴の構造面での類似性だけでなく、屍床と棺、石室の閉塞方法などをとおし精神的領域での葬制全般について、肥後と東国の類似性を確認することにより多氏の移住の足跡を見極める。

1. 屍床と棺

肥後では棺に相当するものとして上記の形式の施設（広い意味での屍床）が設置されており、遺体は棺を使用せずそのままそこに安置されていた。東国についてみると、屍床の形式はまちまちで

あるが石室に屍床が設けられている。生田目和利は茨城県の例として鉄釘の出土例がないことから木棺を使用せず、遺体をそのまま納めたのではないかとしている（生田目 2010）。

　福島県では餓鬼堂35号横穴で3基の木棺が確認され、餓鬼堂36号横穴で木棺の可能性が指摘されている以外に木棺の使用を示す事例が皆無であり（いわき市教育文化事業団 2012）、遺体は屍床に直接安置されたこととなる。これらのことから東国（常陸・陸奥南部）でも肥後と同じような葬制が行われ、開かれた棺であったことが確認できる。

2．横穴式石室・横穴墓の閉塞方法

　肥後の永安寺東古墳や長岩横穴墓群などでは閉塞石が用いられ、長岩横穴墓群、田崎横穴墓群などでは羨門前面にこれを立てるための掘り込みやカンヌキ穴がある（乙益 1988、熊本県教育委員会 1984）。東国の横穴式石室や横穴墓でも玄門の閉塞に閉塞石の使用を確認できる例が多く、追戸横穴群A地区4号墳では10cm四方、深さ8cmのカンヌキ穴が施されている。これらの事例でも施設構造面と精神的領域をあわせ、肥後からの文化の伝播ないしは人の移住の足跡がうかがえる。

3．石　枕

　横穴式石室・横穴の石枕や作りつけの石枕は、肥後では今村岩の下Ⅱ-3号横穴、原3号横穴、長岩52号横穴、岩原Ⅳ-3号横穴、京ガ峰2号横穴など、東国では山畑10号横穴、山畑15号横穴、姉崎二子塚古墳、上赤塚1号墳、茨城県（出土地不明）など、双方にこれを設けた事例がある。こうした葬制の点でも両者に共通するものがあり、同じ基盤に立脚した文化であることが確認できる。

第3節　文献・神社・地名にみる肥国（ひのくに）と東国

1．文献に記載された多氏

　多氏は神武天皇の嫡子の神八井耳命を始祖とする皇別氏族である。太田亮『新編　姓氏家系辞書』や『古事記』をもとに同族を整理すると、多臣（飫富・意富・於保・大・太）、大分、縣、阿蘇、石城（於保磐城）、印波、伊豫、宇治、江人、下家、尾張部、他田、小長谷、金刺、鹿島、椋橋、紺口、前利、雀部、志紀・志貴、島田、園部、小子・小子部、都祁・闘雞、豊鳥・手嶋、仲・那珂、長狭、丹羽・邇波、火・肥、筑紫火君、船木、茨田、松浦、三宅、壬生、（阿蘇氏流）恵良、上島、子守、坂梨、竹崎、土田、光永（金刺氏流）上原・神原、上泉、諏訪、手塚（良岑氏流丹羽氏裔）岩部、池上、上野、榎社、小弓、小口、立木田、下野、土佐、成海、長鹽、原、羽黒、箱羽、林、廣戸、前口、前部、前野、良岑、和田、といった氏族を挙げることができる。

わが国で最古の氏族といわれ同族の数も非常に多い。太田亮によると神武天皇は嫡腹の神八井耳命に北九州を与え、隼人の首領吾田君の娘が生んだ手研耳命に南九州を与え、そのあと神渟名別尊を皇太子とした、としている（太田 1928：378 頁）。この説によれば、多氏の中心拠点が北部九州であり、ここから全国に広がっていったと推定される。

大場磐雄によれば、多氏の分布は東国以外に九州地方（筑前・肥後・肥前・豊後・豊前・日向）、四国地方（伊豫・讃岐）、中国地方（出雲・因幡・周防）、近畿地方（山城・大和・河内・和泉・伊勢・丹波・播磨）、東海地方（尾張・三河・遠江・駿河・甲斐・伊豆・相模）、東山地方（美濃・信濃）、北陸地方（能登・越中）と、ほぼ全国的に分布していたという（大場 1975）。

『古事記』神武天皇段、『日本書紀』綏靖天皇条、『先代旧事本紀』・『国造本紀』、『新撰姓氏録』などの資料をもとに古代東国および肥国（肥前・肥後）における多氏関連氏族の分布状況を整理すると次のとおりである。

 陸奥：磐城郡（石城国造）、磐城郡（大部於保磐城臣）、宮城郡・名取郡・桃生郡（大部）
 常陸：那賀郡（那珂国造族宇治部直、仲・那珂国造、那珂国造族仲臣）、筑波郡（那珂国造族
    壬生連、那珂国造族壬生宿禰）、那珂郡・筑波郡・鹿島郡（那珂国造族壬生直）
 安房：長狭郡（長狭国造）
 上総：望陀郡飫富郷（大部）
 下総：印旛郡（印波国造）、相馬郡意部郷（大部）、葛飾郡（小長谷部）
 肥前：郡名不明（多〈太〉氏）、松浦郡（肥〈火〉君）、養父郡（筑紫火君）
 肥後：肥前肥後全域（火国造〈大国造〉、肥〈火〉君、肥直）

2. 神八井耳命を祭神とした神社と鹿島神社

祖神を祭る神社は古代氏族にとって重要であり、地域開発もこの神を奉斎し進出している。東国の多氏は中部地方から東北地方南部にかけて、下記地域の各拠点にこの祖神を鎮座させている。多氏にとって重要拠点と考えられる地域に祭られたことと思われる。肥後には 24 社と大変多いが、このことは本体が肥後にあることを示唆し、東国に進出した氏族の出自をものがたる傍証のひとつといえる。

（1）東国の神八井耳命を祭神とした神社

千葉から福島南部太平洋岸（5 社）

千葉から福島南部太平洋岸は、飽富神社（千葉県袖ケ浦市飯富 2863。伴信友『神名帳考証』で神八井耳命が創始したと伝える）、大井神社（茨城県水戸市飯富町 3475。度会延佳の『神名帳考証』では、祭神を神八井耳命としている）、大井神社（茨城県笠間市大渕字輪台 1652。祭神を神八井耳命としている）、佐麻久嶺神社（福島県いわき市平中山宮下 19。『神名帳考証』では神八井耳命を祭神としている）、田村神社（福島県郡山市阿久津町字続 195）の計 5 社ある。

中部地方（10社）

中部地方は、耳常神社（三重県四日市下之宮町）、耳常神社（三重郡菰野町大字小島）、太神社（三重県四日市市朝明町）、太神社（三重県四日市市大鐘町）、仲神社（三重県多気郡明和町上野）、大神社（愛知県一宮市大和町於保郷中）、爾波神社（愛知県一宮市丹羽字宮浦）、前利神社（愛知県丹羽郡扶桑町斎藤宮添）、長谷神社上社（長野市篠ノ井鹽崎）、健御名方富命彦神別神社（長野県上水内郡信州新町）であり、長野県に2社、愛知県に3社、三重県に5社の計10社ある。

（2）多氏の大和の本拠地の神八井耳命を祭神とした神社

多氏の大和の本拠地である奈良県磯城郡田原本町大字多字宮内569には、神八井耳命を祀る多坐弥志理都比古神社がある。神社名の「弥志理都比古」は神八井耳命のこととされている。この社には神八井耳命の父である神倭磐余彦尊（神武天皇）と弟である神沼河耳命（綏靖天皇）とが合祀されている。

（3）多氏の肥後の本拠地の神八井耳命を祭神とした神社

肥後には神八井耳命を祀った社が24社ある。木部神社（熊本市御幸木部町）、笛田神社（熊本市御幸笛田町）、高平神社（熊本市高平）、甲佐神社（上益城郡甲佐町上揚）、御手洗神社（上益城郡甲佐町安平）、浅井若宮神社（上益城郡甲佐町横田）、男成神社（上益城郡矢部町男成）、松山神社（宇土市松山町）、草部吉見神社（阿蘇郡高森町草部）、広瀬神社（本渡市本渡町広瀬）、大山祇神社（本渡市志柿町）、佐伊津神社（本渡市佐伊津町）、魚貫住吉神社（牛深市魚貫）、大浦神社（天草郡御所浦町大浦）、崎浦神社（天草郡御所浦町崎浦）、牧島神社（天草郡御所浦町牧本）、元浦神社（天草郡御所町元中）、小串阿蘇神社（天草郡五和町御領）、御領神社（天草郡五和町御領）、永目神社（天草郡姫戸町姫浦）、姫浦神社（天草郡姫戸町姫浦）、牟田神社（天草郡姫戸町姫浦）、小島児神社（天草郡有明町小島児）、宮田神社（天草郡倉岳町宮田）である。

（4）鹿島神社

太田亮によると常陸の鹿島は肥前鹿島の名を移したものであり、鹿島神社の祭神の建甕槌神（たけみかづちのかみ）は九州から常陸に遠征されたものであるとする（太田 1928）。小田系図（『続群書類従』五輯上、系図部）には「鹿島ノ神ハ。九州ト常州ト東西ニ社アッテ。日本ノ守護神也。就中常州ヲ本社。」（続群書類従完成会 1936：442頁）としている。後世においても鹿島神の九州との関係が深いことについての伝承が認められる。多氏は崇神天皇の命により、常陸を拠点とし蝦夷征討を名目として太平洋岸を北に進んでいった。この経路は鹿島御子神の分布と重なり、鹿島神を奉じて北進したことを物語っている。当初、鹿島神社は藤原氏が氏神としたものではなく多氏のものであった。藤原氏はこの地方に何らの氏族遺跡を残していない（太田 1928、大場 1975）。

鹿島郡は那珂国造（多氏）郡内五里と下総海上郡一里を割いて神郡としており、多氏の領域であった。その名も国造の祖、建借間命（たけかしまのみこと）にちなんだものとなっている。また『常陸風土記』ではこの神を天之大神社としているが、『常陸風土記』は多氏をすべて「大（おお）」と書いており、大氏の神社と

表17　肥後と東国の同一地名一覧

肥　後	東　国		肥　後	東　国
八代郡	下総	印旛郡八代郷	八代郡	常陸　行方郡八代郷
益城郡上島郷	常陸	鹿島郡上島郷	球磨郡久米郷	常陸　久慈郡久米郷
益城郡當麻郷	常陸	行方郡當麻郷	飽田郡川内郷	常陸　久慈郡河内郷
菊池郡日理郷	陸奥	信夫郡日理郷　　亘理郡日理郷	飽田郡川内郷	常陸　那賀郡河内郷

いう意味であったと考えられる。鹿島大神宮惣六箇院の修造用材を那賀郡内から調達していたことは、仲国造時代からの縁故によったものであることを示している（太田 1928、大場 1975）。したがって、多氏の足跡はこの鹿島神社御子神の分布地域に重なることになり、多氏の東国への移住を考える上で手掛かりとなるものである。東北太平洋岸の鹿島神の所在地は福島県いわき市・福島市に各3カ所、白河市・郡山市・南相馬市・伊達郡に各1カ所、宮城県亘理郡に3カ所、石巻市・加美郡・黒川郡に各1カ所である。鹿島神社御子神は『日本三代実録』によると式内社として38社あるが、現在確認できるものはここに記載した16社である。

3. 地名からみた肥後と東国との類似性

　火君は隼人統治のため大和朝廷により薩摩国の国衙のある高城郡や出水郡に送り込まれていたが、高城郡には合志、宇土など肥後の郡名をつけた郷名が4郷ある（井上 1970）。このように出身地の地名を移住地につける例は多く見かける。この観点から肥後と東国の地名を対比すると表17のとおりである。このことからも肥後の勢力の東国への移住がうかがわれる。
　多氏の東国における中心拠点のひとつと考えられる陸奥国磐城郡に移住した勢力が、さらに東北中部に進出したことを示すものとして名取郡磐城郷、宮城郡磐城郷、桃生郡磐城郷など磐城の地名が見られる（池邊 1970）。

第4節　多氏の東国への移住

1. 移住の目的とその契機

　中部地方以東の太平洋岸の多氏の拠点をみると、河口や河川の合流点、沼・湖・海岸の沼沢地や山麓の荒れ地に置かれていることが多い。木曽川中流域、浜名湖、天竜川河口、大井川河口、富士川上流域・河口、東京湾東岸、印旛沼、霞ヶ浦、那珂川流域、夏井川河口・海岸段丘、北上川流域などがこれに相当する。これらは新たに開発可能な場所が多く、移住して開拓するには最適である。また、水運や交通上の要衝でもあるため、この要地を押さえることは重要である。
　当時の大和朝廷は、『古事記』の倭建命の東国征討や『常陸風土記』の建借間命の伝承に象徴されるように、蝦夷討伐などを名目に東北地域の開発を進めていた時期であり、多氏は朝廷の方針に

沿ったかたちで東国へ移住し、これら拠点を中心に開拓を進めていったと考えられる。このような開拓は多氏に限ったことではなく、物部氏、阿倍氏、大伴氏、上毛野氏・下毛野氏なども同様であり、東国の太平洋岸においては、物部氏や上毛野氏・下毛野氏などとともに多氏がモザイク状に分布していたと考えられる。

2. 移住ルート

東国の多氏は、『常陸風土記』の建借間命の伝承や、中部地方におけるスイジガイ釧の出土、常陸・陸奥南部の古墳壁画、神八井耳命を祭神とする神社の配置状況、横穴墓など各種状況から考察すると、肥後を中心とした地域からの移住であることは明白である。

移住の経路は、肥後の有明海沿岸から南下し九州南岸の大隅海峡で南からきた黒潮海流に乗り北上、土佐沖・熊野灘沖をとおり伊勢湾、遠州灘、九十九里浜、鹿島浦などで上陸し、志摩、磐田、長狭、印波、那珂などの各地域へ入植したと考えられる（図58）。黒潮と親潮の境界は冬期が銚子沖、夏期が金華山沖でぶつかるとされており（日高 1982）、この海流と季節風を利用すると比較的容易に東国への移住ができたものと思う。

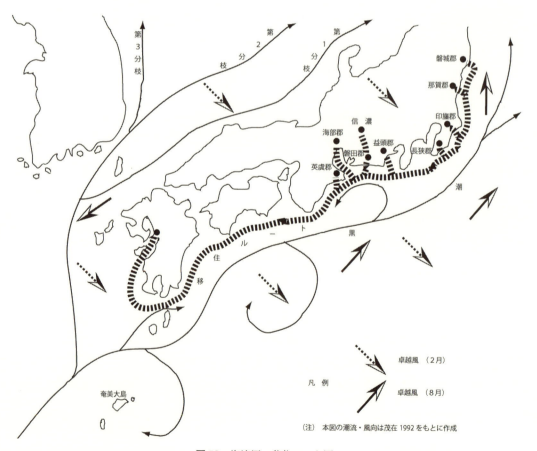

図58　海流図・移住ルート図

陸岸に沿って海流が流れるとき、陸岸の一部が湾入していたり岬が突出している場合は、その湾内または岬の陰になる部分には海流の本流とは逆の反流が生じる。この流れに乗れば容易に陸地に近づくことができ、低速で航行する船は昔からこれを利用したという（茂在 1992）。伊勢湾、遠州灘、九十九里浜などでもこの反流があるといわれ、この反流や潟湖、九十九里浜にあった椿海などの湾入部を奥に入れば安全で容易に上陸ができた。当時使用した船は刳舟の両舷に棚板をつけた準構造船であるといわれている。『日本書紀』神功皇后摂政前記の条には「海の中の大魚、悉に浮びて船を扶く、即ち大きなる風順に吹きて、帆舶波に随ふ」とある。

　楊槱氏の『帆船史』（楊 2005）によると、中国では紀元前1000年頃より帆を使用していたといわれ、わが国でも弥生時代から使われていたという説もある。運航にあたり帆や櫂、海流、反流等を利用すれば容易に肥後と東国とを行き来できる。また、東国の多氏は海岸沿いに多くの同族が分布していたため、航海の寄港地には事欠かなかったと考えられる。東国の多氏の分布は前述のとおりであるが、このすべてが肥後からそれぞれの地に直接移住したのではない。肥後からは志摩、遠江、安房、上総、常陸へまず入植したうえで、それぞれの地域から美濃、尾張、信濃、甲斐、駿河、相模、下総、下野へと再移住していったと考えられる。

　美濃と尾張中島郡の多臣は大和飫富郷より、尾張海部郡の島田氏は那珂国造一族の仲臣子上が移住したものであり、丹羽郡の島田氏は姓氏録によれば成務朝に入ってきたとしている。駿河の多氏は遠江、信濃、甲斐の多氏と同じ支族であることや年代的観点から考えると、遠江よりの移住と思われる。常陸の那珂国造一族は多氏支族のなかで最も大きい勢力をもった氏族であり、さきに述べた尾張海部郡（島田氏）、相模御浦郡（鹿島氏）、常陸行方郡・鹿島郡（鹿島氏）、筑波郡（壬生氏）、下野等へ移住し活躍している。

　多氏の東国への移住はこのように肥後から東国へといった単純なものではなく、非常に入り組んだかたちで行われている。このことは逆な側面から見ると、同族どうしの結束が強く随時その時の情勢に即応した体制が取れた結果ではないかと思われる。

3. 移住の年代

　『常陸風土記』では建借間命の話を崇神天皇（3世紀）の時代としている。多氏関連と考えられる陸奥南部や常陸の古墳は、神谷作101号が6世紀前葉（いわき市史編さん委員会 1976）、那珂国造の墳墓と考えられている茨城県大洗町の鏡塚古墳が5世紀前葉（大場 1971）であり、多氏の移住は早くて5世紀初頭と考えられる。しかし壁画をもった横穴墓は6世紀後葉から盛行し、横穴墓自体は8世紀頃まで造られている。

　中部地方についてみると、尾張の島田氏は成務期に移住したといわれる。考古資料の関係では肥前関行丸古墳との関係がうかがわれる志摩おじょか古墳が5世紀後葉、スイジガイ釧が出土した静岡県松林山古墳が4世紀中葉、山梨県甲斐銚子塚古墳が4世紀後葉の初期、長野県八丁鎧塚古墳が4世紀後葉である。

　これらのことから、肥後を含む北部九州から東国への移住は、3世紀代から8世紀代までの数百

年間、数次にわたって移住があったと考えられる。この間、スイジガイ釧の供給などの事実からは、常時絶えることなく肥後との間の交流が、海上交通を利用してなされていたのではないか。

4. 移住者の階層

　移住ルートの項で、この地域への移住の主体は肥後を中心とする中北部九州勢力であるとした。それではこの勢力の階層はどのようなものであったのかについて考えたい。肥後全域における横穴式石室と横穴の比率は、どちらかというと横穴式石室のほうが高いが、肥後北部では横穴の比率が高い。他方、常陸・陸奥東南部についての状況をみると、横穴式石室と横穴の比率は肥後全域の状況と逆になっている。常陸地域はその中でも横穴式石室が多少多いともいえるが、陸奥東南部については、ほとんど横穴ばかりの観がある。

　一般的に横穴式石室が上位階層の葬制であり、横穴が下位階層の葬制であるといわれている。これらのことを踏まえて考えると、常陸・陸奥東南部へ進出してきた階層は、火君に直接つながる大豪族（火君の中核を占める氏族）は少なく、大豪族配下の中小豪族が中心となっていたのではないか。さきに述べたように東国の横穴は壁画とセットになって伝播したと考えられ、横穴の形式、壁画文様の様式ともに菊池川流域のものと類似している。このことは大多数の移住者の出自が肥後の地域内で比較的横穴が多い、肥後北部出身者によって占められていた可能性を示す。

＊　＊　＊

　本章ではまず考古資料である横穴式石室、横穴、神谷作101号墳出土の双脚輪状文形埴輪、肥後と東国の壁画、珠文について、その状況を把握し整理した。この結果、横穴式石室では、構造上での類似点が浮き彫りにされた。東国の横穴と壁画については、その構造面や文様の種類、製作手法などが肥後北部の菊池川流域（壁画については影響を受けたと考えられる筑紫地域を含む）と関係が深いことが判明した。肥後のなかでも菊池川流域が横穴墓と壁画の集中する地域であり、その中心地から装飾壁画と横穴墓がセットになって伝播したものであった。神谷作101号墳の双脚輪状文形埴輪も肥後釜尾古墳から王塚古墳への流れのなかで捉えることができる。

　次に、葬制における肥後と東国との類似をもとに、精神的側面を中心テーマとして、東国と肥後の関係を考えた。両者に見られる壁画文様のひとつである珠文が除魔辟邪などの精神的希求の表現であったこと。屍床や石室などの閉塞方法から東国、肥後ともに開かれた棺という同一の葬制であったことなど、同じ精神基盤をもっていたことが判明した。また、文献・神社・地名などから考古資料では特定できない具体的多氏関連氏族の足跡について検討し、考古資料とつきあわせができるようにした。最後に移住目的、移住ルート、年代、移住者の階層について考察することにより、多氏の東国への移住についての全容がほぼ解明ができたと思う。

　このような考察から、まず、基本的事項として肥後、特に菊池川流域の勢力と東国との関係が浮き彫りにされてきた。考古資料では多氏という特定氏族に限定することはできないが、『古事記』などの文献史料を加味すると、多氏の勢力の文化が東国に伝播したことは確実である。また、これ

ほど多くの東国の地域で多面的に文化が受け入れられたということは、単なる文化の伝播や人の交流の結果ではなく、多くの同族の移住があったことによるものとの結論に達した。

横穴墓・装飾壁画・珠文などの考古資料から、移住者の出身地域は主として菊池川中下流域とその周辺（筑紫を含む）の勢力であったと考えられる。しかし文献史料、民俗資料、歴史地理資料などより菊池川流域以外の要素も見出されるため、主体は菊池川中下流域勢力であったが、その他の地域からの移住も相当数あったのではないかと思われる。

葬制の問題については、菊池川流域からのみ伝播したのではなく、広く肥後や北部九州の要素を交え伝播し、伝播の仕方もすべてをそのまま受け入れたのではなく、東国の各地域の実情を踏まえたなかで、取捨選択して取り込んだものと考えられる。肥後・北部九州との関係を示す出土品として、神谷作101号墳出土の双脚輪状文形埴輪や三角文を多用した天冠男子胡坐像埴輪、家形埴輪がある。この文様は菊池川流域から北部九州に多いが、特に筑前王塚古墳の三角文（連弧文）と円文を多用した図文構成を発展させたものである。王塚古墳の横穴式石室は肥後起源の石屋形や石梁をもち、複式横穴式石室と想定される石室構造（梅原・小林 1940）は菊池川流域と同系のものである。また石屋形などに使用されている主要石材は菊池川流域と境を接する筑後矢部川上流の阿蘇凝灰岩であり（福岡県編 1935）、菊池川流域との関係が認められる。

多氏の東国への移住は、まず常陸の茨城郡や行方郡を含めた那珂国造の勢力範囲に入り、次に陸奥の磐城郡へ進出し、さらにここから奥地にいくつかの支拠点を設けていった。多氏の拠点は面的広がりをもったものでなく、線的・点的領域を押さえたものであった。このことを推測できる事例として、大宝2年（702）の筑前志痲郡川辺郷の郷戸（総数124人）がある。ここでは多氏が主体ではあったが、宗我部、平群部、中臣部、己西部など他の氏族も混ざり合っていたことが判明している。東国各地の飫富郷においても同様であったと考えられ、東国では多氏以外に物部氏、上・下毛野氏、大伴氏などが入り混じって分布していたと想定される。

第9章　東国の多氏

　中部地方の静岡県に所在する松林山古墳（4世紀中葉）や、山梨県の甲斐銚子塚古墳（4世紀後葉）、長野県の八丁鎧塚古墳（4世紀後葉）からは、奄美大島以南に生息する南海産の大型巻貝であるスイジガイの釧が出土している。スイジガイを含む南海産貝類は、弥生時代から始まる貝の道を通り、もたらされたものである。古墳時代の貝の道は沖縄諸島、奄美諸島、種子島、薩摩西岸、八代海、有明海をへて宇土半島基部にいたるものであったといわれる（木下　1996）。その中心となった勢力は火君を統率者として、南島交易に活躍した肥後海人たちであった。このような経路により届けられたスイジガイが中部地方にもたらされたのはどのような経緯によるものか。

　三重県志摩郡に所在するおじょか古墳（5世紀後葉）は、横穴式石室の構造上の特徴から北部九州型石室とされており、佐賀県関行丸古墳の横穴式石室と類似している。可児町教育委員会発行の『おじょか古墳発掘調査概要』では、この古墳が築造された時期には、伊勢湾沿岸においてまだ横穴式石室が採用されず、しかも、この地域の6世紀初頭以降の横穴式石室とは系統の異なったものであるとしている。この古墳に隣接して肥後由来の「サク」地名が3カ所に存在していることから、おじょか古墳を築造した氏族は肥国との関係が想定され、地名の継続性からは少なくとも5世紀代から引き続きこの地域に数世代にわたって居住していたことと考えられる。

　東国に居住する多氏は、すべての氏族が肥国から直接的に東国に移住してきたものではない。肥国より東国のある地域に移住したうえで、その一部の構成員が東国の別の地域に再移転したと考えられる事例がいくつか見られる。

　多氏同族の分布は、本貫の地と考えられる肥国とその周辺や大和の本拠地を中心とした地域も多いが、東国の多氏同族はこれら地域を凌駕するものである。本貫の地域と対極する遠方地域と考えられる東国において、このように広域にしかも比較的密度の濃い分布状況を示し、多様な移住形態を採ったということは何に起因するものなのか。ここでは、これら視点に立って、スイジガイから双脚輪状文を創り出し、それを精神的支柱とした火君多氏の、東国における広がりについて考察する。

　本書の考察を進めるにあたって、1つめとしては、『古事記』、『日本書紀』、『先代旧事本紀』「国造本紀」、正税帳、木簡など、多氏を特定できる文字資料による方法がある。2つめとしては、地名上では一見して多氏との関係をうかがい知ることができないが、多氏の居住地域につけられたと考えられる地名として、「サク」地名がある。表20のなかの「サク」地名欄は、文献史料や神社、郷名などより特定した多氏一族の拠点内に付けられた「サク」地名を対照した一覧である。多氏と

の高度な相関関係を重視すると、地名の分布が特定氏族の動向を反映した可能性が指摘できる。このため「サク」地名を多氏同族の分布状況の資料として活用してゆくことにする。

　3つめとしては、神社の配置状況を調べる方法がある。太田亮によると、多氏は奥州経営にあたって多氏の神であった鹿島神を奉戴して進んでいったとしている（太田 1928：405〜416頁）。こうしたことからもうかがい知れるように、古代氏族にとって祖霊を祭った神社は精神的支柱として非常に重要なものである。新しい地域に進出し開拓するにあたってはまず祖霊を祭ったものと思われる。この観点からみると、多氏の始祖・神八井耳命を祭った神社の存在、また、多氏同族が居住したと考えられる多氏にちなんだ郷名や村名をもった地名の存在、これらの資料を活用して、各地域ごとに多氏の分布状況や東国の多氏社会の状況などを整理する。

　4つめとして、はおじょか古墳と関行丸古墳の石室、スイジガイ釧についてと、多氏の東国への移住とその年代、多氏の分布上の特徴とその性格など、多氏の関係するいくつかの事項について取りまとめる。

　ところで、東国の範囲は統一されたものはなく代表的なものとして、鈴鹿関・不破関以東を示す場合と防人との関連で遠江国・信濃国以東を示す場合、足柄峠・碓氷峠以東を示す場合などがあるが。本章で扱う東国の地域は鈴鹿関・不破関以東から関東地方までとする。

　東国の地域は地理的、地形的なまとまりと地域状況、多氏同族内での地域的親縁性を加味して、大きく3つの地域に区分する。西側から三重・愛知・岐阜地域群、静岡・長野・山梨地域群、神奈川・東京・千葉・茨城・栃木地域群に大分類する。そのうえで国ごとに分けて多氏同族の分布状況の確認や個々の具体的状況の把握をする。

第1節　東国と九州の「サク」地名と火君多氏

　東国の「サク」地名は火君多氏が肥国より東国に進出してきたことにより、その本貫の地で使われていた地名を、東国において使用したことに始まると考えられる。このため本章では、火君多氏が肥国より東国に移住し、各地域に多氏社会を形成していたことの基本資料として使用する。

　「サク」と「サコ」はともに、せまく細く行きつまったような谷をいい、上総、下総から磐城の相馬地方にかけては、丘陵間の長いややくぼんだ平地のことを示しているといわれる（山中 1968）。熊本県においてこのような地形を示す小字名は大部分「サコ」地名であるが、「サク」地名も21カ所の小字名として使われている。東国においてこのような地形を示す小字名は「サコ」でなく「サク」地名が使われている。

　栃木県の「サク」地名は安蘇郡・都賀郡と那珂川流域に集中するが、安蘇郡と都賀郡は意部郷、大神社、阿蘇があり、那珂川流域は那珂国造との関係から多氏関連の地域である。神奈川県旧御浦郡も「サク」地名が集中する地域であるが、ここも多氏同族の鹿島臣が居住していた地域である。

　これら「サク」地名と多氏との関係は、熊本県の「サク」地名地域から人の移住があったことの傍証となるものである。東国における「サク」地名は千葉に1,175カ所、茨城に449カ所、福島に

626 カ所、宮城に 51 カ所ある。福島県の場合、多氏の中心拠点であった磐城を含めた浜通りに集中する。茨城県などについても多氏の拠点に多い傾向を示している。しかし、「サク」地名の多い東国においては、「サク」地名が肥後からの移住者の居住地域と即断することは危険である。移住者が多いためこの地名が多かったことは確かであるが、数世代を経るなかで鼠算的に増えてしまったと考えられる。したがって、「サク」地名を移住と関連づけ、その傍証とする場合はこのことを見極める必要がある。

1. 東国の「サク」地名

　山口彌一郎は『開拓と地名』において、サクは「上総、下総、福島県東部磐城、相馬地方に亘って用いられているのは、低い山と山、丘と丘の間の長い稍々窪みのある、平坦な地形に名づけられている。……やがて民家が定住して、神谷作、江名町中ノ作の如く立派な集落にまで発達しているのもある。これもサクは単なる地形の名であるが、ここを開拓し、定住して集落の名と発達してゆく過程が明確に窺がわれる。サクは九州南部のサコと一つの語であるらしい」と述べている（山口 1957：79〜80頁）。

　「サク」地名は、東北地方南部から中部地方の太平洋岸側と一部西日本にも見られる地名である。東国のサク地名の中心は福島県南部太平洋岸から千葉県にいたる地域である。この地域は『古事記』、『先代旧事本紀』「国造本紀」、『常陸風土記』などに記載された石城国造、仲国造、長狭国造、印波国造、建借間命といった多氏同族の伝承があることや、多氏の始祖神八井耳命を祀った佐麻久嶺神社、田村神社、大井神社、飫富神社があり、意部郷、飫富郷といった多氏関連の郷名がみられることなどから、多氏一族が広範囲に分布していたと考えられる地域でもある。これら地域と重なりあうかたちで、上記のとおり非常に多くの「サク」地名が確認できる。

　東国について、多氏関連氏族の伝承地と始祖神八井耳命などを祀った神社、多氏の居住を示す郷名、各地域の自然環境・社会環境などと「サク」地名の関連を示したものが、巻末の付表1である。全地域のうち86％の地域で多氏関連事項と「サク」地名がむすびついている。これほど多くの事例において多氏関連地域と「サク」地名が重なっていることは、偶然の一致であるとは思われない。

　この「サク」地名は、多氏一族が長期にわたり居住していたことを示すものとして、理解してよいのではないかと考える。しかし、サク地名は東国の多氏が独自に名付けたものではなく、多氏の本貫の地である、肥後を中心とした地域で使われていた地名である。この地名が多氏の東国への移住にともなって、東国にもたらされたと考えられる。

2. 鹿児島と熊本の「サク」地名

　サクと同じ地形を示す地名にサコ（佐古、迫）があり、九州ではこの地形を示す地名としてサコ（佐古、迫）が基本となっている。しかし、一部の地域では「サク」地名が使われているところが

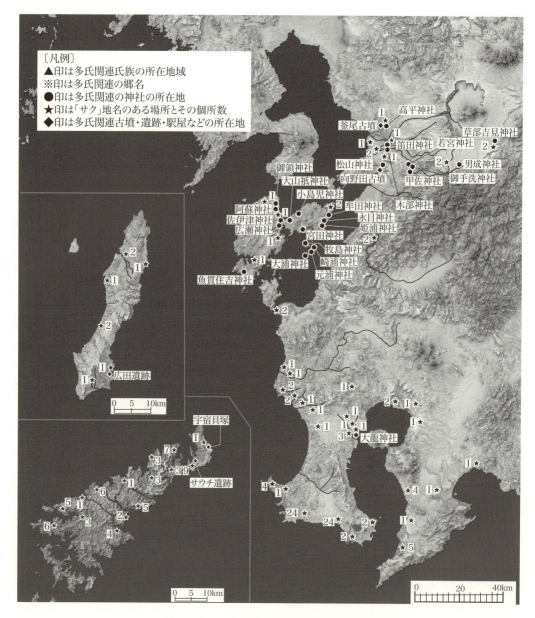

図59　熊本・鹿児島　多氏関連事項配置図

ある。鹿児島県ではサクが210カ所（サコ5,630カ所）、熊本県ではサクが21カ所（サコ6,756カ所）、長崎県ではサクが23カ所（サコ408カ所）、佐賀県ではサクが3カ所（サコ35カ所）、宮崎県ではサクが13カ所（サコ762カ所）、大分県ではサコ928カ所のみである。

　九州における「サク」地名は宮崎県を除き、奄美大島から種子島、鹿児島県西海岸を通り八代海、有明海にいたる経路上に濃密に分布している。図59に示すとおり、特に奄美大島では53カ所と多く、黒潮本流がとおる島の西側に集中している。この大部分の「サク」地名が貝の道とも重なるものである。このように考えると少なくとも奄美大島から有明海にいたる経路上の「サク」地名

は、貝の道の主宰者である多氏（火君）の影響を受けて、本来は「サコ」地名であるべきものが「サク」に音韻変化し、火君固有の地名として使われた可能性が考えられる。サク地名は熊本県、長崎県、佐賀県に47ヵ所あるが、古くは火君の領域とされた肥国（肥前・肥後）の地域である。鹿児島県には210ヵ所のサク地名があるが、火君の南島交易と直接関係すると考えられる奄美大島、種子島など島嶼部に92ヵ所ある。これ以外に鹿児島県西部・南部の東シナ海沿岸に点在するサク地名の個所についても、火君水運の停泊地として必要であったと思われる場所や、文献史料より火君との関係が確認される場所が大多数である。

　また、九州において、「サク」地名のある場所が多氏関連の神社や古墳などとセットになっている場合が多いことも、サク地名が多氏の拠点であることの傍証のひとつとして考えてよいのではないか。熊本県、鹿児島県のサク地名は3つの性格の異なった地名と考えられる。1つめは弥生時代からつづく南島交易のための現地拠点であり、2つめは南島交易路や多氏の東国への通路、朝鮮出兵のための通路などに配置した交通路上の拠点、3つめは交通路上の要地としての拠点である。

　1つめの現地拠点としてのサク地名は、主として奄美大島や種子島など南島に置いたものである。この場所は、図59、図60に示すように港湾機能を果たすとみられる湾入部にあり、小河川か湧水が得られると思われるところである。風待ち、潮待ちが可能であり、台風などの緊急時における避難港としての役割も十分果たすことができる。ここに交易品の保管や要員の駐在地としての機能をもった現地事務所的なものを設けたのではないか。このため図59に見られるように、黒潮海流本流側の港湾的機能を果たすことができる場所に多くの「サク」地名が見られる。

　2つめの交通路上の拠点としてのサク地名は、古代船の1日の行程が22kmから25kmであっ

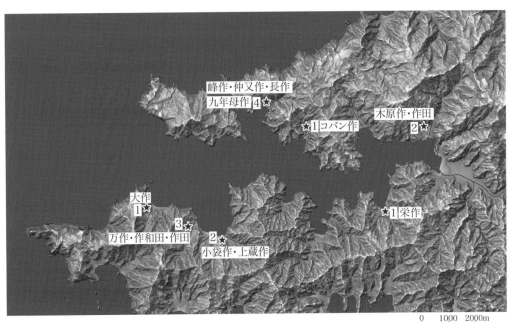

図60　奄美大島サク地名例の地形図

たため（茂在 1992）、遠距離航海をする場合に、中継の停泊地が必要であった。この拠点が大隅半島南岸から薩摩半島西岸、熊本にいたる「サク」地名である。

　3つめの要地拠点としてのサク地名は、熊本県を中心に多氏が水運事業を安全に遂行するためには、風待ち、潮待ちする場所や水上交通上の要衝を押さえる必要があった。その場所を示す「サク」地名が八代海、有明海の各瀬戸に接してある鹿児島県北西部の実植作・柞木迫、熊本県天草の作造山・鬼作・大道作・城作・作平ノ前・瀬戸作・京作・桑作である。鹿児島県薩摩川内市の三所作・仏作は、高城郡（国府所在地）における肥後からの入植地であった場所の「サク」地名である。その他の熊本県にある「サク」地名は、交通路上の要衝や多氏の本拠地となっていた場所に付けられている。

3.「サク」地名の東国と鹿児島・熊本における相違点

　東国の「サク」地名は主として地域開発、水田開拓に伴って付けられたものであり、一部に交通の要衝を押さえるかたちで付けられたものもある。これに対して鹿児島・熊本の「サク」地名はまず、火君の本拠地における主要拠点を示すためのものとして宇土半島基部や熊本市北部などにサク地名がある。次に、南島交易のための拠点や1日の行程上の停泊地としての交通路上の拠点、交通路上の要衝地の確保のための拠点としての地名がある。交通路上の要衝地としての「サク」地名は両者とも共通するが、基本的性格は両者間で異なっている。この原因は歴史的経過のなかで生まれてきたと考えられる。鹿児島・熊本の「サク」地名は南島交易が開始された弥生時代に始まると思われる。東国の「サク」地名は多氏が東国に移住を始めた古墳時代以降のものであり、比較的新しいものであるといえる。

4. 東国の「サク」地名内訳

　東国における「サク」地名は、宮城県から岐阜県に至る地域にみられる。このうち宮城県から千葉県までの太平洋岸沿いに、特に集中してみられる。このことは、肥後の多氏の勢力が、この地域を目指して来住した結果とも考えられる。多氏による蝦夷地の開拓や、蝦夷征討といったこととの関係が推測される。サク地名の集計にあたっては、小字名のみとし、角川日本地名大辞典によった。この内訳は付表1に示したとおりである。

第2節　多氏同族の分布状況と各地域拠点の概要

1. 東国における多氏分布の概要

　東国の多氏について、国単位での同族分布の内訳や居住地域の環境、社会的諸状況をまとめたも

表18　多氏同族の分布概要

三重・愛知・岐阜地域群（図61　中部地方1）

国名	郡名	氏族名等	郷名	神社名	サク地名	類型分類	地域の状況と補足説明
伊勢	朝明	多臣		太神社（2）、耳常神社（2）	4カ所	I	朝明川下流扇状地に条里地割。延喜式駅路の要衝。壬申の乱の伝承。
	多氣	船木直・船木臣・船木宿禰 伊勢船木直	葦田郷 舟木村	仲神社	10	I	宮川河口には港があり黒潮本流が流れているため海運の条件を具備。
志摩	英虞	おじょか古墳			3	ー	北部九州型石室。肥国との関係あり。
尾張	丹羽	前利連〈縣主〉 丹羽臣、〈縣主〉邇 波縣君、椋橋宿禰	前刀郷 丹羽郷	前利神社 爾波神社	3 ↑ ↓ 3	I	3郡とも木曽川の流域でありその扇状地上に位置する。条里地割が多く残っており開拓に適した地域。
	中島	多臣	於保村	太神社		I	大和・多より移住
	海部	島田臣・島田朝臣・島田氏	島田郷		1	II	仲国造一族が移住
美濃	安八	多臣（湯沐令）			1	III	不破関に至る要地。揖斐川と長良川の扇状地に位置し、条里地割が数多く残る。開拓の適地。
	本巣	小子部・阿蘇君族	栗田郷		2	II	安八と同様に揖斐川と長良川の扇状地に位置し開拓の適地。 他に「サク」地名8個所（要衝にあり）

静岡・長野・山梨地域群（図62　中部地方2）

国名	郡名	氏族名等	郷名	神社名	サク地名	類型分類	地域の状況と補足説明
遠江	磐田	小長直〈小長谷直〉、小長谷部、小長谷直	豊国郷 飯宝郷		2カ所 隣接地に5カ所	II	豊国郷（国府）には古代の港である今の浦があり国府津の役割をはたす。黒潮の本流により肥後と往来が可能。東海道の要地。天竜川と太田川に挟まれた扇状地で条里地割や新田開拓の跡あり。松林山古墳（4世紀中期）よりスイジガイ釧出土。
	浜名	小長谷直			1	III	
	引佐	金刺舎人	金指町			IV	
駿河	駿河	金刺舎人、壬生直			沼津市1 御殿場市5	III	沼津市は狩野川の河口で幹線道路の分岐点。一帯に条里地割。御殿場市は酒匂川上流域で幹線道路の分岐点。一帯に条里地割。沼津市の西に広がる浮島ヶ原低地からは準構造船が出土し港湾としての機能が考えられる。
	有度	他田舎人	他田郷		9	II	安倍川の扇状地。広範囲の条里地割。東海道の要地で丸子宿のある場所。
	益頭	金刺舎人	大村		3	II	瀬戸川河口で両岸には条里地割。東海道の要地で小川駅があった。
信濃	水内	金刺舎人		建御名方富命彦別神社		IV	北陸連絡道路。
	埴科	金刺舎人				IV	千曲川流域右岸には多くの条里地割。隣の上高井郡八丁鎧塚古墳（4世紀後半）よりスイジガイ釧出土。
	更級	小長谷直〈部〉	小（長）谷郷	長谷神社（上社）	1	I	千曲川中下流域の左岸、犀川と裾花川などによる複合扇状地で広範囲の埋没条里地割あり。交通の要衝で日理駅あり。
	小県	他田舎人〈直〉	跡目里		1	II	千曲川流域には条里地割。浦野駅、日理駅。信濃国府（初期）

国名	郡名	氏族名等	郷名	神社名	サク地名	類型分類	地域の状況と補足説明
甲斐	諏訪	大朝臣・金刺舎人			1	III	条里地割。金刺舎人は歴代諏訪下社の神主。
	伊那	金刺舎人・他田舎人				IV	伊那は天竜川流域に沿った地域であり、上伊那地域に条里地割。
	八代	小谷直〈小長谷直〉			2	III	笛吹川、釜無川の扇状地端部を中心に開拓され条里地割。銚子塚古墳（4世紀後半の初期）よりスイジガイ釧出土。
	山梨	小長谷部			3	III	笛吹川の流域に広範囲に条里地割。甲斐国府（初期・後期）。
	巨麻	飫富氏	飯富		3	II	釜無川流域に条里地割

神奈川・東京・千葉・茨城・栃木地域群（図63）

国名	郡名	氏族名等	郷名	神社名	サク地名	類型分類	地域の状況と補足説明
相模	御浦	鹿島臣			27	III	平作川流域に条里地割。国府津付近の「サク」地名は8カ所ある。多氏は港津や河口部を押さえている場合が非常に多いことから、文献資料にはないが、ここも多氏一族の拠点の可能性がある。
武蔵	豊島	豊島連				IV	条里地割は旧入間川流域の一部に見られる。
安房	長狭	長狭国造			50	III	鴨川市域を中心とした地域
上総	望陀	大部	飫富郷	飫富神社	27	I	条里地割は小櫃川河口域を中心に広がる。多氏は長狭国から小櫃川を下り河口の低湿地を開拓したといわれる。
下総	印旛・埴生	印波国造			168	III	埴生郡に条里地割。開拓可能な湖沼や低湿地が広がる。
	相馬	大部	意部郷		47	II	茜津駅、於賦駅（延喜式東海道）。低湿地が多く、交通の要衝でもある。
常陸	那賀	仲臣、那珂〈仲〉国造、那珂国造族、壬生直	飯富村	大井神社	17	I	国造墓（愛宕山古墳・鏡塚古墳）愛宕山古墳近くには那賀郡家や河内駅が置かれた水陸の要衝の地。那珂川流域には条里地割。那珂国造一族は茨城県内の各地や、神奈川県、愛知県に及んでいる。
	茨城			大井神社	34	-	
	筑波	壬生直、壬生連、壬生宿禰、那珂国造			37	III	筑波郡は小貝川と桜川に囲まれた地域であり、やはり開拓するには最適の地域で条里地割も残っている。
	鹿島	那珂国造族、鹿嶋臣、壬生直			49	III	鹿島郡や行方郡は涸沼、北浦、霞ヶ浦に囲まれた地域であり開拓の可能性をもった場所であり水上交通の要衝の地でもあった。
	行方	壬生直			29	III	
下野	安蘇	阿蘇氏、大部	意部郷		12	II	意部郷は才川、渡良瀬川、三杉川に挟まれた佐野市南部地域。一帯に条里地割。中央を東山道がとおり、川津（船津）に適した場所で水運の利用、水陸の要衝が確保されている。那珂川流域の地域に28カ所の「サク」地名があり、那珂国造との関係が考えられる。

のが表18である。多氏同族の分布を証拠づける資料としては、直接的資料として文献史料に見られる氏族名とその所在地、多氏居住を示唆する郷名、多氏の始祖を祭祀した神社があり、間接的資料としてはサク地名がある。表18の郡名単位で見ると、35郡のうちサク地名と対応するものが30郡あり、86％が対応している。これにより多氏氏族とサク地名との密接な相関関係をうかがい知ることができる。サク地名自身から直接に多氏との関係は見出せないが、個々のサク地名について検証すると多氏との関係のある地に付けられた地名であることが確認できる。

各地域での多氏の勢力範囲、置かれた立場、多氏氏族内での立ち位置や連携状況などを推測できるものとして、氏族名、郷名、神社の状況と、サク地名の広がり具合がある。そこで、表18に示した郡単位の氏族の状況について、氏族名、郷名、神社、サク地名を類型化して4つのグループに分類することにする。

第1のグループを、Ⅰ類型：氏族名＋郷名＋神社名とサク地名のグループとし、以下、Ⅱ類型：氏族名＋郷名または神社名とサク地名のグループ、Ⅲ類型：氏族名とサク地名のグループ、Ⅳ類型：氏族名等のみでサク地名のないグループとする。表18の類型分類欄は郡単位・氏族単位で分類したものを表示したものである。

そこで、以下この分類にもとづき検討したうえで、多氏氏族社会の在り方について取りまとめていく。

2. 各地域における多氏社会の類型

郡単位で類型分類した結果をみると、Ⅰ類型：氏族名＋郷名＋神社名とサク地名のグループは7カ所あり全体の20％にあたる。Ⅱ類型：氏族名＋郷名または神社名とサク地名のグループは10カ所あり全体の29％にあたる。Ⅲ類型：氏族名とサク地名のグループは12カ所あり全体の34％にあたる。Ⅳ類型：氏族名等とサク地名のないグループは4カ所あり全体の11％にあたる。この他にどれにも該当しないものが2カ所あり全体の6％にあたる。これを大分類の地域群別にみると表19のとおりとなる。

氏族社会の構成要素としてよりバランスの取れているⅠ類型の割合は、三重・愛知・岐阜地域群が50％を占めているのに対して、神奈川・東京・千葉・茨城・栃木地域群は地域社会的基盤が弱く、氏族の勢力も薄弱で独自の郷名ももてないⅢ類型が50％を占めている。Ⅱ類型が40％、Ⅲ類型が33％の静岡・長野・山梨地域群は両者の中間に位置することがわかる。このことから、同じ

表19　大分類地域群別・類型別個所数と比率

	三重・愛知・岐阜地域群	静岡・長野・山梨地域群	神奈川・東京・千葉・茨城・栃木地域群
Ⅰ類型	4（50％）	1（ 7％）	2（17％）
Ⅱ類型	2（25％）	5（40％）	2（17％）
Ⅲ類型	1（13％）	5（33％）	6（50％）
Ⅳ類型	−	4（20％）	1（ 8％）
類型なし	1（12％）	−	1（ 8％）

東国の多氏氏族社会ではあっても、地域社会における社会的基盤作りが西から順次東に波及していく姿がみてとれる。

　筑前国嶋郡川辺里戸籍断簡（『大日本古文書』編年文書之巻一、97〜142頁）によると、川辺里には多氏一族が多数居住していたことがわかるが、物部氏など他の氏族と混在していたためか飫富郷の名称は付けられていない。1つの郷は50戸が標準であったといわれているが、東国の多氏でも東部地域では多氏社会が未成熟であったため、単独で郷名を名乗るところまで達しないところがほとんどであったのではないか。神社についても多氏社会がある一定の規模にならないと独自の始祖を祀った社（やしろ）は造ることができない。このような地域情勢のなかでも、サク地名が一地域に集中して多いところが一部に見られる。このことはその地域の多氏社会の規模が推測できる。

3. 多氏関連事象の分布より判明した地域別多氏社会

　付表1を平面的に見ていたのではわかりづらいが、図61〜63に表示した事項を一定の広がりをもった地域として捉え、各類型の出現状況を観察すると見えてくるものがある。河川流域単位で各類型が密集ないし群在している現象である。ある一定のエリアに集中的に出現し、しかもⅠ類型からⅣ類型までほぼすべてが特定エリアにそろっている。このことは各類型が相互に関連をもって存在しているということであり、偶然に生じたものではない。これより大分類地域群別に、どのように地域的世界が形成されているかをみることにする。

（1）三重・愛知・岐阜地域群（中部地方1）

　三重・愛知・岐阜地域群（図61）では、北部の木曽川中下流域と揖斐川中流域が1つのまとまりとして捉えられる。Ⅰ類型が2カ所、Ⅱ類型が2カ所、Ⅲ類型が1カ所あり、しかも丹羽郡と中島郡では3カ所のサク地名を共有する形をとっている。これはこの地域で各類型が統合されることにより1つの多氏氏族社会が構成されたと考えられる。伊勢南部の宮川流域はⅡ類型とⅢ類型の要素を兼ね備えたⅠ類型であり、志摩のおじょか古墳地域（神社が古墳タイプに変わったⅢ類型の亜系）とあわせて、1つの地域的世界を構成している。

（2）静岡・長野・山梨地域群（中部地方2）

　静岡・長野・山梨地域群（図62）では、信濃の千曲川と犀川の合流点を中心に両水系の流域が1つのコミュニティーだったと考えられる。Ⅰ類型が1カ所、Ⅱ類型が2カ所、Ⅲ類型が1カ所、Ⅳ類型が1カ所ある。Ⅰ類型は1カ所のみであり、個々では完結できない氏族社会を、これら各地域が統合されることにより、1つの地域世界として有効なものとしている。

　天竜川河口の磐田郡、浜名郡、引佐郡も一体の地域と考えられる。ここではⅠ類型はなく、Ⅱ類型、Ⅲ類型、Ⅳ類型が各1カ所である。しかし、信濃への門戸である天竜川を押さえ、多氏一族としては重要な地域である。信濃の中心的氏族である金刺舎人、小長谷直がこの地域の主要氏族であることをみると、多氏社会としては信濃と同じ地域的世界を構成していた可能性がある。この地域

第9章　東国の多氏　187

図61　中部地方1　多氏関連事項配置図

188

図62　中部地方2　多氏関連事項配置図

群では駿河地域と甲斐地域において、それぞれ1つの地域的世界を構成しているが、この両者の主要氏族も信濃の中心氏族である金刺舎人、小長谷直、他田舎人により構成されている。信濃との関係が考えられる。

(3) 神奈川・東京・千葉・茨城・栃木地域群

神奈川・東京・千葉・茨城・栃木地域群（図63）は主として2グループが考えられる。1つは那珂川流域から霞ケ浦にかけての地域的社会である。Ⅰ類型が1カ所、Ⅱ類型が1カ所、Ⅲ類型が3

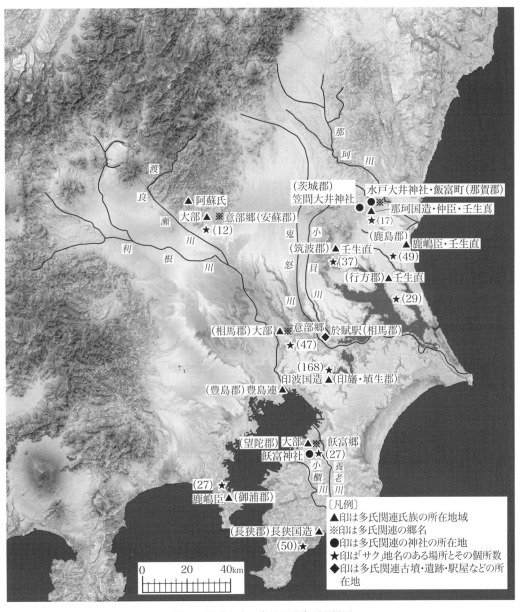

図63　関東地方　多氏関連事項配置図

カ所である。『常陸風土記』香島郡の条には那珂郡の5里を割いて香島郡を新置したとされており、この地域は分割される前の那珂国造の領域であったと考えられる。那珂国造を中心として、1つの地域的世界が構成されていたと考えられる。

　2つめは安房、上総、下総の地域を1つとしたグループである。長狭国造、印波国造を中心とした領域であり、Ⅰ類型が1カ所、Ⅲ類型が2カ所である。Ⅰ類型のある上総望陀郡の多氏は長狭国造の地域から入植したとされるが、長狭国造の領域との中間地点を他の氏族が占めていたためか、郷名、神社を備え、この地域だけで完結する形をとっている。しかし、ここが孤立しないように一体となって長狭国造、印波国造がバックアップしていたものと考えられる。

　多氏社会としてはⅠ類型がより成熟した社会と考えられるが、河川流域や郡を越えた広範囲の地域に視点をあててみると、Ⅱ類型、Ⅲ類型、Ⅳ類型も地域社会を充実するための役割を果たしていたと考えられる。これら類型単独では完結することができないが、それを補完するため、広域で連携をとり地域的世界を作ることにより、完結させていることがわかる。

第3節　多氏の分布上の特徴とその性格

　多氏の分布上の特徴をみると、伊勢・朝明郡では朝明川下流に条里地割がみられ、郡内には延喜式駅路と朝明駅が置かれていた。尾張西部では中部地方の主要河川である木曽川、長良川、揖斐川が集まっており、水上交通路の要となる場所であるとともに、日本海側へ抜けるための関門でもあった。各河川の扇状地では条里地割が数多く残っており、開拓の目的があったと考えられる。美濃・安八郡は不破関にいたる重要な通路上の要地を占めるとともに、揖斐川・長良川の扇状地上に条里地割が数多く残ることから開拓が可能な地域であった。

　遠江・磐田郡の多氏は天竜川河口部や東海道上の要地を占め、国府や国府津も領域内にあり、条里地割や新田開発もなされていた。駿河では駿河郡・有度郡・益頭郡において狩野川・安倍川・瀬戸川の河口や東海道上の要地を押さえ、条里地割もみられ開拓可能な地域である。信濃では千曲川・犀川・天竜川の流域沿いや諏訪湖畔に多氏同族が分布し、条里地割がみられる。また、これら地域は主要交通路上の渡河地点を多く含む地域でもあった。甲斐多氏は笛吹川や釜無川・富士川の流域で陸上交通の分岐点に分布し、付近には条里地割がみられ開拓の可能な地域である。

　相模・御浦郡には一部条里地割が認められるが、多氏の目的は拠点確保であったと思われる。東京湾口をはさみ望陀郡に同族がおり、関東の押さえとしての意味があったのではないか。ただし、望陀郡の飫富氏の主目的は小櫃川河口の開拓であったと考えられる。『式内社調査報告』第11巻によると、飫富神社のある望陀郡の飫富氏は長狭郡（長狭国造）から小櫃川を下り、中流域の馬來田国造支配地域をさけ、はるか下流の未開の沼沢地に移住して大規模な水田開拓を図ったとしている（式内社研究会 1976：396～397頁）。

　安房・上総・下総・常陸の多氏は東国の中心的存在であり、水陸交通の結節点や河口、河津、戦略的に重要な地点と開拓の可能な地域をあわせもった地域を占めていた。下野・安蘇郡意部郷は郷

の中央を東山道が通過し、河津に適した場所でもあった。渡良瀬川一帯の開拓と水運の利用、水陸の要衝の確保が目的だったのであろう。

　東国各地の多氏の分布上の特徴を個別に観察するとこのようになるが、共通する部分が多い。まず、多氏の拠点をみると木曽川中流域、浜名湖、天竜川河口、大井川河口、富士川上流域・河口、東京湾東岸、印旛沼、霞ケ浦、那珂川流域などほとんどが河口や河川の合流点、沼・湖・海岸の沼沢地であり、これらのすべての地域に条里地割が認められるため、最大の目的は地域の水田開拓にあったと考えられる。時期的にはほとんどが条里制以前の開拓であったと思われる。さらに、河口部や海津・水門(みなと)・河津の確保や、水陸交通の結節点確保と支配、水運権や交通路を支配することにより、多氏の支配地域とその周辺の秩序維持を意図していたと考えられる。

　多氏の性格については『古事記』、『日本書紀』、『常陸風土記』などの記述から推測できるものがある。『古事記』神武天皇神八井耳命の系譜の段では「吾は兄なれども上と為るべからず。是を以ちて汝命上と為りて、天の下治らしめせ。僕は汝命を扶けて、忌人と為りて仕へ奉らむ」とし、『日本書紀』綏靖天皇の条では「うべなるかな、汝の天位(たかみくら)に光臨(てりのぞ)みて、皇祖の業を承けむこと。吾は当に汝の輔と為り、神祇を奉典らむ」としている。『常陸風土記』行方郡の条では「斯貴の瑞垣の宮に大八洲所馭しめしし天皇の世（崇神天皇）、東の垂の荒ぶる賊を平けむと為て、建借間命を遣わしき」とある。建借間命が崇神天皇より命じられたことに象徴されるように、多氏は藩屛となって皇室や大和朝廷を守ることや、領土の拡大や開拓の先兵となること、外敵から防御することを使命としていたと考えられる。前段で述べた多氏の分布上の特徴である拠点の自然環境、水陸の要衝確保、拠点配置の状況など考察すると、これらすべての事項を満たすものであり、この延長線上にあるものと考えられる。

第4節　古代氏族の広域展開とスイジガイ釧および双脚輪状文

　これまで、スイジガイ釧が双脚輪状文の祖形であるとの認識にもとづき、そこから派生する諸問題を整理してきた。この作業によって、古墳時代の海運を担った古代氏族の広域展開の実相を考古学的な観点から論証しうることを明らかにしえたと思う。具体的に浮き彫りになったのは多氏の拠点形成のありようであった。この古代氏族こそが沖縄・奄美・九州西南部沿岸地帯・朝鮮半島を結ぶ海運の担い手であり、その実績を基礎に日本列島の東西を海路でつなぐ職掌にあったと考えられる。沖縄・奄美地域に由来するスイジガイの呪的観念を深く理解しえたのも、海上交通への関与を通じて、こうした観念に直接接する機会があったからだと考えるのが自然である。

　以下、東国の多氏を考えるうえで鍵となる事象を列挙する。

1. おじょか古墳と関行丸古墳の石室

　おじょか古墳は三重県志摩市志摩に所在する5世紀後葉の横穴式石室をもつ古墳である（図

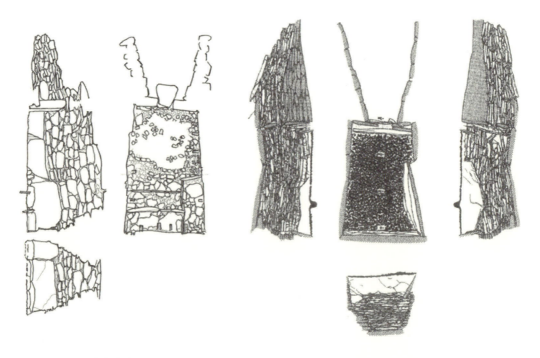

関行丸古墳石室　　　　　　　　　　　　　おじょか古墳石室

図64　おじょか古墳・関行丸古墳　石室比較図

64)。土生田純之は「玄室の幅が、奥壁側が玄門側より広く、これに短い羨道の取り付く、平面只字形や羽子板形と呼ばれるタイプである。さらに玄室周囲には石障をめぐらし、壁面には突起状石材をはいしている。このような特徴は、北部九州に類例を求めることができる」（土生田 1991）としている。

『志摩・おじょか古墳発掘調査概要』では、「横穴式石室の構造としては、根石に扁平で長大な石材を用い、持ち送りの強い板石積みの玄室部に、天井を架構しない板石積みの羨道部をもつものである。そのため羨道内部はまったく封土中に埋めこまれ、玄室部とは隔壁状に構築された玄門によって区画されている。（中略）こうした構造を示すものの多くは、佐賀・関行丸古墳をはじめとした遠く北九州の初期の横穴式石室にみられるところである」（可児町教育委員会 1968）として、関行丸古墳との関連性を述べている。

関行丸古墳は、佐賀県佐賀市久保泉町川久保に所在する6世紀前後の横穴式石室をもつ古墳である。石室の構造はおじょか古墳とほぼ同じであり、羽子板形の平面を有する石室に天井石をもたないハの字形に広がる羨道がつく。左右側壁には各3枚の腰石を有し、羨門は左右各1個の袖石で限られている。副葬品としては両者とも方格規矩鏡、珠文鏡、勾玉、碧玉製管玉、ガラス製小玉、刀子、鉄鏃などが出土しており、共通する点が多い。

このような点や古墳の築造年代も近接していることから、伊勢志摩地域の初期の横穴式石室は肥国（ひのくに）との関連が想定される。肥国の北部九州型石室を祖形として伊勢志摩に横穴式石室が伝播したか、あるいは肥国の勢力が移住したことによるものと考えられる。おじょか古墳に近接して道瀬

作・口ノ作坂・作坂の地名が見られる。また、文献史料などにより三重県一円には多氏一族が居住したことが記録されていることや、多氏の始祖神八井耳命を祭神とした神社が 5 カ所あり、多氏にちなんだ名前をもつ村や郷が見られることから考えると、北部九州型石室は単なる伝播によるものではなく、肥国勢力—火君勢力の移住によってもたらされたと考えることが至当である。

2. スイジガイ釧について

スイジガイ釧は静岡県の松林山古墳（4 世紀中葉）、山梨県の甲斐銚子塚古墳（4 世紀後葉）、長野県の八丁鎧塚古墳（4 世紀後葉）より出土している。図 65 に示すように、松林山古墳の貝釧は管状突起を切り詰めないでそのまま整形しており、奄美大島サウチ遺跡や宇宿貝塚（弥生時代）出土の貝輪の型式と類似している。甲斐銚子塚古墳の貝釧は管状突起を切り詰めて整形しており、祖

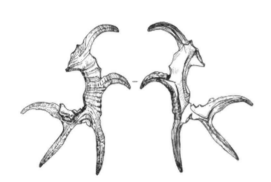
奄美大島サウチ遺跡 スイジガイ貝輪

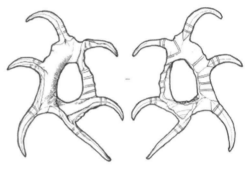
静岡県松林山古墳 スイジガイ釧

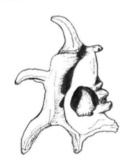
沖縄県浦底遺跡 スイジガイ製利器

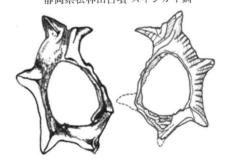
山梨県甲斐銚子塚古墳 スイジガイ釧

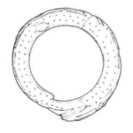
鹿児島県種子島広田遺跡 貝輪

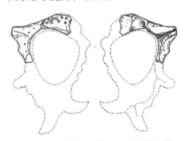
長野県八丁鎧塚古墳 スイジガイ釧

図 65　スイジガイ釧・貝輪図

形と考えられるものは南島で縄文時代中期併行期から利用されていたスイジガイ製利器である。八丁鎧塚古墳の貝釧は管状突起を切り詰めて整形しており、基本的には甲斐銚子塚古墳の貝釧と同じ形であるが、螺塔部をいれないで整形し、大小の列点文がはいっている。列点文はスイジガイでの事例は見当たらないが、ゴホウラガイでの例がある。5世紀前葉以前の出土遺跡としては種子島の広田遺跡下層～中層、沖縄の具志堅貝塚、嘉門貝塚などがあり（小林 2000）、南島のこれら地域との結びつきがうかがえる。

　木下尚子は弥生時代後期から古墳時代にかけて東海から南関東に及ぶ地域で有鉤銅釧を尊ぶ伝統があったため、管状突起をもつスイジガイ釧が畿内政権から中部地方の豪族に届けられたとしている（木下 1996）。しかし、有鉤銅釧の出土地は静岡県静岡市・沼津市、神奈川県秦野市であり（木下 1982）、スイジガイ釧の出土した地域とかけ離れた場所にある。スイジガイ釧は次の理由により畿内政権をとおして配布されたものではないと考える。

　鹿児島県鹿児島市大龍町所在の大龍遺跡からはスイジガイ製利器（5世紀後葉から6世紀初め）が、奄美大島奄美市笠利町宇宿所在の宇宿遺跡（縄文中期）からはスイジガイ貝輪とスイジガイ製利器が、同笠利町笠利所在のサウチ遺跡（弥生時代）からはスイジガイ貝輪が出土している。各遺跡自体からは火君との関係が直接的によみとれないが、これら遺跡に接する形でサク地名がみられる（図59参照）。ここが火君の関与するところの南島交易の交易品の供給源となっていたことが考えられる。

　中部地方のスイジガイ釧が図65に示すように奄美大島を中心とした南島におけるスイジガイ貝輪やスイジガイ製利器、種子島や沖縄の列点文と関連があることから考えると、これら品目を中心とした南島交易の元締である火君が、中部地方のスイジガイ釧にも関わった可能性がある。

　火君の地元である釜尾古墳において、スイジガイを祖形とした双脚輪状文が創り出された。南島において連綿として受けつがれたスイジガイのもつ辟邪の思想をひきついだ文様である。松林山古墳や甲斐銚子塚古墳の竪穴式石室の北東（丑寅・鬼門）隅にはスイジガイ釧が置かれており、これは辟邪の効果を期待してのものと考えられている（後藤 1939）。

　スイジガイ釧とは別に、スイジガイ文様を線刻した埴輪がある。大分県亀塚古墳（5世紀前葉）からスイジガイ線刻円筒埴輪が、岡山県金蔵山古墳（5世紀前葉）からスイジガイ線刻盾形埴輪が、奈良県保津岩田古墳（5世紀初頭）からスイジガイ線刻盾形埴輪が出土している。亀塚古墳は多氏一族の大分君の支族の領域にあり、金蔵山古墳は15km西に肥後との関係が深い千足古墳あり、保津岩田古墳は隣接して大和の多氏の拠点である「多」がある。スイジガイを尊重する気風から考えると、これらについても多氏または肥後の勢力との関係が推察される。

　スイジガイ釧の出土地は多氏一族の小長谷直と関係がある地域である。これまで各種観点から述べてきたことを踏まえ考えると、スイジガイ釧は単なる威信財として畿内政権から贈られたものではなく、多氏の宗家である肥後の火君から贈られたものと考える。その贈呈の目的は双脚輪状文にもつながるスイジガイ釧の呪術的威信財としての機能に着目して、未知の東国の原野を開拓する同族を守護するという意味合いがあったのではあるまいか。

　スイジガイ釧出土の3古墳の築造年代は半世紀くらいの違いがあるが、図65に示したスイジガ

イ釧の形式の違いは火君の南島交易の形態や交易相手の変化によるものと考えられる。この結果が宗家火君から中部地方の多氏支族に送られてきたスイジガイ釧の型式変化となって現れたと思える。

＊　＊　＊

　スイジガイ製利器、スイジガイ釧を祖形とした双脚輪状文は、火君のお膝元である熊本県釜尾古墳の壁画において初めて創り出された。双脚輪状文と関連する双脚輪状文形埴輪、スイジガイ釧は東国の福島県や中部地方から出土しており、出土した地域は多氏一族が肥後から移住してきたと考えられる地域である。このようなことを踏まえ、本章では多氏の東国における分布上の特徴やその背景、東国における多氏の性格や目的などを中心に検討してきた。

　まず多氏の東国への移住について「サク」地名をとりあげ、東国と肥後との関連性を検討し、多氏という氏族名はおもてにあらわれてこないが、多氏と関係する地名であることを証明した。次に、東国の多氏の全体像を把握するため、文献史料による多氏関連氏族、多氏関連地名・神社、および前段で整理した「サク」地名等を用いて、多氏同族の分布状況と地域拠点の状況について整理した。そのうえで、多氏の分布上の特徴とその性格について考察した。最後に、東国の多氏に関する問題として、スイジガイ釧などについて検討したした。

　これら作業の結果、多氏の東国への移住目的は第1に辺境の未開発地域の開拓であり、第2に水陸交通の要地や河口・港津を確保すること、第3に支配地域とその周辺の秩序維持ということであった。進出先の多氏相互間、肥後の火君と東国の多氏との間の連携は非常に密なものがあり、常時、ひんぱんに連絡が採られていたものと推定される。

註
（1）　木下尚子は、「弥生時代、北部九州農耕社会に端を発する南海産貝輪の流行は、その一大消費地である北部九州と生産（採集）地である南島を結ぶ海上交易路—貝の道を出現させた」と述べている（木下 1996：273頁）。そのうえで、貝の道が弥生時代から古墳時代にいたる間にどのように変遷していったかについて時期別に分け、採りあげられた貝の種類や貝の道の経路、社会動向などについて考察している。「南島」という言葉については琉球列島の島々を指す歴史的用語としている。また、「南海産貝類が水揚げされたと想定しうる不知火・有明海沿岸には、古くから南島交易にかかわる人びとが居住し、南島の情報も常時もたらされていたであろう。沿岸地域にはおそらく土着の海人集団がいて西九州内海沿いの豪族に統括され、彼らが南島や畿内との往来を含めた南島交易の最前線に立っていたと考えられる」（木下 1996：321頁）としたうえで、その中心的主宰者は筑後の豪族であった可能性があるとしている。ここでは筑紫君磐井を想定していると思われるが、筆者は地理的状況や木下尚子も述べている貝の道と阿蘇凝灰岩使用の石棺との関係などから、磐井と対等の立場であった火君（多氏）が中心的主宰者であったと考えている。

第10章　双脚輪状文考察にもとづく知見事項

第1節　本書に通底する3つの事項

　本書ではスイジガイや双脚輪状文のもつ呪的効能を根底に置き、双脚輪状文について文様自体の問題、文様の表現方法、文様表現と関連する遺構、これらの事柄に関連した氏族、文様の各地域への伝播の背景などについて各種側面から考察した。

　沖縄・奄美において、少なくとも縄文時代併行期から現代まで引き継がれている、スイジガイやスイジガイ器財に対する辟邪の効能といった精神的支柱が、貝の道を通り、その窓口となっていた宇土半島基部の火君に伝わった。火君はスイジガイから双脚輪状文を創造したが、双脚輪状文はスイジガイとの図柄の類似性だけではなく、辟邪の効能をも引き継ぐこととなった。

　本書執筆のうえで特に留意したことが3点ある。1つめは朝鮮出兵と氏族間の交流についてであり、2つめは氏族の所在を推定できると考えられる地名考証について、3つめは氏族と関連すると考えられる神社についてである。

　1つめの朝鮮出兵と氏族間の交流については、第7章においてとりあげた。双脚輪状文の各地域への伝播は朝鮮出兵の副産物として生まれた観がある。紀氏、上毛野氏、火君は水軍や将軍として、幾度か朝鮮出兵に加わっている。戦場においては、身の安全を図ることが重要であり、精神的支柱として辟邪の思想を共有するよい機会であったと考えられる。このおりの氏族間交流が辟邪の図文である双脚輪状文の伝播の背景にあるものと考えた。その意味では、もし朝鮮出兵がなかった場合は双脚輪状文の伝播もなされなかったともいえる。

　2つめの地名考証は「サク」地名と「キドノ」地名である。本書の論考を展開するにあたって、地名が重要な役割を果たした。「サク」地名は、地名を見ただけでは多氏との関係が判別できないが、第9章で検討した郷名や居住氏族、神八井耳命を祀る神社など多氏の居住が確認できる数例の地域において「サク」地名があることから、多氏関連の地名であると考えてよいことが確認できた。もちろん、すべての「サク」地名が多氏と関連した地名というわけではないので、その識別は必要である。「キドノ」地名についても紀氏との関係において、同様なことがいえる。これらの事柄より、地名について今回の論考をとおして新しい知見をえたことは、収穫であった。

　3つめの神社については、今回の検討のなかで有力な史料となることが判明した。古代において祖先を祭る神社は、たんに信仰の対象としてのみではなく、氏族の団結の要である。第9章の多氏

同族の分布状況を整理するなかで気がついたことは、神社が地域の中心となっているということである。一部地域で、神社が見当たらないため、一見そのように見えない場所もあったが、それは明治時代に行われた神社の統廃合の結果により、その場所から消えてしまったのではないかと筆者は考える。このように、神社を史料として活用することは重要であるが、古代の神社を考える場合に注意すべき点もある。それは、祭神が入れ替わってしまうことがあるということである。神社はその時代に勢力のある祭神と交代したり、神社を守護していた勢力が移動してしまい、次の勢力では別の祭神となってしまうということがしばしば見られるという。神社を史料として使用する場合、このような点については、注意を要すると考えられる。

第2節　双脚輪状文の検討から見えてきたもの

　第1章において述べたスイジガイ、双脚輪状文についての基本的認識や、上記3項目の留意事項をふまえて、以下、各章で解明した要素を抜き出してまとめておく。

1．壁画双脚輪状文と双脚輪状文埴輪

　第3章から第6章までで扱ったテーマである。
　まず第3章では九州中北部地域にのみに描かれている壁画双脚輪状文について考察した。壁画双脚輪状文は横穴式石室の石屋形に描かれている。これは肥後における家族葬という伝統と、石室構造がいわゆる「開かれた棺」であるという、葬制上の問題が大きく影響していた。壁画双脚輪状文が描かれている場所とその意味については、各古墳の文様の実態、文様の変化過程、壁画の彩色などを中心に検討し、その結果、釜尾古墳で創造された双脚輪状文は文様の簡略化をともないながら、肥後から九州島の北部や東部に伝播していったことが判明した。
　第4章では畿内以西と四国において見られる西日本型双脚輪状文形埴輪について考察した。西日本型双脚輪状文形埴輪は、畿内から播磨、讃岐などに拠点をもつ紀氏一族と関係があると考えられる場所から出土している。文様の形式は多くの部分で釜尾古墳の双脚輪状文の特徴を忠実に継承しており、釜尾古墳の図像をつくりかえた観がある。また、各古墳から出土した双脚輪状文形埴輪を盤状部・基台部の構造、図柄面などについて整理・検討した結果、いくつかの古墳間で文様の類似性がうかがえた。特に、神戸市新内古墳と香川県公文山1号墳の双脚輪状文形埴輪では図柄のうえで、6つもの項目で類似性が確認できる。
　第5章では東日本型双脚輪状文形埴輪について考察した。東日本型双脚輪状文形埴輪は上野南部の利根川流域と、武蔵西北部の荒川流域に散在する。文様の形式は双脚輪状文の原形である釜尾古墳の双脚輪状文とは、かけ離れたものとなっている。ここでは双脚輪状文形埴輪を側面双脚タイプ、下部双脚タイプ、冠帽後部双脚タイプに分類し、文様等の整理をした。その結果、東日本型双脚輪状文は釜尾古墳の双脚輪状文から創りだされたものではなく、西日本型の派生型として生まれ

たものであることが判明した。東日本型双脚輪状文形埴輪は埼玉古墳群を盟主とする埼玉政権の領域からは出土しておらず、それと接する上野政権の影響下にある武蔵西北部から出土しているため、埼玉政権と上野政権との関係についても論究した。

第6章で考察した磐城の地にある神谷作101号墳の双脚輪状文形埴輪は、西日本や東日本の双脚輪状文の図柄と異なるものであり、図形上からみると、北部九州の王塚古墳の壁画双脚輪状文と近似していることが判明した。この地域は西日本や東日本を飛び越して、中部九州から多くの人びとが移住しており、この古墳は火君と関係がある多氏同族の奥津城ではないかと考えられる。この肥後とのつながりから生まれたのが神谷作101号墳の双脚輪状文形埴輪であると結論づけた。

2. 双脚輪状文の伝播の背景

第7章から第9章で扱ったテーマである。

第7章では西日本日本や東日本への双脚輪状文の伝播の背景となる事象について、「社会的背景と自然環境」と「関係豪族間の交流」、「豪族の地域基盤」「磐井の乱」といった4つの視点から考察した。双脚輪状文の伝播に影響を及ぼした社会的背景と自然環境については、朝鮮出兵、紀氏と上毛野氏の出自の問題、火君や紀氏が置かれた自然環境・文化的側面などをあげた。関係豪族間の交流については、火君と紀氏、火君と上毛野氏に視点をあて考察した。また、豪族の地域基盤や磐井の乱についても双脚輪状文の伝播という観点から整理した。その結果、豪族の地域基盤の多様性や時系列的観点での豪族勢力の流動性が、双脚輪状文の伝播に影響を与えたことが判明した。

第8章と第9章では、多氏の東国における動静が結果的に双脚輪状文の伝播に影響を与えたという観点で論じた。第8章では、横穴式石室・横穴・壁画などの考古資料や、葬制、神社、地名、文献史料などから、肥後を中心とした中北部九州と磐城・常陸を中心とした東国との類似性を見出し、火君・多氏の移住を推定した。この多氏の移住が、双脚輪状文が磐城の地に伝播した背景である。

第9章では多氏が磐城や常陸ばかりでなく美濃から常陸にいたる地域に幅広く居住していたことについて、文献史料に残る氏族名、多氏に由来する郷名、神八井耳命を祀る神社、「サク」地名などをもとに証明した。この地域には甲斐銚子塚古墳や松林山古墳、八丁鎧塚古墳といったスイジガイ釧が出土した地域も含まれる。「サク」地名についても、肥後と東国の関係や起源について考察した。

このなかで多氏氏族社会の構造や「サク」地名、「キドノ」地名、神社の位置づけなど、新しい知見を得たことは収穫であった。

【付表】東国の「サク」地名一覧

1 宮城県（合計82カ所、内迫が15カ所）

市町村名	作・迫数	説　　明	参　考　事　項
仙台市太白区	作1	花作（秋保町馬場〈名取郡秋保町馬場花作〉**名取郡**）	多氏氏族
仙台市泉区	作3	作田・作田東・作田西（西田中〈宮城郡西田中村〉**宮城郡**）	大部（宮城郡・名取郡・桃生郡）
仙台市青葉区	作3	上小作・下小作・大窄（大倉〈宮城郡宮城町大倉〉**宮城郡**）	善応寺・宗禅寺・大年寺・土手内B・茂ヶ崎横穴墓群
柴田郡村田町	作2	作田山・南迫（足立〈足立村東方・西方〉）、方ノ作（沼辺〈沼辺村西方〉）、迫（菅生〈菅生村打越〉）	阿武隈川流域
	迫2		
柴田郡大河原町	迫1	迫入山（大谷迫入〈大谷村上大谷〉）	阿武隈川流域
柴田郡柴田町	作2	迫（入間田〈入間田村〉）、市兵衛作（下名生〈下名生村〉）	阿武隈川流域、炭焼B横穴墓群
	迫3	七々作・迫・迫山（船岡〈船岡村川原〉）	
角田市	作1	小市郎作（島田〈嶋田村〉）	阿武隈川流域
	迫2	迫（平貫〈平貫村〉）、杉迫（藤田〈藤田村〉）	
伊具郡丸森町	作5	ヲソノ作（大張川張〈川張村〉）、永作（館矢間山田〈山田村〉）、作田・金ヶ作・金ヶ作前（丸森町伊具高校付近〈丸森町〉）	阿武隈川流域
白石市	作19	朴ヶ作・朴ヶ作沢・朴ヶ作入山（白川犬卒塔婆〈犬卒塔婆村〉）、作田（白川内親〈内親村〉）、一ノ作山（大平板谷〈板谷村〉）、枯木作・北ノ作・中ノ作・南ノ作・枯木ヶ入（越河〈越河村〉）小ノ作・小ノ作前・作田（越河五賀〈五賀村〉）、鬼作・無双作（東町付近〈白石郷〉）、雨ヶ作（福岡蔵本〈蔵本村〉）、作田（大鷹沢鷹巣〈鷹巣村〉）、鹿作道北・下大網小鹿作（福岡八宮〈八宮村〉）、作唐（大鷹三沢〈三沢村〉）	阿武隈川流域
亘理郡山元町	作10	作田（浅生原〈浅生原村〉）、上作田・永作・窪作・熊ノ作・大作・大作堤下・滝ノ作・船作・磯作（坂元〈坂元本郷村〉）	鹿島神社3（亘理町）
名取市	作1	田子作（下増田〈下増田村〉**名取郡**）	名取・大部（名取郡）
多賀城市	作1	作貫田（山王〈山王村〉**宮城郡**）	大部、大代横穴墓群
塩竈市	作1	作田（塩釜駅周辺〈塩釜村〉**宮城郡**）	
東松島市	作2	岩井作（宮戸〈宮戸村室浜〉）、作田浦（矢本〈矢本村〉）	
石巻市	迫2	迫前外（須江〈須江村〉**桃生郡**）、喰迫山（北上町橋浦〈橋浦村〉**桃生郡**）	鹿島神社2・大部（桃生郡）
登米市	作4迫1	作田待井・作田・千作（登米町小島・南方・米山町中津山〈登米村・南方村・中津山村〉）、胡桃作（中田町上沼大泉〈上沼村大泉〉）、迫（豊里町迫〈搗波村〉）	
牡鹿郡女川町	作1迫2	駒作（飯子浜）、大池迫・竹ノ迫（浦宿浜）	
黒川郡大郷町	作3	上作田・中作田・下作田（川内〈川内村〉）	
黒川郡大和町	作1	作内田（鶴巣下草〈下草村〉）	
大崎市	作2迫2	作田（鹿島台広長〈広長村山谷〉）、小迫・迫崎（鹿島台大迫〈大迫村岩淵〉、迫）、作内（古川西荒井〈西荒井村〉）	鹿島神社　大迫・八ッ穴・青山・混内山・朽木橋横穴群（肥後型）、山畑横穴群（装飾・三本木蟻ヶ袋）
加美郡色麻町	作1	作ノ目（黒沢〈黒沢村〉）	
加美郡加美町	作1	作内（原町〈原町〉）	鹿島神社2
遠田郡涌谷町	作2	外作・内作田（涌谷〈涌谷村〉）	迫戸・中野横穴墓群
気仙沼市	作1	三作浜（大島村崎浜三作浜）	

2 福島県（合計1013カ所、内迫が178カ所）

市町村名	作・迫数	説　　明	参　考　事　項
[浜通り] いわき市 旧菊多郡 旧磐前郡	作205 作33 作107	鎌作・寺作・鍛冶屋作など（貝泊・本谷・昼野・泉田ほか）観音作・神谷作・盗人作など（小名浜・上高久・薄磯ほか）佐瓺久嶺神社（祭神神八井耳命）、中田1号横穴（壁画）	多臣同祖国造。神八井耳命を祭神とする神社（佐麻久嶺神社）。双脚輪状文形埴輪出土。小申田・千代鶴・御台・館崎・弾正

市町村名	作・迫数	説　　明	参　考　事　項
旧磐城郡	作43	栗木作・諏訪作など（四ツ倉・福岡・上平窪・泉崎・ほか）	作横穴墓群（肥後の系譜）
旧楢葉郡	作22	猫作・明不作・腰目作など（久之浜・金ヶ沢・末続ほか）	装飾壁画（中田横穴ほか、肥後の系譜）
楢葉郡広野町	作5	楢葉作・岩作など（夕筋・折木・腰巻・上北迫）	多氏氏族（岩城国造・大部於保磐城臣）
楢葉郡楢葉町	作25迫1	須賀作・岩ノ迫など（山田岡・山田浜・前原・井出ほか）	
楢葉郡富岡町	作6	赤井作・馬玉作・大作など（上下郡山・小浜ほか）	
楢葉郡川内村	作1	飛作（上川内）	
標葉郡大熊町	迫2	北迫・童迫（小良浜）	
標葉郡双葉町	迫46	清戸迫・大迫・大南迫など（新山・目迫・長塚・郡山ほか）	装飾壁画（清戸迫横穴墓群）西宮下横穴墓群
標葉郡浪江町	作2迫19	才蔵迫・杉迫・開元作など（請戸・幾世橋・棚塩・高瀬ほか）	
標葉郡葛尾町	迫1	仲迫（上野川）	
南相馬市	作8迫97	後迫・川内迫・大迫・鳥居作など（中太田・鹿島・小高ほか）	装飾壁画（羽山横穴〈中太田〉）
行方郡飯館村	作1迫1	大宮作・中迫（草野・松塚）	
相馬市	作2迫11	小野迫・下駄作・柴作など（小野・和田・馬場野ほか）	
宇多郡新地町	作4	中ノ作・南藤作・狐作・藤ヶ作（駒ヶ峯）	
[中通り]			
東白川郡矢祭町	作3	仲ノ作・前ヶ作・腸ヶ作（宝坂・下石井）	
東白川郡塙町	作2	田野作・切ヶ作（田野・田代）	
東白川郡鮫川村	作3	前作・巡ヶ作・蔦ヶ作（赤坂西野・赤坂中野）	
東白川郡古殿町	作5	鍋作・西作・西作・大作・西作（田口・竹貫・松川・大久田）	
東白川郡棚倉町	作1	田ノ作（上手沢）	
白河市	作16	東西大作・舟ヶ作・滝ヶ作など（白河・本沼・八幡ほか）	郭内・笊内・深渡戸B横穴墓群
西白河郡西郷村	作1	豊作（小田倉）	
西白河郡泉崎村	作2	足駄作・足駄作山（泉崎）	装飾壁画（泉崎横穴〈泉崎〉）
西白河郡矢吹町	作4	堂作・高井作・中ノ作・滝谷作（三城目・矢吹）	弘法山横穴墓群
石川郡浅川町	作2	仲ノ作・道ヶ作（山白石・東大畑）	
石川郡石川町	作8	飛ヶ作・柳作・清水作など（石川・母畑・双里・谷沢ほか）	
石川郡平田村	作2	金作・金作（駒形・北方）	
石川郡玉川村	作7	松作・柳作・月夜作など（竜崎・岩法寺・南須釜ほか）	
岩瀬郡鏡石町	作2	堂ヶ作・浜尾作（成田）	
岩瀬郡天栄村	作2	入作・明ヶ作（大里）	
石川郡岩瀬村	作1	祖父子作（滝）	
須賀川市	作17	東作・和尚作・西ノ作など（須賀川・前田川・大桑原ほか）	治部池横穴墓群
田村郡小野町	作9	谷津作・南作・寺谷津作など（谷津作・北原井ほか）	
田村郡三春町	作14	白石作・松ヶ作・殿作など（平沢・御祭・七草木ほか）	
田村市	作28	天ヶ作・後作・釜作など（菅谷・上大越・古道ほか）	
郡山市	作38	柏井作・富作・庚申作など（高柴・大田・片平ほか）	田村神社（祭神神八井耳命）
本宮市	作6	作・竹ノ作・胡桃ヶ作など（糠沢・白岩・稲沢ほか）	
二本松市	作81	松作・五次郎作・芳谷作など（成田・安達・岩代ほか）	
安達郡大玉村	作1	岩ヶ作（大江）	
伊達郡川俣町	作37	倉ヶ作・行田ヶ作・東ヶ作など（川俣・飯坂・大綱木ほか）	
伊達郡桑折町	作3	味噌作・胡桃作・胡桃入（成田・松原）	
伊達郡国見町	作2	胡桃作・楢ヶ作（内谷・鳥取）	
伊達市	作51	柿ヶ作・堂ノ作・柳ヶ作など（富沢・山野川・月舘ほか）	
福島市	作23	添穂作・深作・柳作など（上飯坂・飯野・立子山ほか）	

3　茨城県（合計449カ所）

市町村名	作・迫数	説　　明	参　考　事　項
水戸市	作1	作田（元吉田）、大井神社（祭神建借馬命・神八井耳命）	多氏氏族
石岡市	作5	永作・小児作・大作台など（染谷・中津川・東田中ほか）	那珂郡（那珂国造・仲臣・宇治部直・壬生直）
潮来市	作16	南作・牛作・小作・長作・永作など（大洲・辻・延方ほか）	茨城郡（大臣族黒坂命）
岩井市	作2	作合・作坪（法師戸）	鹿島郡（鹿島臣・壬生直）
牛久市	作10	作畑・内作・小作田・鹿ヶ作など（柏田・井ノ岡・小坂ほか）	筑波郡（那珂国造族・壬生連・壬生宿禰・壬生直）
笠間市	作2	老ノ入・老ノ作（池野辺）、大井神社（祭神神八井耳命）	
鹿嶋市	作20	小作・北ノ作・ニタ作など（荒野・津賀・爪作ほか）	イモガイ製馬具金具（主として肥後と常陸に集中する）
北茨城市	作62	池作・滝ノ作・など（中郷町栗野・磯原町大塚ほか）	

【付表】東国の「サク」地名一覧

下館市	作 1	深作（野殿）	
高萩市	作 21	作・作田・宮作・大作など（高萩・安良川・秋山ほか）	
つくば市	作 17	長作・永作・下定地作など（房内・上岩崎・庄兵ェ新田ほか）	
土浦市	作 6	入道作・鍛冶作・木万作など（虫掛・上高津・真鍋ほか）	
取手市	作 8	馬頭作・西作・如来作など（取手・戸頭ほか）	
日立市	作 26	三作・作道・稲荷作・小貝作など（宮田・川尻ほか）	かんぶり穴（川尻・壁画）・千福寺下・赤羽横穴墓群
常陸太田市	作 21	天神作・堀作・大作・堤作など（幡・下利員・和田ほか）	幡山横穴墓群
常陸大宮市	作 25	丑ヶ作・深作・大作・作ノ内など（東野・小野ほか）	虎塚古墳（壁画）
ひたちなか市	作 4	鷺作・火山作・梶作・重作（勝倉・枝川）	十五郎穴横穴墓群
水海道市	作 1	大作（内守谷）	
守谷市	作 2	長作・柳作（小山・守谷）	
竜ヶ崎市	作 3	柏ヶ作・尾ノ作・柳作（竜ケ崎・若榮・薄倉）	
鹿島郡旭村	作 11	前長作・長作・蒲作・中長作・仲長作など（上太田ほか）	
稲敷郡東町	作 3	長作・牛ヶ作・小作場（阿波・清水）	
行方郡麻生町	作 3	作尻・下作尻・作面（岡・井貝）	
稲敷郡阿見町	作 13	長作・小作・小作淵・深作など（飯倉・追原・福田ほか）	
結城郡石下町	作 5	手作・伊予作・長作代・長作畑割・長作東代（新石下・鴻野山）	
筑波郡伊奈町	作 7	小作・小作枝・前長作・長作窪など（高岡・狸穴ほか）	
東茨城郡茨城町	作 14	下作・角作・大作田・倉作など（長岡・前田・小鶴ほか）	
西茨城郡岩間町	作 1	八作（下郷）	
東茨城郡内原町	作 1	作壁（鯉淵）	
稲敷郡江戸崎町	作 17	石神窪米作・向作・北ノ作など（下倉田・村田・沼田ほか）	
東茨城郡大洗町	作 1	松ヶ作（成田）	
東茨城郡小川町	作 4	矢ノ作・かぶ作・作明・長作（中延・倉数・幡谷）	大師唐櫃古墳（珠文壁画）
新治郡霞ケ浦町	作 1	長作（田伏）	
東茨城郡桂村	作 2	菖蒲作・辰作（下阿野沢・上阿野沢）	
鹿島郡神栖町	作 2	外作・作ノ内（平泉）	
行方郡北浦町	作 5	大作入・安蔵作・作ノ内・宮作・鍛治屋作（山田・小幡・成田）	
真壁郡協和町	作 1	天作（蓬田）	
猿島郡境町	作 1	作ノ内（若林）	
稲敷郡桜川村	作 13	登り作・長手作・長手作・西ノ作など（阿波・神宮寺ほか）	
東茨城郡常北町	作 8	作内・下美曽作・長作・鳥作など（那珂西・増井・入上野ほか）	
稲敷郡新利根町	作 3	西長作・東長作・丹波作（角崎・小野）	
久慈郡大子町	作 26	桐ヶ作・仲ノ作・松ヶ作・産女ヶ作など（田野沢・上金沢ほか）	
鹿島郡大洋村	作 6	から作・ガラ作・豆腐作・長作・長作山・上作（札・大蔵・阿玉）	
行方郡玉造町	作 5	宮作・梶作・所作・油作・長作（井上・手賀・捻木・芹沢ほか）	
新治郡玉里村	作 1	大作台（高崎）	
北相馬郡利根町	作 5	作台・作山前台・作台山添・入作・尻作（太平・奥山）	
那珂郡那珂町	作 1	前作（東木倉）	
新治郡新治町	作 1	平作（藤沢）	
鹿島郡鉾田町	作 10	作下・郷ヶ作窪・郷ヶ作久保など（串挽・鳥栖ほか）	
真壁郡真壁町	作 3	鬼ヶ作・鬼乂作・伴作（羽鳥・東山田・椎尾）	
東茨城郡美野里町	作 1	吉左ェ門作（柴高）	
稲敷郡美浦村	作 18	長作・栗山作・かちや作・鍛治作・カジヤ作など（受領ほか）	
新治郡八郷町	作 3	ヤナギサク・ヤナギサクタナカ・ヤナギサク（金指・片野）	

4 千葉県（合計 1174 カ所、内迫 3 カ所）

市町村名	作・迫数	説　　明	参　考　事　項
千葉市	作 77	作・仙人作・馬喰作など（千葉寺町・黒砂・畑ほか）	多氏氏族
我孫子市	作 17	山王作・後作・実光作など（柴崎・岡発戸・都部ほか・相馬郡）	望陀郡飫富郷（大部）
旭市	作 10	深作・込作・葛作・鼠作など（塙・横根・下永井・上永井ほか）	印旛郡（印波国造）
いすみ市	作 6	大作・古作下・古作前など（荻原・八乙女ほか）	相馬郡意部郷（大部）
市川市	作 3	南作・平作・南三漢作（北方・曽谷・市川・葛飾郡）	葛飾郡（小長谷部）
市原市	作 65	前ノ作・坊作など（八幡宿・大厩・山田橋ほか）	長狭郡（長狭国造）
印西市	作 22	宮作・花作・原ヶ作・道間作など（小林・浦部・和泉ほか）	飫富神社（望陀郡・式内社）

市町村名	作・迫数	説　　明	参　考　事　項
大網白里市	作7	多氏（印波国造）、印旛郡 南長作・北長作・西長作・南芋作など（萱野ほか）	
柏市	作30	刈込作・赤作・鍵作など（戸張・中新宿・布瀬ほか・葛飾郡）	
香取市	作35	長作・前作・高野作・西ノ作・西ノ作など（新市場・新部ほか）	
勝浦市	作1	小我作（松部）	
鎌ヶ谷市	作2	茨作・新屋作（中沢・粟野・葛飾郡）	
鴨川市	作50	下西ノ作・西ノ作・日ノ窪・など（貝渚・打墨・ほか） 多氏（長狭国造）、長狭郡	
木更津市	作32	大作・木戸ヶ作・南大作・藤合作など（太田・上烏田ほか）	
君津市	作130迫1	山伏ヶ作・雉子ヶ作・下ノ迫など（杢師・南子安ほか）	
佐倉市	作48	東間作・深作・作の谷津・御門作など（上志津・下志津ほか）	
山武市	作49	柿作・榎作・上芋ヶ作・芋ヶ作など（埴谷ほか）	
白井市	作9	半分作・草刈作・欅作・茨ヶ作・作など（根・富塚ほか）	
匝瑳市	作13	向作・作ノ台・長作・鼠作など（イ・ホ・貝塚・横須賀ほか）	
袖ヶ浦市	作27	作尻・横作・茱萸作・作畑・駒作など（神納・蔵波・代宿ほか）	飯富神社（祭神神八井耳命）、 多氏（大部）、望陀郡飫富郷
館山市	作45	山作・作ノ田・上宮作・下宮作など（笠名・長須賀・高井ほか）	
東金市	作1	大作（台方）	
富里市	作7	作畑・野辺作・松作・大作・長作など（根木名・新橋ほか）	
流山市	作1	あんこう作（名都借・葛飾郡）	
習志野市	作4	西大作・東大作・西ノ作・洞ヶ作（津田沼・大久保・鷺沼）	
成田市	作92	大作・上、下小川作・船作など（土屋・船形ほか・印旛郡）	
野田市	作2	大作・小作（下三ヶ尾・木間ヶ瀬・葛飾郡）	
富津市	作70	稲荷作・一ノ曲作・二ノ曲作・三ノ曲作など（川名・小久保ほか）	
船橋市	作34	入作沼田・入作柳田など（宮本町四丁目ほか・葛飾郡）	
松戸市	作7	矢深作・原作・長作など（田中新田・小根本ほか・葛飾郡）	
南房総市	作50	上作田・下作田・大野作・大作場など（白浜・乙浜・滝口ほか）	
茂原市	作23	尾中作・下中作・上中作・沼ノ作など（大登ほか）	
八街市	作24	萩の作・二番作・萩の作台・清水作など（榎戸ほか）	
八千代市	作8	柳作・作ヶ谷津・井戸作など（桑橋・神久保ほか）	
四街道市	作21	馬場作・南作・清水作・中野作など（小名木・成山・中野ほか）	
一宮町	迫2	西渇迫・東渇迫（一宮）	
大多喜町	作4	君ヶ作・東作堀・大房作・平作（筒森・原内・下大多喜）	
御宿町	作6	小作・大作・仲ノ作・岩井作など（浜・高山田ほか）	
鋸南町	作6	柳作・小檜作・大作・など（市井原・横根・上佐久間・ほか）	
神崎町	作11	志ぼり作・上長作・作・作口・など（新・毛成ほか）	
栄町	作3	長作・長作・追作（麻生・竜角寺・酒直）	
酒々井町	作11	神楽作・入道作・柳作・宝作など（下台・飯積・上岩橋ほか）	
芝山町	作19	長作・梨作下・坊作・作尻・籠作など（岩山・山田ほか）	
多古町	作20	居合作・上居合作・内保作など（染井・千田ほか）	
長生村	作4	上作田・花作・鍛冶作・作堀（金田・水口・一松乙）	
長南町	作6	八重作・永作・大永作・作畑など（坂本・上小野田・小生田ほか）	
東庄町	作28	作ノ内・蕨作・弥陀作・蕨作など（舟戸・東和田ほか）	
長柄町	作7	瓜ヶ作・柳作・柳作など（六地蔵・長楽山・針ヶ谷ほか）	
睦沢町	作2	岩井作・長作（長楽寺・小滝）	
横芝光町	作22	淵作・石作台・作・長作・上石作・宮ノ作など（中台ほか）	

5　栃木県（合計65ヵ所）

市町村名	作・迫数	説　　明	参　考　事　項
宇都宮市	作1	西瓦作（大谷〈城山村荒針〉）	
太田原市	作8	君ヶ作（亀久〈黒羽・亀久〉）、滑ヶ作・鹿ノ作・矢ノ作・亥ノ作（須佐木〈須賀川・須佐木〉）、前ヶ作・中ノ作・梨ヶ作（須賀川〈須賀川・須賀川〉）	多氏氏族 安蘇郡意部郷（大部・多氏） 安蘇郡（阿蘇氏）
鹿沼市（都賀郡）	作15	鬼ヶ作（中粕尾〈粕尾村・中粕尾〉）、永作（口粟野〈粟野町口粟野〉）、荒作・関根白作・関根長作・関根長作道上・長作下日蔭・与ノ作・熊ヶ作（中粟野〈粟野町中粟野〉）、木和田作・井良作・荒作（入粟野〈粟野町入粟野〉）、船ヶ	都賀郡（多氏・大神社） 安蘇郡地域（佐野市・鹿沼市・日光市・群馬県館林市・板倉町

市町村名	作・迫数	説　　明	参　考　事　項
小山市（都賀郡）	作1	（上永野〈粟野町上永野〉）、荒作（上久我〈鹿沼市上久我〉）御正作（卒島〈豊田村卒島〉）	の一部）意部郷（佐野市植野町付近→佐野市ホームページによる）
佐野市（安蘇郡域）	作12	深作・美リ作・ヲソケ作・ミナガ作（仙波〈常盤村仙波〉）、深堀荒作（秋山〈氷室村秋山〉）、荒作・作ノ沢（会沢〈葛生町会沢〉）、作原・柳作・粟作（作原〈田沼町作原〉）、長作（岩崎〈三好村岩崎〉）、小黒沢茸ノ作（飛駒〈飛駒村〉）	
栃木市	作1	五味作（沼和田〈栃木町沼和田〉）	
那須烏山市	作8	小六作・川久作（興野〈烏山町興野〉）、道ノ作（大木須〈境村大木須〉）、深作・深作欠（下境〈境村下境〉）、深作・深作上・深作下（大里〈荒川村大里〉）	
日光市（一部安蘇郡）	作3	広ヶ作（日光〈日光市日光〉）、栃ヶ作（大沢〈大沢村大沢〉）、新作（室瀬〈今市市室瀬〉）	
真岡市	作1	平五郎作（寺分・中村中学付近〈中村堰場〉）	
矢板市	作2	台坊作・台坊作ノ上（高塩〈矢板町高塩〉）	
市貝町	作2	岩ノ作（大谷津〈市貝町大谷津〉）、三ソウ作（竹内〈市貝町竹内〉）	
塩谷町	作1	作内（田所〈大宮村田所〉）	
那珂川町	作4	鍛冶作・君ヶ作（小砂〈大山田村小砂〉）、大作・大作出口（浄法寺〈那須村浄法寺〉）	
芳賀町	作1	作田（下高根沢〈芳賀町下高根沢〉）	
益子町	作1	宮作（山本〈益子町山本〉）	
茂木町	作4	森作・大作・小作（神井〈茂木町神井〉）、矢ノ作（河又〈茂木町河又〉）	

6　群馬県（合計2カ所）

市町村名	作・迫数	説　　明	参　考　事　項
太田市	作1	利作（古戸〈邑楽郡古戸村〉）	
伊勢崎市	作1	立作（境島村〈佐位郡島村〉）	

7　埼玉県（合計10カ所）

市町村名	作・迫数	説　　明	参　考　事　項
さいたま市桜区	作4	作田（神田〈神田村・旧浦和市域〉）上作田・中作田・不作田（領家〈領家村・旧浦和市域〉）	多氏氏族　武蔵国人（小子部）
蕨市	作2	鍛冶作・穂保作（中央付近か〈蕨宿〉）	
越谷市	作1	大作（谷中町1～4〈谷中村〉）	
北葛飾郡庄和町	作1	作の内（西金野井〈西金野井村〉）	
加須市	作1	串作（下谷串作〈下谷村〉）	
羽生市	作1	御手作（藤井上組・藤井下組〈藤井上組・藤井下組〉）	

8　東京都（合計9カ所）

市町村名	作・迫数	説　　明	参　考　事　項
大田区	作1	河原作（大森北・大森本町付近〈入新井町新井宿〉）	
荒川区	作1	七反作（町屋〈三河島町町屋〉）	
北区	作2	作田（岩淵〈岩淵町岩淵本宿〉）、作田（神谷〈岩淵町神谷〉）	隅田川沿い。多氏氏族（豊島連）。
練馬区	作2	小作・西小作（大泉町付近〈大泉町小榑〉）	
町田市	作1	作ヶ崙（相原町〈堺村相原〉）	
八王子市	作1	永作（〈由木村小比企〉）	
青梅市	作1	作馬街道（〈青梅町西分〉）	

9　神奈川県（合計42カ所）

市町村名	作・迫数	説　明	参　考　事　項
横須賀市	作16	大作・長作（秋谷〈秋谷〉）、作畑（鴨居〈鴨居〉）、石作（久比里〈久比里〉）、仮作（小矢部〈小矢部〉）、鷲作（浦賀・東浦賀〈芝生〉）、永作（須軽谷〈須軽谷〉）、大作・船ヶ作（田浦・田浦大作〈田浦〉）、大作（武〈武〉）、谷戸ノ作（津久井〈津久井〉）、溝作（長井〈長井〉）、長作（走水〈走水〉）、柳作（林〈林〉）、皆ヶ作（船越〈船越〉）、仮作（森崎〈森崎〉）	多氏氏族 （鹿島臣・三浦郡〈御浦郡〉・常陸より移住）、 三浦郡域（横須賀市・三浦市・逗子市・葉山町）
三浦市	作10	浅水作（三崎町六合〈六合〉）、長作・柿作（南下浦町上宮田〈上宮田〉）、当ヶ作（南下浦町菊名〈菊名〉）、柳作・地蔵ヶ作（南下浦町金田〈金田〉）、柳作・房作（南下浦町松輪〈松輪〉）、長作（初声町下宮田〈下宮田〉）、小長作（初声町高円坊〈高円坊〉）	
逗子市	作1	狢ヶ作（沼間〈沼間〉）	
川崎市多摩区	作3	大作・南大作・北大作（生田〈生田〉）	
相模原市	作1	大作（当麻〈当麻〉）	
海老名市	作2	御手作（河原口〈河原口〉）、総作（下今泉〈下今泉〉）	
那珂郡大磯町	作1	川作（西久保〈西窪〉）	
小田原市	作6	太郎市作（前川〈前川〉）、八重作・長作（上町〈上町〉）、唐人作（山西〈山西〉）、長作（沼代〈沼代〉）、長作（小竹〈小竹〉）	
南足柄市	作1	御手作（和田河原〈和田河原〉）	
南足柄郡上中井町	作1	作畑（井ノ口〈井ノ口〉）	

10　山梨県（合計22カ所）

市町村名	作・迫数	説　明	参　考　事　項
甲府市	作・佐久5	姫作（酒折〈酒折〉）、四十作（千塚〈千塚〉）、鎌作（国玉〈国玉〉）東作（心経寺〈中道町心経寺〉八代郡）、佐久（下向山〈中道町下向山〉八代郡）	多氏氏族 八代郡（小長谷直・小長直） 巨麻郡（多〈太〉氏・壬生直）、都留郡（小長谷直）、国府（八代郡） 甲府市下向山の「佐久」地名に接する形でスイジガイ釧を出土した甲斐銚子塚古墳が造られている。この地域は肥後の郡名と同じ八代郡であり肥後との関係が群名からも伺える。下総印幡郡や常陸行方郡の八代郷も同様である（肥後の郡名を郷名とした例は薩摩高城郡の飽田・宇土等の例がある）。甲斐丸山塚古墳の珠文。 多氏にちなんだ地名として「飯富（いいとみ）」がある（旧中富町の字名、現身延町飯富（いいとみ））。
上野原市	作1	熊ノ作（川合〈上野原町川合〉）	
甲州市	作2	豊后作・窪田名作（上井尻〈上井尻〉）	
甲斐市	作2	御証作（中下条〈敷島町中下条〉）、堂満作（獅子平〈敷島町獅子平〉）	
中巨摩郡昭和町	作2	箕作・仕作（押越〈押越〉）	
都留市	作2	西早作・東早作（鹿留〈鹿留〉）	
南都留郡西桂町	作1	宮作（下暮地〈下暮地〉）	
富士吉田市	作4	鍛冶屋作（上吉田〈上吉田〉）、上鍛冶屋作・中鍛冶屋作・下鍛冶屋作（新屋〈新屋〉）	
南アルプス市	作2	御手作（平岡〈櫛形町平岡〉）、鼠作（沢登〈櫛形町沢登〉）	
南巨摩郡身延町	作1	老海作（下八木沢〈下八木沢〉）	

11　静岡県（合計85カ所）

市町村名	作・迫数	説　明	参　考　事　項
浜松市天竜区	作14	クス作（懐山〈懐山〉）、雁作・前大窪作・作黒石・別作（佐久間町浦川〈佐久間町浦川〉）、四郎作休戸（佐久間町戸口〈佐久間町戸口〉）、サガリサク・オクサク（春野町杉〈春野町杉〉）、作平西・作平裏・作十藪下・作十浦・作十北浦（春野町宮川〈春野町宮川〉）	多氏氏族 有度郡他田郷（他田舎人） 益頭郡・駿河郡（金刺舎人） 郡名不明（壬生直） 磐田郡（多〈太〉氏・小長谷直・小長直） 浜名郡（小長谷直） 引佐郡金指町（金指町の地名）
浜松市北区	作3	八郎作（引佐町田沢〈鎮玉村田沢〉）、大学作（引佐町渋川〈鎮玉村渋川〉）、巳ノ作上（引佐町狩宿〈奥山村狩宿〉）「金指町」や金指のついた字名がある。	

市町村名	作・迫数	説　明	参　考　事　項
浜松市中区	作8	作左山深谷境・作左山深谷境北（下池川〈下池川〉）、作左・作左山深谷境南・作左山深谷境西・作左山深谷境北（松城〈松城〉）、作左・作左山深谷境西（鹿谷〈亀山〉）	
浜松市西区	作3	宗作・戸保作（村櫛〈村櫛〉）、宗作（白洲〈白州〉）	
浜松市東区	作2	作造（和田〈和田〉）、作間前（篠ヶ瀬〈篠ヶ瀬〉）	
浜松市南区	作1	作蔵西（西島〈西島〉）	
湖西市	作1	九文作（入出〈入出〉）	
磐田市	作2	平松掛下入作（平松掛下入作〈平松掛下入作〉）、鷹作（大当所〈大当所〉）	松林山古墳（磐田市新貝・スイジガイ釧3）
袋井市	作5	袋井作（広岡〈広岡〉）、神増作（友永〈友永〉）、姥作（川会〈川会〉）、西土器作・東土器作（新池〈新池〉）	
掛川市	作2	作平（丹間〈丹間〉）、張作（中方〈大東町中方〉）	
菊川市	作3	作ヶ谷口（古谷〈小笠町古屋〉）、藤作下（赤土〈小笠町赤土〉）、時作（沢水加〈菊川町沢水加〉）	
川根本町	作1	藤作地（千頭〈本川根町千頭〉）	
島田市	作2	孫作（鵜網〈鵜網〉）、木作田（湯日〈湯日〉）、作ノ西下（川根町家山〈川根村家山〉）	
牧之原市	作2	藤作谷（笠名〈相良町・地頭方村笠名〉）、作寺（水ヶ谷〈榛原町水ヶ谷〉）	
御前崎市	作2	作田（上朝比奈〈浜岡町上朝比奈〉）、作堀（御前崎〈御前崎町御前崎〉）	
静岡市葵区	作5	作出坪（長沼〈長沼〉）、弥作田・弥作窪・弥作前（小瀬戸〈小瀬戸〉）、弥作（大原〈大原〉）	
静岡市駿河区	作4	姥作坪・下姥作坪（小鹿〈小鹿〉）、鍛冶作（寺田〈寺田〉）、浄水作（中原〈中原〉）	
静岡市清水区	作3	七人作（中之郷〈中ノ郷〉）、尻尾作（中河内〈中河内〉）筧作（清地〈清地〉）	
藤枝市	作4	シマイ作（瀬戸ノ谷〈瀬戸ノ谷〉）、作道（上藪田〈上藪田〉）、正作（鬼岩寺〈鬼岩寺〉）、駿河作（上当間〈上当間〉）	
焼津市	作3	金鋼作（三ヶ名〈三ヶ名〉）、作島（中根新田〈中根新田〉）、庄作下（惣右ヱ門〈惣右ヱ門〉）	「大」や「大村」「大村新田」の地名がある。
富士宮市	作1	本代作（粟倉〈粟倉〉）	
富士市	作1	常林作（桑崎〈桑崎〉）	日本書紀「大部大」
御殿場市	作5	鮎沢作（萩原〈萩原〉）、ホウハウ作・明ヶ作（二枚橋〈二枚橋〉）、石作・檜作（古沢〈古沢〉）	
沼津市	作1	大岡作（江梨〈江梨〉）	
伊東市	作2	綱ノ作・下作道・上作道・沖楠作・楠見作・鹿作・祝作・畳作（梅名〈梅名〉）	
伊豆市	作2	大場作（市山〈天城湯ヶ島町市山〉）、崩作（八木沢〈土肥町八木沢〉）	
西伊豆町	作1	川作（宇久須〈賀茂村宇久須〉）	
南伊豆町	作1	エミ作（市之瀬〈市之瀬〉）	
下田市	作1	手梨作（大沢〈大沢〉）	

12　長野県（合計9カ所）

市町村名	作・迫数	説　明	参　考　事　項
長野市	作1	作平（篠ノ井杵淵〈杵淵村〉更級郡） 杵淵付近に小谷郷（和名抄）があり、小長谷部笠麻呂の記録がある。長谷神社の祭神は神八井耳命。 水内郡側の更級郡境界付近には健御名方富命彦神別神社（祭神神八井耳命）がある・隣接の高井郡側にはスイジガイ釧を出土した八丁鎧塚古墳あり。	多氏氏族 　更級郡（小長谷直） 　埴科郡（金刺舎人） 　小縣郡（阿蘇氏・他田舎人） 　水内郡（金刺舎人） 　諏訪郡（金刺舎人・大朝臣） 　伊那郡（他田舎人・金刺舎人） 国府は小縣郡説が有力。
飯山市	作1	丑作（豊田・瀬木〈豊田村瀬木〉水内郡）	
上田市	作1	臼作（上田〈上田町房山・山口〉小縣郡） 近くに山家神社（配神神八井耳命）あり。	

市町村名	作・迫数	説　　明
佐久市	作3	爪作（志賀〈志賀村〉）、作畑（望月〈望月町〉）、大工作（桜井〈南佐久郡桜井村〉）
諏訪市	作1	猫作（四賀〈諏訪郡四賀村〉諏訪郡）、諏訪大社下社の社家は金刺神主。
千曲市	作1	柴作（羽尾〈羽尾村〉更級郡）
松本市	作1	小作沖（新村〈東筑摩郡新村〉）

13　愛知県（合計15ヵ所）

市町村名	作・迫数	説　　明	参　考　事　項
名古屋市北区	作3	金作（杉村）、東御手作・西御手作（如意〈味鋺〉）	多氏氏族
名古屋市中村区	作1	作ノ城（中村〈上中村〉）	中島郡（太神社、多天神）
名古屋市西区	作1	作之内（比良）	丹羽郡前刀郷（前利連〈縣主〉）
名古屋市緑区	作1	作之山（作の山〈南柴田新田町〉）	丹羽郡（椋橋宿禰、多臣族丹羽縣主〈邇波縣君〉の裔）
名古屋市名東区	作1	作田（藤森〈藤森村〉）	
安城市	作1	作野（篠目町）	海部郡島田郷（島田臣・島田朝臣・島田氏）
一宮市	作3	南作野・北作野（東五城）、串作（萩原町串作）	
		於保村（大和町於保・大和飯富郷の多氏が移住したもの。）	海部郡島田郷（仲臣、那珂国造の族）
		大神社（延喜式神名帳・中島郡太神社、祭神神八井耳）	
		爾波神社（延喜式神名帳・丹羽郡尓波神社、祭神神八井耳）	丹羽郡丹羽郷（丹羽臣）
岡崎市	作1	岡作（岡）	丹羽郡（丹羽縣主、邇波縣君）
東海市	作1	作山（荒尾）	
豊田市	作2	鰐作（乙ケ林）、小田作（野原〈吉平村〉）	
丹羽郡扶桑町		前刀連は前刀郷を拠点とした神八井耳命の後裔氏族であり丹羽臣を称した（5世紀まで遡る氏族）。前刀郷は扶桑町斎藤から江南市北東部の地域。ここに鎮座する前利神社（延喜式神名帳）の祭神は神八井耳命で前刀連の氏神。	
海部郡島田郷		七宝町・美和町南部・津島市東部一帯。島田臣の本拠地。島田臣は神八井耳命の裔仲臣子上より出る。仲臣子上は常陸那珂国造の出身。	

14　三重県（合計20ヵ所）

市町村名	作・迫数	説　　明	参　考　事　項
津市	作2	作田（大里睦合町〈大里睦合町〉）、三年作（産品〈産品〉）惣作（安濃町妙法寺）	1、「作」と同様な地形を表す地名として三重県には「世古」、「瀬古」、「挾間」、「迫間」が多く見られる。
伊勢市	作4	又作田（藤里町〈藤里町〉）、黒作（佐八町〈佐八町〉）、古以作（矢持町〈矢持町下村〉）	
大台町	作1	大作（下三瀬〈下三瀬〉）	
亀山市	作1	作千代治（川合町〈川合町〉）	2、多氏氏族
鈴鹿市	作1	孫作（国分町〈国分町〉）	朝明郡（多臣）
大紀町	作1	高作（野原〈大宮町野原〉）	朝明郡葦田郷（船木直・船木臣・船木宿禰、船木臣・船木直で宿禰姓を賜った者）
鳥羽市	作2	口ノ作坂・作坂（相差町〈相差町〉）	
志摩市	作1	道瀬作（浜島町浜島）	
松阪市	作3	尼作（東町〈東町〉）、相作（腹太町〈腹太町〉）、増作（嬉野田村町〈嬉野町田村〉）	多氣郡舟木村（伊勢船木直）（孝徳天皇のとき飯野・多氣・度会は多氣郡であった）
明和町	作2	作田（八木戸〈八木戸〉）、作舞（根倉〈根倉〉）仲神社（祭神神八井耳命）	
四日市市	作2	作花・作花台（貝家町〈貝家町〉）、耳常神社（下之宮）・太神社（朝明町）・太神社（大鐘町）は神八井耳命を祭神としている。	

15 岐阜県（合計14カ所）

市町村名	作・迫数	説　　明	参　考　事　項
大野町 本巣市	作1 作2	丑作（五之里〈川合村五之里〉） 桑ヶ作（神海〈本巣町神海〉）、檜作（外山〈本巣町外山〉）	大野町や本巣市は多臣の拠点である安八郡内とその隣接地であり、小子部や阿蘇君族の拠点である栗田郷推定地（瑞穂市）とも接していた。
関市 八百津町 御嵩町 郡上市	作1 作1 作1 作1	小瀬作（迫間〈田原村迫間〉） 楪深作下（上吉田〈上吉田〉） 芝作（中切〈中切〉） 尾ノ作（和良町三庫〈和良町三庫〉）	
下呂市 飛騨市	作1 作6	深作（小坂町赤沼田〈小坂町赤沼田〉） 西作（神岡町伊西〈神岡町伊西〉） 舟ヶ作（神岡町寺林〈神岡町寺林〉） 西ヶ作・赤作（宮川町小谷〈坂上村小谷〉） 舟作（宮川町種蔵〈坂上村種蔵〉） 牧ノ作（宮川町禰宜ヶ沢上〈坂上村禰宜ヶ沢上〉）	飛騨の作地名は飛騨から越中への峠越えの幹線ルート上（神通川沿い）に点在している。

引用・参考文献

青木和夫　1974『日本の歴史』第5巻・古代豪族　小学館
青木和夫・稲岡耕二ほか　1995『続日本紀』新日本古典文学大系（四）　岩波書店
青木和夫・稲岡耕二ほか　1989『続日本紀』新日本古典文学大系（五）　岩波書店
青木和夫先生還暦記念会編　1987『日本古代の政治と文化』青木和夫先生還暦記念会
赤井博之　1997「新治窯跡群の基礎的研究」『土曜考古』第21号
秋本吉郎　1958『風土記』日本古典文学大系2　岩波書店
阿児町教育委員会　1968『志摩・おじょか古墳発掘調査概要』阿児町教育委員会
安里嗣淳ほか　1981『名蔵貝塚群発掘調査報告』沖縄県教育委員会
阿瀬利吉　1943『日本地名の研究』東和出版社
甘粕　健　1976「三千塚古墳群に関する覚書」『北武蔵考古学資料図鑑』校倉書房
池田栄史　1982「石屋形の成立とその系譜」『森貞次郎博士古稀記念古文化論集』下巻　森貞次郎博士古稀記念
　　　　　論文集刊行会
池邊　彌　1970『和名類聚抄郷名考證』吉川弘文館
出石誠彦　1943『支那神話伝説の研究』中央公論社
板楠和子　2003「大和政権と宇土地域」『新宇土市史』宇土市
市　大樹　2012『飛鳥の木簡―古代史の新たな解明』中央公論新社
伊藤清司　1986『中国の神獣・悪鬼たち―山海経の世界―』東方書店
伊藤清司　1998『死者の棲む楽園―古代中国の死生観』角川書店
伊東信雄教授還暦記念会編　1974『日本考古学・古代史論集』吉川弘文館
稲畑耕一郎　2016『中国の文明』1　古代文明の誕生と展開　上　潮出版社
稲村　繁　1999a「器財埴輪論」『博古研究』第18号
稲村　繁　1999b『人物埴輪の研究』同成社
稲村　繁　2002『人物はにわの世界』同成社
井上辰雄　1970a『火の国』学生社
井上辰雄　1970b「筑・豊・肥の豪族と大和朝廷」『古代の日本』3　角川書店
井上辰雄　1972『古代の地方史』1　朝倉書店
井上辰雄　2010『「常陸国風土記」の世界』古代史を読み解く101　雄山閣
井上光貞　1965『日本古代国家の研究』岩波書店
井上光貞　1972『日本古代史の諸問題―大化前代の国家と社会―』思索社
茨城県　1932『茨城県史蹟名勝天然記念物調査報告』第二輯　茨城県
茨城県史編さん原始古代史部会編　1968『茨城県資料』古代編　茨城県
茨城県史編さん原始古代史部会編　1974『茨城県資料』考古資料編・古墳時代　茨城県
茨城県ひたちなか市教育委員会文化課　2005『史跡虎塚古墳』茨城県ひたちなか市教育委員会
磐城高校史学研究部　1964「平市高久神谷作第104号墳発掘調査報告」『磐城考古』第22号
磐城考古学会　1949『福島県高久古墳第101号墳調査報告要領』磐城考古学会
いわき市編　1971『いわき市史・別巻・中田装飾横穴』いわき市

いわき市史編さん委員会編　1976『いわき市史』第8巻　原始・古代・中世資料　いわき市
いわき市教育文化事業団　2012『文化財ニュースいわき』第69号
植垣節也　1997『風土記』新編日本古典文学全集5　小学館
上田三平　1928「銚子塚を通して観たる上代文化の一考察」『史学雑誌』第39編第9号
上田正昭　1959『日本古代国家成立史の研究』塙書房
上田正昭　1968『日本古代国家論究』青木書店
宇佐晋一・西谷　正　1959「巴形銅器と双脚輪状文の起源について」『古代学研究』第20号
宇土市史編纂委員会編　2003『新宇土市史』宇土市
上原　靜　1981「いわゆる南島出土の貝製利器について」『南島考古』No.7　沖縄考古学会
上村俊雄　1979『大龍遺跡』大龍遺跡発掘調査団
宇野愼敏　2008「装飾古墳における円文の出現と展開」『古代学研究』第180号
梅沢重昭　1999「群馬県綿貫観音山古墳」『季刊考古学』第68号
梅原末治・小林行雄　1940『筑前国嘉穂郡王塚装飾古墳』京都帝国大学文学部考古学研究報告第15冊　臨川書店
江本義理・関野　克　1975「壁画の老化に関する調査研究」『特別史跡王塚古墳の保存』福岡県教育委員会
大分県教育委員会編　1995『大分の装飾古墳』大分県教育委員会
大江正行　1988「上毛野連合から上毛野盟主政権の成立について」『群馬の考古学』群馬県埋蔵文化財調査事業団
大川　清・坂詰秀一　1967「古代窯跡の形態」『考古学雑誌』第54巻第4号
大阪府立近つ飛鳥博物館編　2007『横穴式石室誕生―黄泉国の成立―』大阪府立近つ飛鳥博物館
大里村教育委員会　1998『円山古墳群』大里村文化財調査報告書第2集　大里村教育委員会
太田　亮　1928『日本古代史新研究』磯部甲陽堂
太田　亮　1955『日本上代社会組織の研究』邦光書房
太田　亮　1963『姓氏家系大辞典』角川書店
太田　亮　1974『新編姓氏家系辞書』秋田書店
太田市　1996『太田市史』通史編・原始古代　太田市
太田市教育委員会　1991『埋蔵文化財発掘調査年報1―昭和63・平成元年度―』太田市教育委員会
太田市教育委員会　1999『鷹匠埴輪修復報告書』太田市教育委員会
大塚初重・吉村武彦　2003『古墳時代の日本列島』青木書店
大野嶺夫　1986「双脚輪状文形埴輪片の表面採集」『古代学研究』第111号
大野七三　2001『先代旧事本紀　訓註』批評社
大場磐雄　1971『常陸大生古墳群』雄山閣出版
大場磐雄　1975『古氏族の研究』長井出版企画
大場磐雄　1977『大場磐雄著作集』第3巻・原史文化論考　雄山閣出版
大森信英先生還暦記念論文集刊行会編　1985『常陸国風土記と考古学』大森信英先生還暦記念論文集　雄山閣出版
大山　柏・小原一夫　1933「奄美大島群島徳之島貝塚出土遺物」(第1回)『史前学雑誌』第5巻第5号
小笠原好彦　1991「集落遺跡からみた古代の大型倉庫群」『クラと古代王権』ミネルヴァ書房
沖縄県教育委員会編　1979『ナガタ原貝塚・船越貝塚』沖縄県教育委員会
沖縄県立埋蔵文化財センター編　2006『西長浜原遺跡』沖縄県立埋蔵文化財センター調査報告書第39集　沖縄県立埋蔵文化財センター
沖森卓也・佐藤　信ほか　2016『風土記』常陸国・出雲国・播磨国・豊後国・肥前国　山川出版社

小澤　毅　2003『日本古代宮都構造の研究』青木書店
小田富士雄　1970a「磐井の反乱」『古代の日本・九州』角川書店
小田富士雄　1970b「筑紫君磐井の乱と火（肥）君」『大王の棺を運ぶ実験航海』研究編　石棺文化研究会
小田富士雄　1974「図形文様の種類とその意義」『古代史発掘』8　講談社
小田富士雄　1979『九州考古学研究』古墳時代篇2　学生社
小田富士雄　1985『石人石馬』学生社
小田富士雄編　1991『磐井の乱』吉川弘文館
小田富士雄　2007「筑紫君磐井の乱と火（肥）君」『大王の棺を運ぶ実験航海―研究編―』石棺文化研究会
落合重信　1967『条里制』吉川弘文館
乙益重隆　1956「八代市大鼠蔵古墳―肥後における箱式石棺内合葬の例について―」『考古学雑誌』第41巻第4号
乙益重隆　1974「彫刻と彩色壁画・装飾古墳と文様」『古代史発掘』8　講談社
乙益重隆　1979「石障系石室古墳の成立」『国学院大学大学院紀要』第11輯　国学院大学大学院
乙益重隆　1988「装飾古墳系横穴の伝播」『考古学叢考』中巻　吉川弘文館
貝塚茂樹　1967『古代殷帝国』みすず書房
貝塚茂樹・伊藤道治　2000『古代中国』講談社
鏡山　猛・田村圓澄編　1970『古代の日本』3・九州　角川書店
嵩元政秀ほか　1980『仲宗根貝塚』沖縄県教育委員会
笠利町教育委員会　1978『サウチ遺跡』笠利町教育委員会
橿原考古学研究所　1981『大和国条里復原図』橿原考古学研究所
勝田市史編さん会　1978『勝田市史別編』Ⅰ・虎塚壁画古墳　勝田市
加藤謙吉・関　和彦・遠山美都男・仁藤敦史・前之園亮一編　2007『日本古代史地名事典』雄山閣
加藤俊平　2010「スイジガイ由来の器財と文様」『考古学研究』第57巻第1号
加藤俊平　2013a「西日本型双脚輪状文形埴輪の成立と背景を考える」『東海史学』第47号
加藤俊平　2013b「神谷作101号墳の双脚輪状文形埴輪について」『福島考古』第55号
加藤俊平　2013c「西日本型双脚輪状文形埴輪について」『紀伊考古学研究』第16号
角川文化振興財団編　1999『古代地名大辞典』角川書店
門脇禎二編　1995a『日本古代国家の展開』上巻　思文閣出版
門脇禎二編　1995b『日本古代国家の展開』下巻　思文閣出版
金井塚良一編　1976『北武蔵考古学資料図鑑』校倉書房
金井塚良一　1980『古代東国史の研究―稲荷山古墳出現とその前後』埼玉新聞社
金井塚良一　1979「比企地方の前方後円墳」『埼玉県立歴史資料館研究紀要』第1号　埼玉県立歴史資料館
可児町教育委員会　1968『志摩・おじょか古墳発掘調査概要』可児町教育委員会
鐘江宏之　2007「陸奥」『日本古代史地名事典』雄山閣
かみつけの里博物館編　2000『はにわ群像を読み解く』第7回特別展　かみつけの里博物館
上米良利晴　1981『熊本県神社誌』青潮社
蒲生正雄・下田直春・山口昌男編　1980『歴史的文化像』西村朝日太郎博士古稀記念　新泉社
鴨志田篤二　2005『虎塚古墳』同成社
唐津湾周辺遺跡調査委員会編　1982『末盧国』本文篇・図録篇　六興出版
川上市太郎　1935『筑前王塚古墳』福岡県史蹟名勝天然記念物調査報告書第11輯　福岡県学務部社寺兵事課
河上邦彦　1977「石棚を有する古墳について」『平群・三里古墳』橿原考古学研究所
河上邦彦　2003『後・終末期古墳の研究』雄山閣

河口貞徳　1979『宇宿貝塚』笠利町教育委員会
川崎純徳　1982『茨城の装飾古墳』新風土記社
川島由次ほか　1981『久里原貝塚』沖縄県伊平屋村教育委員会
川西宏幸　1988『古墳時代政治史序説』塙書房
川本町教育委員会編　1992『箱崎古墳群第3号墳・渕ノ上遺跡発掘調査報告書』川本町教育委員会
菊地照夫　1990「大野君」『歴史読本』第35巻6号　新人物往来社
岸　俊男　1966『日本古代政治史研究』塙書房
木下尚子　1982「貝輪と銅釧」『末盧国』六興出版
木下尚子　1987「広田遺跡」『探訪弥生の遺跡　西日本編』有斐閣
木下尚子　1996a『南島貝文化の研究―貝の道の考古学』法政大学出版局
木下尚子　1996b「古墳時代南島交易考―南海産貝釧と貝の道を中心に」『考古学雑誌』第81巻第1号
木下尚子　2000「八丁鎧塚1号墳スイジガイ・ゴホウラ釧について」『長野県史跡　八丁鎧塚』須坂市教育委員会
木下尚子　2003「肥後の海人と肥君」『先人の暮らしと世界観』熊本日日新聞社
木下　良　2004『完全踏査　古代の道』吉川弘文館
木下　良　2005『完全踏査　続古代の道』吉川弘文館
木本雅康　2001『古代官道の歴史地理』同成社
九州大学考古学研究室50周年記念論文集刊行会　2008『九州と東アジアの考古学―九州大学考古学研究室50周年記念論文集』上巻　九州大学考古学研究室50周年記念論文集刊行会
行田市教育委員会　1988『酒巻古墳群』行田市教育委員会
金武正紀　1978『津堅島キガ浜貝塚発掘調査報告書』沖縄県教育委員会
金武正紀ほか　1979『恩納村熱田第2貝塚発掘調査報告書』日本電信電話公社沖縄電信電話管理局・沖縄県教育委員会
金田章裕　1993『古代日本の景観―方格プランの生態と認識』吉川弘文館
日下八光　1967『装飾古墳』朝日新聞社
日下八光　1978『装飾古墳の秘密―壁画文様の謎を解く』講談社
日下八光　1998『東国の装飾古墳』雄山閣
日下雅義　1980『歴史時代の地形環境』古今書院
熊谷市教育委員会　1981『鎧塚古墳』熊谷市教育委員会
熊倉浩靖　2008『古代東国の王者―上毛野氏の研究』雄山閣
熊本県教育委員会　1962『熊本県調査報告』第3集（阿蘇谷の古墳群）　熊本県教育委員会
熊本市教育委員会　1967『熊本市西山地区文化財調査報告書』（千金甲古墳群ほか）　熊本市教育委員会
熊本県教育委員会　1974『熊本県の装飾古墳白書』熊本県教育委員会
熊本県教育委員会　1980『清水古墳群・野寺遺跡・林源衛門墓』熊本県文化財調査報告第41集　熊本県文化財保護協会
熊本県教育委員会　1983『上の原遺跡』Ⅰ（塚原古墳群ほか）　熊本県文化財保護協会
熊本県教育委員会　1984『熊本県装飾古墳総合調査報告書』熊本県教育委員会
熊本県教育委員会　1994a『横山古墳』熊本県文化財整備報告第2集　熊本県教育委員会
熊本県教育委員会　1994b『国指定史跡塚坊主古墳』熊本県文化財整備報告第1集　熊本県教育委員会
熊本県教育委員会　1997『塚坊主古墳』熊本県文化財調査報告第161集　熊本県教育委員会
熊本県立装飾古墳館編　1997『福岡県の装飾古墳』熊本県立装飾古墳館
熊本大学文学部考古学研究室　1998『考古学研究室報告』第33集　熊本大学文学部考古学研究室

倉野憲司　1958『古事記・祝詞』日本古典文学大系1　岩波書店
藏冨士　寛　2002「石棚考―九州における横穴式石室内棚状施設の成立と展開」『日本考古学』第14号
藏冨士　寛　2010「石屋形・石棚―石屋形・石棚の出現・展開とその歴史的意義（予察）―」『先史学・考古学論究』Ⅴ下　龍田考古会
黒板勝美編　1933『類聚国史』新訂増補国史大系　第5巻　吉川弘文館
黒板勝美編　1977a『延喜式　交替式・弘仁式』前篇　増補新訂国史大系　吉川弘文館
黒板勝美編　1977b『延喜式』中篇　新訂増補国史大系　吉川弘文館
黒板勝美編　1977c『延喜式』後篇　新訂増補国史大系　吉川弘文館
黒板勝美編　1979『日本三代実録』後篇　新訂増補国史大系　吉川弘文館
群馬県教育委員会　1980『塚回り古墳群』群馬県教育委員会
群馬県教育委員会　1982『史跡　観音山古墳』保存修理事業報告書　群馬県教育委員会
群馬県教育委員会　1994『下高瀬上之原遺跡』群馬県教育委員会
群馬県教育委員会　1998『綿貫観音山古墳Ⅰ』群馬県教育委員会
群馬県教育委員会　1999『綿貫観音山古墳Ⅱ』群馬県教育委員会
群馬県史編さん委員会編　1981『群馬県史』資料編3　群馬県
群馬県史編さん委員会編　1985『群馬県史』資料編4　群馬県
群馬県埋蔵文化財調査事業団　1994『下高瀬上之原遺跡』群馬県考古学資料普及会
群馬県埋蔵文化財調査事業団　2006『高林西原古墳群』群馬県埋蔵文化財調査事業団
群馬県立歴史博物館　1979『群馬のはにわ』群馬県立歴史博物館
群馬県立歴史博物館　1993『はにわ』群馬県立歴史博物館
群馬県立歴史博物館　1999『観音山古墳と東アジア世界』群馬県立歴史博物館
桂川町教育委員会　1976『特別史跡　王塚古墳保存の歴史と計画』桂川町教育委員会
桂川町教育委員会　1994『王塚古墳』桂川町文化財調査報告書第13集　桂川町教育委員会
江南町史編さん委員会編　1995『江南町史』資料編Ⅰ考古　江南町
江南町教育委員会・江南町千代遺跡群発掘調査会編　1998『千代遺跡群』江南町教育委員会
国学院大学文学部史学科編　1983『日本史学論集』坂本太郎博士頌寿記念　下巻　吉川弘文館
国立歴史民俗博物館編　1993『装飾古墳の世界』朝日新聞社
国立歴史民俗博物館編　1995『装飾古墳が語るもの―古代日本人の心象風景―』吉川弘文館
国立歴史民俗博物館編　1996『国立歴史民俗博物館研究報告・「共同研究」死者儀礼と死の観念』第68集　国立歴史民俗博物館
国立歴史民俗博物館編　1999『国立歴史民俗博物館研究報告・装飾古墳の諸問題』第80集　国立歴史民俗博物館
国立歴史民俗博物館編　2004『国立歴史民俗博物館研究報告・「共同研究」歴史資料の多角化と総合化』第120集　国立歴史民俗博物館
古代を考える会編　1993『埴輪製造所遺跡の検討』古代を考える54　古代を考える会
後藤守一　1934「埴輪窯趾の発掘調査」『ドルメン』第3巻第4号　岡書院
後藤守一　1939『松林山古墳発掘調査報告』静岡県磐田郡御厨村郷土教育研究会
後藤是山編　1971『肥後国志』復刻版　青潮社
小林行雄　1964『装飾古墳』平凡社
西郷信綱　2005『古事記（注釈）』第1～8巻　筑摩書房
埼玉県編　1982『新編埼玉県史』資料編2・原始古代　埼玉県
埼玉県教育委員会　1978『馬室埴輪窯跡群』埼玉県教育委員会

埼玉県県民部県史編さん室編　1986『埼玉県古式古墳調査報告書』埼玉県県史刊行協力会
埼玉県埋蔵文化財調査事業団　1982『桜山窯跡群』埼玉県埋蔵文化財調査事業団報告書第7集　埼玉県埋蔵文化財調査事業団
埼玉県立さきたま資料館　1997『将軍山古墳』埼玉県教育委員会
斎藤　忠　1952『装飾古墳の研究』吉川弘文館
斎藤　忠編　1965『古墳壁画』日本原始美術5　講談社
斎藤　忠　1971「装飾古墳・装飾横穴研究の課題」『日本歴史』第283号
斎藤　忠　1973『日本装飾古墳の研究』講談社
斎藤　忠編　1975『古墳の絵画』日本の美術 No.110　至文堂
斎藤　忠　1989『壁画古墳の系譜』学生社
斎藤　忠　1997『古墳文化と壁画』雄山閣
斎藤忠先生頌寿記念論文集刊行会編　1988『考古学叢考』中巻　吉川弘文館
佐伯有清　1962『新撰姓氏録の研究』本文篇　吉川弘文館
佐伯有清　1963『新撰姓氏録の研究』研究篇　吉川弘文館
佐伯有清　1981『新撰姓氏録の研究』考証篇第一　吉川弘文館
佐伯有清　1982a『新撰姓氏録の研究』考証篇第二　吉川弘文館
佐伯有清　1982b『新撰姓氏録の研究』考証篇第三　吉川弘文館
佐伯有清　1982c『新撰姓氏録の研究』考証篇第四　吉川弘文館
佐伯有清　1983a『新撰姓氏録の研究』考証篇第五　吉川弘文館
佐伯有清　1983b『新撰姓氏録の研究』考証篇第六　吉川弘文館
佐伯有清　1984『新撰姓氏録の研究』索引・論考篇　吉川弘文館
佐伯有義編　1906『神祇全書』第一輯　思文閣
佐伯有義編　1907a『神祇全書』第二輯　思文閣
佐伯有義編　1907b『神祇全書』第三輯　思文閣
佐伯有義編　1908a『神祇全書』第四輯　思文閣
佐伯有義編　1908b『神祇全書』第五輯　思文閣
栄原永遠男　2004『紀伊古代史研究』思文閣出版
佐賀県教育庁社会教育課編　1958『佐賀市関行丸古墳』佐賀県文化財調査報告書第七輯　佐賀県教育委員会
佐賀県浜玉町教育委員会　1991『史跡谷口古墳保存修理事業報告書』佐賀県浜玉町教育委員会
坂田邦洋・宇都宮英二・遠藤和幸　1986「鬼の岩屋第一号墳の壁画について」『別府大学紀要』第27号
坂田邦洋・副枝幸治　1985「鬼の岩屋第2号墳の壁画について」『別府大学紀要』第26号
笹山晴生編　2003『日本律令制の構造』吉川弘文館
笹山晴生　2004『古代国家と軍隊―皇軍と私兵の系譜―』講談社
坂本太郎　1964a『日本古代史の基礎的研究』上・文献篇　東京大学出版会
坂本太郎　1964b『日本古代史の基礎的研究』下・制度篇　東京大学出版会
坂本太郎　1989『古代の駅と道』吉川弘文館
坂本太郎・家永三郎ほか　1965『日本書紀』下　日本古典文学大系68　岩波書店
坂本太郎・家永三郎ほか　1967『日本書紀』上　日本古典文学大系67　岩波書店
坂本太郎・平野邦雄　1990『日本古代氏族人名辞典』吉川弘文館
坂本太郎博士還暦記念会編　1962『日本古代史論集』上・下巻　吉川弘文館
坂本太郎博士古稀記念会編　1972『続日本古代史論集』上・中・下巻　吉川弘文館
佐藤謙三・武田祐吉　2009『読み下し　日本三代実録』下巻　戎光祥出版

澤田久雄編　1938『日本地名大辞典』平凡社・日本図書センター
山武考古学研究所　2001『高崎山古墳群西支群第2号墳・第3号墳発掘調査報告書』山武考古学研究所
塩野　博　2004a『埼玉の古墳　北足立・入間』さきたま出版会
塩野　博　2004b『埼玉の古墳　比企・秩父』さきたま出版会
塩野　博　2004c『埼玉の古墳　児玉』さきたま出版会
塩野　博　2004d『埼玉の古墳　大里』さきたま出版会
塩野　博　2004e『埼玉の古墳　北埼玉・南埼玉・北葛飾』さきたま出版会
式内社研究会編　1976『式内社調査報告』第11巻　東海道　相模・武蔵・安房・上総下総・常陸　皇学館大学出版部
式内社研究会編　1980『式内社調査報告』第22巻　山陽道　播磨・美作・備前・備中・備後　皇学館大学出版部　安芸・周防・長門
式内社研究会編　1981『式内社調査報告』第10巻　東海道　伊豆・甲斐　皇学館大学出版部
式内社研究会編　1982a『式内社調査報告』第2巻　京・畿内　大和A　皇学館大学出版部
式内社研究会編　1982b『式内社調査報告』第3巻　京・畿内　大和B　皇学館大学出版部
式内社研究会編　1986a『式内社調査報告』第13巻　東山道　美濃・飛騨・信濃・上野・下野　皇学館大学出版部
式内社研究会編　1986b『式内社調査報告』第14巻　東山道　陸奥・出羽　皇学館大学出版部
式内社研究会編　1987『式内社調査報告』第23巻　南海道　紀伊・淡路・阿波・讃岐・伊予・土佐　皇学館大学出版部
式内社研究会編　1988『式内社調査報告』第9巻　東海道　三河・遠江・駿河　皇学館大学出版部
式内社研究会編　1989『式内社調査報告』第8巻　東海道　尾張　皇学館大学出版部
式内社研究会編　1990『式内社調査報告』第6巻　東海道　伊賀・伊勢A　皇学館大学出版部
志田諄一　1974『古代氏族の性格と伝承』雄山閣
篠川　賢　1985『国造制の成立と展開』吉川弘文館
篠川　賢・大河原竜一・鈴木正信編　1985『国造制の研究』八木書店
島根県教育委員会　1980『出雲・上塩冶地域を中心とする埋蔵文化財調査報告書』島根県教育委員会
志村裕子　2013『先代旧事本紀』（現代語訳）批評社
下中邦彦　1981「奈良県の地名」『日本歴史地名大系』30　平凡社
城倉正祥　2005「埴輪生産の多様性」『古代文化』第57巻第10号
城倉正祥　2009『埴輪生産と地域社会』学生社
白石太一郎　1999「装飾古墳にみる他界観」『国立歴史民俗博物館研究報告』第80集　国立歴史民俗博物館
信　立祥　1996『中国漢代画像石の研究』同成社
神社本庁調査部編　1964『神社名鑑』神社本庁神社名鑑刊行会
末永雅雄　1967『花山西部地区古墳』和歌山市教育委員会
末永雅雄　1989『岩橋千塚』関西大学考古学研究室
末松保和　1949『任那興亡史』吉川弘文館
杉井　健編　2009『九州系横穴式石室の伝播と拡散』日本考古学協会2007年度熊本大会分科会1記録集　北九州中国書店
杉原荘介　1972『日本青銅器の研究』中央公論美術出版
須坂市八丁鎧塚古墳群範囲確認調査団　2000『八丁鎧塚』須坂市教育委員会
関　和彦編　1994『古代東国の民衆と社会』名著出版
関口功一　2007『東国の古代氏族』岩田書院

関野　克・江本義理　1975「壁画の老化に関する調査研究」『特別史跡王塚古墳の保存：装飾古墳保存対策研究報告書』福岡県教育委員会
千田　稔　1991『古代日本の歴史地理学的研究』岩波書店
続群書類従完成会　1936『続群書類従』第5輯上　続群書類従完成会
薗田香融　1972『和歌山市における古墳文化』関西大学考古学研究紀要第4冊　関西大学文学部考古学研究室
薗田香融　1992『日本古代の貴族と地方豪族』塙書房
第51回埋蔵文化財研究集会実行委員会編　2002『装飾古墳の展開』
第三方部会神社誌編纂委員会編　1979『神社誌』いわき市神社総代会第三方部会
台地研究会　1963『台地研究』No.13
台地研究会　1964『台地研究』No.14
台地研究会　1965『台地研究』No.15・16
台地研究会　1968『台地研究』No.17・18
台地研究会　1971『台地研究』No.19
高木勇夫　1985『条里地域の自然環境』古今書院
高木恭二　1987「石棺を運ぶ」『東アジアの古代文化』50号
高木恭二　1994「石障系横穴式石室の成立と変遷」『宮嶋クリエイト』第6号
高木正文　2003「装飾古墳の世界」『先人の暮らしと世界観』熊本日日新聞社
高橋克壽　1996『埴輪の世紀』歴史発掘9　講談社
高宮廣衞・知念　勇編　1996『貝塚後期文化』考古資料大観12　小学館
滝川政次郎先生米寿記念論文集刊行会編　1984『神道史論叢』滝川政次郎先生米寿記念論文集　国書刊行会
滝口　宏　1976「関東埴輪の研究」『古代』第59・60合併号
竹内理三　1964『平安遺文』古文書編第1巻　東京堂出版
竹内理三編　1971『古代の日本・風土と生活』角川書店
竹内理三編　1973『角川日本地名辞典』三重県　角川書店
竹内理三編　1978『角川日本地名辞典』東京都　角川書店
竹内理三編　1980『角川日本地名辞典』埼玉県　角川書店
竹内理三編　1980『角川日本地名辞典』岐阜県　角川書店
竹内理三編　1981『角川日本地名辞典』福島県　角川書店
竹内理三編　1982a『角川日本地名辞典』京都府下巻　角川書店
竹内理三編　1982b『角川日本地名辞典』奈良県　角川書店
竹内理三編　1982c『角川日本地名辞典』香川県　角川書店
竹内理三編　1982d『角川日本地名辞典』福岡県　角川書店
竹内理三編　1982e『角川日本地名辞典』熊本県　角川書店
竹内理三編　1982f『角川日本地名辞典』大分県　角川書店
竹内理三編　1982g『角川日本地名辞典』静岡県　角川書店
竹内理三編　1983a『角川日本地名辞典』鹿児島県　角川書店
竹内理三編　1983b『角川日本地名辞典』茨城県　角川書店
竹内理三編　1984a『角川日本地名辞典』山梨県　角川書店
竹内理三編　1984b『角川日本地名辞典』神奈川県　角川書店
竹内理三編　1984c『角川日本地名辞典』千葉県　角川書店
竹内理三編　1984d『角川日本地名辞典』栃木県　角川書店
竹内理三編　1988『角川日本地名辞典』群馬県　角川書店

竹内理三編　1989『角川日本地名辞典』愛知県　角川書店
竹内理三編　1990『角川日本地名辞典』長野県　角川書店
竹田宏司　2001「肥後（熊本）の横穴墓分布」『九州の横穴墓と地下式横穴墓』第1分冊　九州前方後円墳研究会
武田幸男　2007『広開土王碑との対話』白帝社
田代健二　2005「横穴墓の成立過程」『古文化談叢』第53集
辰巳和弘　1992a『埴輪と絵画の古代学』白水社
辰巳和弘　1992b「水字貝製釧と鬼門」『考古学と信仰』同志社大学考古学シリーズ刊行会
立石友男　2012『地図でみる東日本の古代』平凡社
田名網　宏　1969『古代の交通』吉川弘文館
田中　卓　1974『日本国家成立の研究』皇学館大学出版部
田中　卓　1986『日本国家の成立と諸氏族』田中卓著作集2　国書刊行会
田中広明　2005「武蔵のミヤケ」『考古学ジャーナル』8月号　No.533
田中裕介　2010「東九州における首長墓の変遷と性格」『九州における首長墓系譜の再検討』第13回九州前方後円墳研究会　鹿児島大会要旨集
田村圓澄・小田富士雄・山尾幸久　1985『古代最大の内戦　磐井の乱』大和書房
田村圓澄・小田富士雄・山尾幸久　1998『古代最大の内戦　磐井の乱』増補改訂版　大和書房
千葉県史料研究財団　2003『千葉県の歴史　資料編　考古2』千葉県
津田左右吉　1927『古事記及日本書紀の研究』岩波書店
寺西貞弘　2013『紀氏の研究―紀伊国造と古代国家の展開―』雄山閣
天理市教育委員会編　1992『天理市埋蔵文化財調査概報』（荒蒔古墳ほか）　天理市教育委員会
東京国立博物館編　1983『東京国立博物館図版目録』古墳遺物編（関東Ⅱ）　東京国立博物館
東京国立博物館編　2009『骨角器集成』同成社
東京大学史料編纂所編　1901a『大日本古文書』編年文書之巻一　東京大学出版会
東京大学史料編纂所編　1901b『大日本古文書』編年文書之巻二　東京大学出版会
東京大学史料編纂所編　1901c『大日本古文書』編年文書之巻三　東京大学出版会
東京大学史料編纂所編　1903a『大日本古文書』編年文書之巻四　東京大学出版会
東京大学史料編纂所編　1903b『大日本古文書』編年文書之巻五　東京大学出版会
東京大学史料編纂所編　1904a『大日本古文書』編年文書之巻六　東京大学出版会
東京大学史料編纂所編　1904b『大日本古文書』編年文書之巻七　東京大学出版会
東京大学史料編纂所編　1904c『大日本古文書』編年文書之巻八　東京大学出版会
藤間生大　1951『日本民族の形成』岩波書店
当真嗣一　1980『大原』沖縄県教育委員会
当真嗣一・上原　静　1978『木綿原遺跡』沖縄県読谷村教育委員会
鳥栖市教育委員会　1976『田代太田古墳調査及び保存工事報告書』鳥栖市教育委員会
戸田秀典　1984「平群氏と紀氏」『橿原考古学研究所論集』第7　橿原考古学研究所
富岡市教育委員会編　1981『本宿・郷土遺跡発掘調査報告書』富岡市文化財保護協会
虎尾俊哉　1964『延喜式』吉川弘文館
鳥居龍造　1927『上代の東京と其周囲』磯部甲陽堂
鳥津亮二　2008「「火君（肥君）」をめぐる古代史料」『火の君、海を征く』八代市立博物館未来の森ミュージアム
直木孝次郎　1968『日本古代兵制史の研究』吉川弘文館

直木孝次郎　1958『日本古代国家の構造』青木書店
長井昌文・国分正一　1978「貝の道の考古学」『えとのす』第10号　新日本教育図書
中河原　喬　1999『磐井の乱と九州王朝』同成社
中島　敏　1983『東洋研究』第66号　大東文化大学東洋研究所
中田祝夫　1978『日本霊異記』（上）講談社
中田祝夫　1979『日本霊異記』（中）講談社
中田祝夫　1980『日本霊異記』（下）講談社
永嶋正春　1999「装飾古墳の色彩と素材」『国立歴史民俗博物館研究報告』第80集
中村太一　1996『日本古代国家と計画道路』吉川弘文館
中村貞史　2010「岩橋千塚古墳群における板石閉塞」『紀伊考古学研究』13
中村栄孝　1966『日本と朝鮮』至文堂
長嶺正秀　2005『筑紫政権からヤマト政権へ―豊前石塚山古墳』新泉社
生田目和利　2010『東北・関東前方後円墳研究会誌』第29号　東北・関東前方後円墳研究会
奈良文化財研究所編　2005『奈良山発掘調査報告1』奈良文化財研究所学報72　奈良文化財研究所
成田克俊・梅宮　茂　1960「勿来市金冠古墳調査概報」『福島県文化財調査報告書』第8集　福島県教育委員会
新野直吉　1965『国造と県主』至文堂
新野直吉　1978『国造』吉川弘文館
西谷真治・鎌木義昌　1989『金蔵山古墳』木耳社
西牟田宗生　1996『延喜式神名帳の研究』国書刊行会
日本考古学協会・茨城県考古学協会編　2001『シンポジウム　縄文人と貝塚　関東における埴輪の生産と供給』
　　学生社
日本考古学協会2007年度熊本大会実行委員会編　2007『日本考古学協会2007年度熊本大会研究発表資料集』
日本歴史地理学会　1926『日本兵制史』日本学術普及会
野本寛一　1989『軒端の民俗学』白水社
橋口達也　2004『護宝螺と直弧文・巴文』学生社
橋口達也　1993「装飾古墳の蕨手文・双脚輪状文」『九州歴史資料館研究論集』18　九州歴史資料館
橋本博文　1981「埴輪研究の動静を追って」『歴史公論』通巻63号第2巻
橋本博文　1985「古墳時代首長層居宅の構造とその性格」『古代探叢』Ⅱ　早稲田大学出版部
秦　政博・讃岐和夫　2000『亀塚古墳整備事業報告』大分県教育委員会
服部英雄　2000『地名の歴史学』角川書店
濱田耕作・梅原末治ほか　1919「北九州に於ける装飾ある古墳」『京都帝国大学文学部考古学研究報告第3冊』
　　臨川書房
林　巳奈夫　1995『中国文明の誕生』吉川弘文館
林　巳奈夫　1996「殷周時代における死者の祭祀」『東洋史研究』第55巻第3号
林屋辰三郎　1955「継体・欽明朝内乱の史的分析」『古代国家の解体』東京大学出版会
原　秀三郎　1980『日本古代国家史研究』東京大学出版会
原島礼二　1968『日本古代社会の基礎構造』未来社
原島礼二・金井塚良一　1994『東国と大和王権』吉川弘文館
原田大六　1973『磐井の叛乱』三一書房
樋口隆康　1954「双脚輪状文とさしは―新出異形埴輪の意味するもの」『古代学研究』第13号
久松潜一　1959『風土記』日本古典選上　朝日新聞社
久松潜一　1960『風土記』日本古典選下　朝日新聞社

日高孝次　1982『海流の話』築地書館
日高　慎　2013『東国古墳時代埴輪生産組織の研究』雄山閣出版
日高　慎　2015『東国古墳時代の文化と交流』雄山閣出版
平野邦雄　1969『大化前代社会組織の研究』吉川弘文館
広川町教育委員会　1991a『割子田遺跡』広川町文化財調査報告第7集　広川町教育委員会
広川町教育委員会　1991b『弘化谷古墳』広川町文化財調査報告第8集　広川町教育委員会
広瀬和雄・岸本道昭・宇垣匡雅・大久保徹也・中井正幸・藤沢　敦　2004『古墳時代の政治構造』青木書店
深谷市教育委員会　2000『割山遺跡』深谷市教育委員会
福岡県編　1935『筑前王塚古墳』福岡県史蹟名勝天然紀念物調査報告書第11輯　福岡県学務部社寺兵事課
福岡県教育庁管理部文化課編　1975『特別史跡王塚古墳の保存』装飾古墳保存対策研究報告書　福岡県教育委員会
福岡市教育委員会　1981『鋤崎古墳』福岡市埋蔵文化財調査報告書第112集　福岡市教育委員会
福岡市教育委員会　1986『丸隈山古墳Ⅱ』福岡市埋蔵文化財調査報告書第146集　福岡市教育委員会
福岡市教育委員会　1989『老司古墳』福岡市埋蔵文化財調査報告書第209集　福岡市教育委員会
福岡市教育委員会　1997『鋤崎古墳群2』福岡市埋蔵文化財調査報告書第506集　福岡市教育委員会
福岡市教育委員会　2001『鋤崎古墳群3』福岡市埋蔵文化財調査報告書第697集　福岡市教育委員会
福岡市教育委員会　2002『鋤崎古墳　1981〜1983調査報告』福岡市埋蔵文化財調査報告書第730集　福岡市教育委員会
福岡大学考古学研究室　1998『国史跡　五郎山古墳』筑紫野市教育委員会
福島県　1964『福島県史』第6巻　福島県
福島県立博物館編　1988『東国のはにわ』福島県立博物館
福島雅儀　1999「福島県の装飾横穴」『装飾古墳の諸問題』国立歴史民俗博物館研究報告第80集　国立歴史民俗博物館
福山敏男　1948『奈良朝寺院の研究』高桐書院
藤井　功・石山　勲　1979『装飾古墳』日本の原始美術10　講談社
藤岡謙二郎編　1978a『古代日本の交通路Ⅰ』大明堂
藤岡謙二郎編　1978b『古代日本の交通路Ⅱ』大明堂
藤岡市史編さん委員会編　1993『藤岡市史』資料編　原始・古代・中世　藤岡市
古城史雄　2000「肥後型横穴式石室の定義とその意義」『継体天皇と6世紀の九州』熊本県古墳研究会
古城史雄　2007「肥後の横穴式石室について」『日本考古学協会2007年度熊本大会研究発表資料集』
文化財保存計画協会　1981『県史跡　袈裟尾高塚古墳保存修理工事報告書』熊本県菊池市教育委員会
北條芳隆　1994「鍬形石の考古学的研究」『考古学雑誌』第79巻第4号
本庄市教育委員会　2003『宥勝寺裏埴輪窯跡・宥勝寺北裏』本庄市教育委員会
前沢和之　1988「三ツ寺Ⅰ遺跡の性格と意義」『三ツ寺Ⅰ遺跡』群馬県考古資料普及会
前沢和之　1991「古代史と豪族居館」『季刊考古学』第36号
前橋市教育委員会文化財保護課編　1992『後二子古墳・小二子古墳』前橋市教育委員会
前橋市教育委員会文化財保護課編　1995『中二子古墳』前橋市教育委員会
前橋市教育委員会文化財保護課編　1997『小二子古墳』前橋市教育委員会
増田逸朗　2002『古代王権と武蔵国の考古学』慶友社
松下　彰　1997「梁棚考」『立命館大学考古学論集』Ⅰ　立命館大学考古学論集刊行会
松原弘宣　1985『日本古代水上交通史の研究』吉川弘文館
黛　弘道　1985『上毛野国と大和政権』上毛新聞社

満濃町誌編さん委員会・満濃町誌編集委員会編　2005『満濃町誌』満濃町
右島和夫・若狭　徹・内山敏行　2011『古墳時代毛野の実像』季刊考古学別冊17
美里町教育委員会　1991『白石古墳群・羽黒山古墳群』美里町教育委員会
美里町教育委員会　2002『白石古墳群　登所地区・中原地区』美里町教育委員会
美里町教育委員会　2003『白石古墳群Ⅱ　後海道地区・久保地区』美里町教育委員会
美里町教育委員会　2004『白石古墳群　早道場地区』美里町教育委員会
三品彰英編　1964『日本書紀研究』塙書房
三島　格　1973「鉤の呪力―巴形銅器とスイジガイ（南島資料2）―」『古代文化』第25巻第5号
三島　格　1977『貝をめぐる考古学―南島考古学の一視点』学生社
水野正好編　1985『図説　発掘が語る日本史』4 近畿編　新人物往来社
宮城栄昌　1955『延喜式の研究』史料篇　大修館書店
宮城栄昌　1957『延喜式の研究』論述篇　大修館書店
宮城県教育委員会　1973『山畑装飾横穴古墳発掘調査概報』宮城県教育委員会
宮崎報恩会　1969『新編常陸国誌』常陸書房
邨岡良弼　1966『日本地理志料』上・下　臨川書店
村上恭通　2007『古代国家成立過程と鉄器生産』青木書店
茂在寅男　1967『航海術』中央公論社
茂在寅男　1987『船と古代日本』PHP研究所
茂在寅男　1992『古代日本の航海術』小学館
森　浩一編　1972『井辺八幡山古墳』同志社大学文学部考古学研究室
森　貞次郎　1977「古墳文化から見た磐井の反乱」『古代の地方史』1 西海編　朝倉書店
森　貞次郎　1985『装飾古墳』教育社
森　貞次郎・榊　晃弘　1972『装飾古墳』朝日新聞社
森下浩行　1986「日本における横穴式石室の出現とその系譜―畿内型と九州型―」『古代学研究』第111号
森下浩行　1987「九州型横穴式石室考―畿内型出現前・横穴式石室の様相」『古代学研究』第115号
森島一貴　2007「地域別概説伊勢の横穴式石室」『近畿の横穴式石室』横穴式石室研究会
森田　悌　1982『解体期律令政治社会史の研究』国書刊行会
八木　充　1986『日本古代政治組織の研究』塙書房
柳沢一男　1980「肥後型横穴式石室考」『鏡山猛先生古稀記念古文化論攷』鏡山猛先生古稀記念論文集刊行会
柳沢一男　2004『描かれた黄泉の世界・王塚古墳』新泉社
柳沢一男　2014『筑紫君磐井と「磐井の乱」・岩戸山古墳』新泉社
山尾幸久　1998「文献から見た磐井の乱」『古代最大の内戦磐井の乱』増補改訂版　大和書房
山尾幸久　1999『筑紫君磐井の戦争―東アジアのなかの古代国家―』新日本出版社
山鹿市立博物館編　1989『銭亀塚古墳ほか』山鹿市立博物館調査報告書第9集（毘沙門塚古墳）　山鹿市教育委員会
山口弥一郎　1957『開拓と地名―地名と家名の基礎的研究』地名学選書日本地名学研究所
山崎一雄　1951「装飾古墳の顔料の化学的研究」『古文化財の科学』第2号　古文化資料自然科学研究会
山崎一雄　1987『古文化財の科学』思文閣出版
山崎信二　2003『古代瓦と横穴式石室の研究』同成社
山中襄太　1968『地名語源辞典』校倉書房
楊　槱　2005『帆船史』上海交通大学出版社
横穴式石室研究会編　2007『近畿の横穴式石室』横穴式石室研究会

吉井町教育委員会　2000『中原Ⅱ遺跡発掘調査報告書』吉井町教育委員会
吉井町教育委員会　2004『長根遺跡群ⅷ　中原Ⅱ遺跡』吉井町教育委員会
吉井町教育委員会　2005『長根遺跡群Ⅹ　安坪古墳群』吉井町教育委員会
吉田　晶　1973『日本古代国家成立史論―国造制を中心として―』東京大学出版会
吉田茂樹　1981『日本地名語源辞典』新人物往来社
吉田東伍　1900『大日本地名辞書』冨山房
吉野　裕　2000『風土記』平凡社
吉見町史編さん委員会編　1978『吉見町史』木耳社
読売新聞西部本社　2006『大王のひつぎ海をゆく』海鳥社
読谷村教育委員会　1978『木綿原』読谷村文化財調査報告書第5集　読谷村教育委員会
若狭　徹　2004『古墳時代の地域社会復元・三ツ寺Ⅰ遺跡』新泉社
若狭　徹　2006「祭祀と社会」『季刊考古学』第96号
若狭　徹　2007『古墳時代の水利社会研究』学生社
若松良一　1991「双脚輪状文と貴人の帽子」『埼玉考古学論集―設立10周年記念論文集』
和歌山市教育委員会　1959『大谷古墳』同朋舎出版
和歌山市史編纂委員会　1991『和歌山市史第1巻』和歌山市
和歌山県教育委員会　1968『和歌山県文化財学術調査報告書』第三冊　和歌山県教育庁社会教育課
和歌山県教育委員会　2010『特別史跡岩橋千塚古墳群発掘調査等報告書1』和歌山県教育委員会
和歌山県教育委員会　2013『大日山35号墳発掘調査報告書』和歌山県教育委員会
和歌山県教育委員会　2015『大日山35号墳・前山A13号墳・前山A58号墳発掘調査報告書』和歌山県教育委員会
和歌山県立紀伊風土記の丘編　2008『平成20年度特別展　岩橋千塚』和歌山県立紀伊風土記の丘
和歌山県立紀伊風土記の丘管理事務所編　1976『花木園地区古墳群調査概報』和歌山県立紀伊風土記の丘管理事務所
和歌山県立紀伊風土記の丘編　2013『大日山35号墳発掘調査報告書』和歌山県教育委員会
和歌山県立紀伊風土記の丘編　2015『大日山35号墳・前山A13号墳・前山A58号墳発掘調査報告書』和歌山県教育委員会
和田晴吾　1989「葬制の変遷」『古代史復元6 古墳時代の王と民衆』講談社
和田晴吾　2007「東アジアの開かれた棺」『渡来遺物からみた古代日韓交流の考古学的研究』
和田晴吾　2008「黄泉国と横穴式石室」『我々の考古学』和田晴吾還暦記念論集刊行会
和田晴吾　2009「古墳の他界観」『共同研究：古代における生産と権力とイデオロギー』国立歴史民俗博物館研究報告第152集　国立歴史民俗博物館
和田晴吾　2014『古墳時代の葬制と他界観』吉川弘文館
渡辺一雄編　1974『羽山装飾横穴発掘調査概報』福島県原町市教育委員会

挿図出典

- 図1　上原1981を一部改変。
- 図2　上原1981資料をもとに作成。スイジガイ図は筆者作成。
- 図3　利器：高宮・知念編1996写真より作図、銚子塚Ⅰ：自己撮影写真より作図、銚子塚Ⅱ：木下1996a、八丁鎧塚：木下2000、松林山Ⅰ・松林山Ⅲ：木下1996a、松林山Ⅱ：後藤1939の写真より作図。
- 図4　宇宿貝塚：河口1979、サウチ遺跡：笠利町教育委員会1978。
- 図5　「金蔵山古墳」西谷・鎌木1989、「仲津山古墳」宇佐・西谷1959、「亀塚古墳」秦・讃岐2000より作図。
- 図6　「釜尾古墳関係」熊本県教育委員会1984よりトレース。「横山古墳」国立歴史民俗博物館編1993よりトレース。「王塚古墳関係」柳沢2004、日下1967模写図より作図。「鬼の岩屋」自己撮影写真より作成。
- 図7　「銚子塚Ⅰ」自己撮影写真より作図。「双脚輪状文」熊本県教育委員会1984よりトレース。
- 図8　図2、図3、図6、図7と同じ。
- 図9　筆者作成。
- 図10　木綿原遺跡・船越貝塚・釜尾古墳は図版よりトレース、松林山古墳は木下1996より再トレース。スイジガイ図は筆者作成。
- 図11　No.8は末永1989『岩橋千塚』、その他図版は筆者が実見調査のうえ作成。
- 図12　若松1991「双脚輪状文と貴人の帽子」『埼玉考古学論集―設立10周年記念論文集』第10図より転載。
- 図13　稲村1999a「器財埴輪論」『博古研究』第18号第5図より転載。
- 図14　稲村1999a「器財埴輪論」『博古研究』第18号第8図より転載。
- 図15　筆者作成。
- 図16　各報告書の図版を一部改変。
- 図17　各報告書の図版を一部改変。
- 図18　古城2007図5石室の分類を使用。
- 図19　各報告書の図版を一部改変。
- 図20　筆者作成。
- 図21　筆者作成。
- 図22　各報告書の図版を一部改変。
- 図23　各報告書の図版を一部改変。
- 図24　各報告書の図版を一部改変。
- 図25　各報告書の図版を一部改変。
- 図26　各報告書の図版を一部改変。
- 図27　各報告書の図版を一部改変。
- 図28　王塚古墳双脚輪状文は『筑前国嘉穂郡王塚装飾古墳』（梅原ほか1940）、『装飾古墳』（日下1967）の図版およびその他参考資料を参考のうえ作成。横山古墳双脚輪状文は『装飾古墳の世界』（国立歴史民俗博物館編1993）の図版により作成。釜尾古墳双脚輪状文は『九州に於ける装飾ある古墳』の池上年君模写図より作成。弘化谷古墳双脚輪状文は『弘化谷古墳』（広川町教育委員会1991）の石室石屋形の壁画実測図より作成。
- 図29　筆者作成。

図30　No.9は末永1989『岩橋千塚』、その他図版は筆者が実見調査のうえ作成。
図31　筆者作成。
図32　釜尾古墳・王塚古墳・弘化谷古墳は熊本県教育委員会1984、梅原・小林ほか1940、佐々木1991図版よりトレース。箱崎古墳群第3号墳は川本町教育委員会編1992図版よりトレース。
図33　筆者作成。
図34　高林西原古墳6号墳・白石第3号古墳・白石第17号古墳は群馬県埋蔵文化財調査事業団2006、美里町教育委員会2003、美里町教育委員会2004より再トレース。伝藤岡本郷出土・殖蓮村208号墳はＤＮＰイメージアーカイブ画像よりトレース。箱崎古墳群第3号墳は川本町教育委員会編1992図版よりトレース。
図35　筆者作成。
図36　筆者作成。
図37　筆者作成。
図38　田中広明2005「武蔵のミヤケ」第2図（『考古学ジャーナル』No.533）を参考下地として筆者が埼玉政権・上毛野政権に関係する古墳や拠点を表示した。
図39　神谷作101号墳双脚輪状文形埴輪片より作図。
図40　図39と関係資料を考察のうえ作図。
図41　No.4は『奈良山発掘調査報告1　奈良文化財研究所学報72』（奈良文化財研究所編2005）の図版、No.5は『中原Ⅱ遺跡発掘調査報告書』（入澤2000）の図版、No.9は『綿貫観音山古墳Ⅰ』（群馬県教育委員会1998）の図版を使用。それ以外は筆者が各埴輪を実見のうえ作成。
図42　大日山35号墳の冠帽人物埴輪の写真は和歌山県立紀伊風土記の丘編2008、中原Ⅱ遺跡の盤状埴輪は吉井町教育委員会2004、塚回り3号墳の人物像部分は群馬県教育委員1980、綿貫観音山の人物像部分は群馬県埋蔵文化財調査事業団1998により作成。
図43　筆者作成。
図44　筆者作成。
図45　岸1966『日本古代政治史の研究』より転載。
図46　日下1980『歴史時代の地形環境』より転載。
図47　地図は筆者作成、図版は熊本県立装飾古墳館編1997より転載。
図48　高木1987を一部改変。
図49　筆者作成。
図50　筆者作成。
図51　橿原考古学研究所1981を一部改変。
図52　熊本県教育委員会1984、山武考古学研究所2001、茨城県史編さん原始古代史部会編1974、勝田市史編さん会1978、福島県1964より作成。
図53　竹田2001一部改変。
図54　熊本県教育委員会1984より作成。
図55　熊本県教育委員会1984、第51回埋蔵文化財研究集会実行委員会編2002、茨城県史編さん原始古代史部会編1974、宮城県教育委員会1973より作成。
図56　釜尾古墳双脚輪状文と横山古墳双脚輪状文は国立歴史民俗博物館編1993、王塚古墳双脚輪状文は梅原・小林1940や日下1967およびその他資料を参考のうえ筆者が作図作成。双脚輪状文形埴輪図は筆者が埴輪片をもとに図文を復元し作成。天冠男子胡坐像はいわき市史編さん委員会1976より作成。
図57　国立歴史民俗博物館編1995、熊本県教育委員会1984、茨城県史編さん原始古代史部会編1974、宮城県教育委員会1973より作成。

図 58　茂在 1992 を一部改変。
図 59　竹内編 1983a・1987 の現行市町村区分図を下地として筆者作成。
図 60　県別マップル鹿児島県道路地図を下地として筆者作成。
図 61　筆者作成。
図 62　筆者作成。
図 63　筆者作成。
図 64　可児町教育委員会 1968、佐賀県教育庁社会教育課編 1958 より作成。
図 65　笠利町教育委員会 1978、木下 1996 および筆者作成図版より作成。

あとがき

　本書は東海大学に提出した博士（文学）学位請求論文「双脚輪状文の成り立ちと展開」をもとに作成したものである。博士論文は 2016 年 3 月 2 日に提出し、2016 年 11 月 26 日の第 2 次審査、2016 年 12 月 24 日の公聴会をへて、2017 年 3 月 24 日に博士（文学）の学位を授与された。

　論文のテーマである双脚輪状文は、スイジガイを祖型として創造された僻邪の効能をもつ古代文様のひとつであるが、その形状だけでなく僻邪という精神的支柱もスイジガイから受けついでいる。筆者は東海大学で学び始めた当初に、このような事柄とあわせ、南島の先島・沖縄・奄美に生息するスイジガイが、そこから 1,000 km 以上離れた熊本の地で、双脚輪状文となったことを知り深く感動した。

　こうした経緯があって、大学院における研究テーマは、双脚輪状文とその関連事項とすることにした。現時点での、研究の中心は双脚輪状文であるが、今後順次、双脚輪状文の周辺の事項へと展開してゆくつもりである。スイジガイ自体の問題・双脚輪状文とは別のスイジガイから創りだされた各種文様・スイジガイ製利器・スイジガイ釧などがこれである。またスイジガイ関連の器材・文様とは別に、関連古墳・伝播ルートとその背景などについても追究していきたい。

　沖縄の海に生息するスイジガイから生まれた双脚輪状文と、その文様が九州地方から東北地方南部まで伝播した経緯について、おおいにロマンを感じた。本書を上梓した目的は、この研究成果を博士論文として——単なる学問上の論文として——留めておくのではなく、本として出版することにより、より多くの方々に知っていただきたいと考えたからである。

　本書の作成にあたり、指導教授の東海大学文学部考古学研究室北條芳隆先生には、研究の初めから論文の取りまとめまで懇切丁寧にご指導いただき、心からお礼申し上げる。北條芳隆先生には、2008 年に研究生としてお世話になってから、今日まで 9 年間にわたり、考古学をはじめ関連領域の学問について、適宜、必要な知識を伝授いただいた。史学には門外漢の私がこれまでつづけてこられたのは、まさに北條芳隆先生のご指導の賜物としかいいようがない。

　本書の下地となった博士論文の主査である松本建速先生には、修士課程・博士課程をとおして北條芳隆先生と連携をとりながらご指導いただいた。衷心から感謝申し上げたい。また、副査の斎藤道子先生、畑中彩子先生、日高慎先生には講評と多くの疑義・課題などをいただき、極力対応するように努めたが、私の力不足のため十分になされていないのではと憂慮している。

　本書の編集を担当された同成社の工藤龍平氏には、貴重なアドバイスや関係者との調整など多くの場面でお手を煩わせ感謝申し上げる。

　また資料調査などについて次の各氏、機関にご協力いただいた。末筆ではあるが、記してお礼申し上げる。

相川之英・青木勘時・石坂茂・岩本克昌・小田裕樹・小根沢雪絵・加納裕之・軽部達也・斎藤修

祐・斎藤利昭・重松三徳・島田孝雄・神宮善彦・杉山秀宏・鈴木徳雄・須永光一・田口一郎・辰巳和弘・坪根伸也・豊島知温・仲原知之・中束耕志・西岡誠司・原雅信・冨加見泰彦・前田敬彦・前原豊・松本洋明・三浦茂三郎・宮内克己・山内英樹・山本高照・横沢真一・吉野健、その他多くの方々。

　相川考古館・大分市教育委員会・太田市教育委員会・熊谷市教育委員会・群馬県教育委員会・群馬県埋蔵文化財調査事業団・群馬県立歴史博物館・神戸市教育委員会・埼玉県立歴史と民俗の博物館・埼玉県埋蔵文化財調査事業団・尽誠高校学園高等学校・高崎市教育委員会・天理市教育委員会・長瀞綜合博物館・奈良文化財研究所・藤岡市教育委員会・本庄市教育委員会・前橋市教育委員会・松山市北条ふるさと館・和歌山県立紀伊風土記の丘（個人・団体いずれも五十音順・敬称略）。

　　2017年11月

加藤俊平

双脚輪状文の伝播と古代氏族
そうきゃくりんじょうもん　でんぱ　こだいしぞく

■著者略歴■

加藤　俊平（かとう・しゅんぺい）
1938年　神奈川県生まれ。
2017年　東海大学文学研究科博士課程後期修了。
2017年　博士（文学）。
〔主要著作論文〕
「スイジガイ由来の器材と文様」『考古学研究』第57巻第1号、2010年。
「西日本型双脚輪状文形埴輪の成立と背景を考える」『東海史学』第47号、2013年。
「神谷作101号墳の双脚輪状文形埴輪について」『福島考古』第55号、2013年。
「西日本型双脚輪状文形埴輪について」『紀伊考古学研究』第16号、2013年。
「多氏の東国への移住」『茨城県考古学協会誌』第27号、2015年。

2018年1月25日発行

著　者　加藤俊平
発行者　山脇由紀子
印　刷　亜細亜印刷㈱
製　本　協栄製本㈱

発行所　東京都千代田区飯田橋4-4-8　㈱同成社
　　　　（〒102-0072）東京中央ビル
　　　　TEL 03-3239-1467　振替 00140-0-20618

Ⓒ Kato Shunpei 2018. Printed in Japan
ISBN978-4-88621-771-4 C3021